VIE

DE

MADAME FOURNIE

FONDATRICE ET PREMIÈRE SUPÉRIEURE

DE LA MAISON DE LA MISÉRICORDE DE CAHORS

PAR

L'abbé B. MASSABIE

VICAIRE GÉNÉRAL

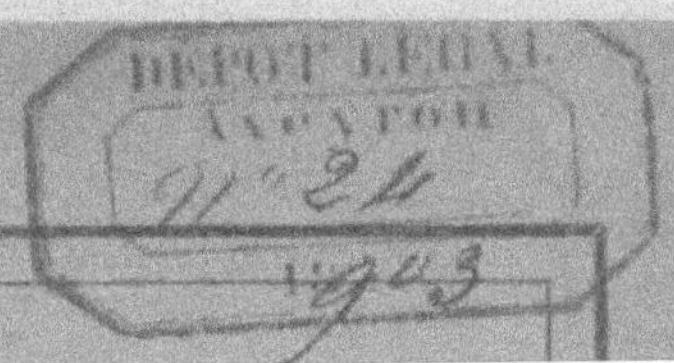

CAHORS

A LA MISÉRICORDE, PLACE DE LA GRANDE-CHARTREUSE

VIE

DE

MADAME FOURNIÉ

SOCIÉTÉ ANONYME D'IMPRIMERIE DE VILLEFRANCHE-DE-ROUERGUE
Jules Barroux, Directeur.

Madame Fournié,
Fondatrice de la Miséricorde de Cahors (1789-1875).

VIE

DE

MADAME FOURNIÉ

FONDATRICE ET PREMIÈRE SUPÉRIEURE

DE LA MAISON DE LA MISÉRICORDE DE CAHORS

PAR

L'abbé B. MASSABIE

VICAIRE GÉNÉRAL

CAHORS

A LA MISÉRICORDE, PLACE DE LA GRANDE-CHARTREUSE

1902

LETTRE DE MONSEIGNEUR ÉNARD

ÉVÊQUE DE CAHORS

Monsieur le Vicaire Général,

La lecture du manuscrit de votre Vie de Madame Fournié m'a procuré de très vives jouissances.

Elle m'a fait connaître plus intimement mes vénérés prédécesseurs et les prêtres qui leur ont donné une collaboration si intelligente. On est heureux de voir dans votre livre la bienveillance, le discernement, la persévérance avec lesquels ils accueillent, encouragent et perfectionnent les projets des âmes entreprenantes qui, voyant le bien à faire, cherchent les moyens de le réaliser. Ça a été une belle époque dans l'histoire de notre diocèse, comme dans celle de toute la France, que cette première partie du dix-neuvième siècle, où tout était à refaire; les ouvriers et les ouvrières n'y ont pas manqué. Nos quatre congrégations enseignantes remontent à cette période; notre Carmel envoyait en maints endroits des essaims joyeux; les Clarisses, *les Ursulines, les Visitandines, les Bénédictines du Calvaire, rentraient dans les anciens couvents ou en construisaient de nouveaux ; enfin Mme Fournié fondait l'institution éminemment utile de la Miséricorde ou du Refuge. Dans plusieurs de ces instituts, les jeunes filles des meilleures maisons du pays, la fleur du Quercy, apportaient leur piété généreuse avec leur bonne éducation. Tous les noms cités par vous, en nous disant ce qu'ont été jadis les familles de la région, nous indiquent ce que nous pouvons encore attendre d'elles.*

La Providence a admirablement préparé Mme Fournié au rôle qu'elle devait tenir plus tard. Elle l'avait douée de ce caractère que vous avez si bien dépeint, où la timidité s'alliait à l'esprit d'initiative et à la fermeté ; elle la fit élever par une mère qui rappelle la femme forte de l'Écriture. Les quatre filles de Mme Agar étaient laborieuses, mais Mlle Rosalie était « intrépide au travail ». Toutes les leçons lui furent offertes, en particulier celle de l'épreuve et de la ruine, où sa volonté se fortifia pour être à la hauteur des exigences de sa position future. Dieu en fait une comptable admirable, le chef de l'administration encombrée d'un gros roulage, l'infirmière de son mari paralytique et quinteux, la sœur d'école de ses neveux et de ses nièces, qui remplacent à tour de rôle auprès d'elle les enfants que le mariage lui a refusés. C'est à travers tous ces labeurs menés de front qu'elle forge son âme en la battant à coups redoublés, et qu'elle la rend souple et résistante. Une pareille préparation rappelle celle de la B. Jeanne de Lestonnac; on retrouve également son souvenir dans les hésitations qu'éprouve Mme Fournié en présence des diverses œuvres qui la sollicitent. Une fois que la volonté de Dieu eut parlé clairement, elle entra avec résolution dans la voie tracée et y avança coûte que coûte. Elle avait cinquante ans; à ses forces physiques, intellectuelles et morales, elle avait ajouté une somme considérable d'expérience.

Vous avez recueilli pieusement toutes les circonstances de sa vie où ses contemporains se sont plu à voir des preuves de sainteté et comme des miracles; mais les révélations qui nous viennent directement d'elle témoignent encore mieux de la perfection de ses sentiments. Au milieu des angoisses de ses débuts, elle écrit à son directeur : « Toutes mes facultés se soulèvent contre moi; seule ma volonté me reste, soumise, grâce à Dieu, à tous les sacrifices que notre divin Maître voudra exiger de mon misérable cœur. » La chrétienne qui, dans l'intimité et

sans pose aucune, pouvait parler ainsi d'elle, était
bien proche de la sainteté. Dans cette première
esquisse on a Mme Fournié tout entière ; votre chapitre sur ses vertus ne fera qu'en accentuer les traits.

Après l'histoire de la Fondatrice vous nous donnez celle de l'œuvre. Vous nous initiez à son but
si élevé, à ses moyens de moralisation, et particulièrement à ce système de rééducation qui écarte
les châtiments et ne s'appuie que sur l'exemple et
le dévouement. Rien n'est intéressant comme de
voir ces pauvres Filles invitées à choisir elles-mêmes
et à fixer leur pénitence quand elles ont manqué ;
c'est bien alors que le châtiment est efficace pour
aider à la conversion. La comparaison que vous
faites entre la réhabilitation des dévoyées, telle
que le monde la comprend et que le théâtre la
prône, et leur retour aux habitudes honnêtes par
les soins de la religion, frappera sûrement les es-
prits réfléchis. La galerie de pensionnaires devant
laquelle vous promenez votre lecteur, le visage
entrevu de ces Filles souvent plus malheureuses que
coupables, à qui les efforts les plus courageux et
l'affection de leur Bonne Mère et de leurs Directrices ont refait sinon une virginité, du moins une
honnêteté franche et solide ; le détail des attentions
et des délicatesses des religieuses envers ce petit

troupeau qui se renouvelle sans cesse ; la régularité grave, presque monacale, des Aides Surveillantes qui s'enferment et vivent dans la maison, toujours au milieu des Filles, tout cela forme un tableau très attachant et bien capable de provoquer la sympathie. Pour l'avoir étudiée à fond, vous aimez cette œuvre comme si vous aviez travaillé à l'établir ; les vœux que vous formez pour qu'elle rencontre de généreux donateurs, qui la mettent à l'abri de la gêne, en susciteront peut-être quelque jour ; je le souhaite avec vous.

Vous n'avez eu garde de négliger le bâtiment, car à vos heures vous en êtes ; et la description que vous nous en tracez nous fait connaître et les anciennes maisons utilisées au début et le plan selon lequel MM. Toulouse père et fils les ont ingénieusement transformées. Longtemps encore, hélas ! les annuités du Crédit foncier pèseront sur le budget de ces pauvres ouvrières du Bon Dieu. Si seulement l'allocation que j'obtenais chaque année pour l'alléger n'était pas suspendue par le malheur des temps ! Mais je me reproche d'émettre cette crainte, en me rappelant la confiance inébranlable et sans bornes de Mme Fournié en la divine Providence, et en constatant que son œuvre est, aujourd'hui comme alors, confiée à d'excellentes mains.

1.

Je vous adresse ces lignes, cher Monsieur le Vicaire Général, au retour de la cérémonie pendant laquelle j'ai béni la statue en fonte replacée au fronton de la chapelle de la Miséricorde. Les voix calmes et joyeuses de nos réfugiées, l'attitude sereine des religieuses, la bienveillance des assistants, la certitude que les mortes protègent celles qui les continuent, et que Dieu doit bénir tout particulièrement une œuvre qui relève l'âme et le corps tout ensemble, toutes les impressions nées de la lecture de votre livre et de la solennité de ce jour, me font espérer que la maison de Mme Fournié continuera, pendant de longues années, le bien inestimable qu'elle n'a cessé de produire depuis sa fondation.

Veuillez agréer, Monsieur le Vicaire Général, l'expression de mon dévouement affectueux, en Notre-Seigneur, et recevoir l'autorisation nécessaire pour l'impression de votre livre.

✝ *E.-CHRISTOPHE,*

Évêque de Cahors.

Cahors, le 1er décembre 1901.

VUE DE LA MISÉRICORDE DE C

...ons, place de la Grande-Chartreuse.

INTRODUCTION

Vous connaissez Cahors : partant des boulevards et laissant à votre droite les galeries de Fontenilles-de-Valon, allez vers la Grande-Chartreuse ; passez sous l'arceau d'entrée et traversez la place, marchant droit devant vous, vers le couchant.

Vous voilà arrêté par un grand mur, haut de quatre à cinq mètres, sévère, noirci par le temps. La grande porte cochère et les poternes sont fermées nuit et jour. Les huis sont faits d'ais et de madriers de chêne, pleins et épais, à travers lesquels les yeux ne sauraient entrevoir ce qui est ou ce qui se passe au dedans. On remarque du moins que l'enceinte, large et profonde, circonscrit un parc ou un jardin de grande étendue. Pardessus le mur on aperçoit la partie haute d'une église d'assez amples dimensions, de construction récente, propre, dont le pignon de façade est surmonté d'une blanche statue de la Vierge. Elle est accostée au nord, un peu en arrière, d'un campanile élancé qui, partant de terre, s'élève au-dessus du faîtage de l'édifice, simple à la fois et élégant, avec ses ouïes doubles, hautes et étroites, à plein cintre, et sa flèche aiguë dont le noir profil se dessine dans l'espace.

Au midi de l'église, on voit encore les étages supérieurs et les toitures, couvertes de tuiles noires émaillées de Puy-Blanc, d'un grand corps de logis dont la fin se dérobe aux regards, largement aéré, aux fenêtres nombreuses et uniformément ouvertes, mais désertes et sans vie pendant le jour, fermées pendant le silence de la nuit, et derrière lesquelles sans doute repose alors une communauté nombreuse et compacte.

Vous éprouvez un serrement de cœur : cette clôture sévère, ce silence en apparence de mort, font vaguement rêver au secret et au mystère, et ces hautes constructions révèlent en même temps la puissance et la force de l'idée généreuse et créatrice qui les a fait sortir de terre.

Demandez au premier passant venu quel est cet établissement, neuf fois sur dix il vous répondra : « C'est la maison de Mme Fournié. — Mais encore? — C'est la Miséricorde. — Quoi donc? — Le Refuge. »

Mme Fournié est morte depuis un quart de siècle ; son souvenir est encore vivant. Il y a soixante ou soixante-dix ans, son nom était dans toutes les bouches, à Cahors. Les uns la louaient, les autres la blâmaient ; les uns la raillaient, les autres l'admiraient : elle était la personne la plus en vue, pour ne pas dire la plus populaire de la ville.

L'auteur de ce livre fut appelé à vivre à Cahors, auprès de Mgr Émile-Christophe Énard, à la fin de l'année 1896. Il était à peine depuis quelques semaines dans sa nouvelle résidence, que Mlle Pons, religieuse de la Miséricorde et Supérieure de la maison de Mme Fournié, depuis la mort de cette dernière, vint le trouver et lui dit : « Nous avons compté sur vous pour écrire la Vie de notre Fondatrice, Mme Fournié. — Attendez deux ou trois ans, lui fut-il répondu ; on verra alors si les loisirs que laisse une charge encore inconnue permettent d'entreprendre ce travail. »

Trois années et même quatre se sont écoulées depuis. Nous sommes en octobre 1900, Mlle Pons est revenue à la charge, et elle a laissé cette fois une liasse de vieux papiers. Ce sont les notes, les documents divers ramassés depuis vingt ans en vuede la composition de ce livre. Les temps libres ne sont pas longs, mais de jour ou de nuit on en trouve encore, et tout doucement, si Dieu nous prête vie, le livre se fera.

Examinons ces papiers ensemble, si ce travail ne vous déplaît pas trop, cher lecteur. C'est en premier lieu un cahier de quarante-quatre pages contenant un assez grand nombre de dépositions dictées par des personnes qui avaient vu de près Mme Fournié ou avaient vécu avec elle : d'abord quelques prêtres, M. Guyot, lazariste, économe du grand séminaire; M. Labouïsse, chanoine honoraire, aumônier des prisons, neveu de Mme Fournié; M. Gipoulou, curé d'Espère; puis Mme Dulac, sœur de Mme Fournié; M. Agar, notaire; M. Émile Dufour et Mme Émile Dufour ; M. Alexandre Fournié, ancien notaire, et M. Jules Fournié, son fils et son successeur; Mme Lauziès, tous neveux de Mme Fournié; Mlle Saint-Ignace, d'abord Maîtresse des novices et puis quatrième Supérieure générale, à Bordeaux ; Mlle Anna, Assistante à Cahors; Mlles Marie de la Croix, née de Folmont; Saint-Denis, née Albessard; Saint-Vincent, Directrices, et Emmanuel, Maîtresse des novices, à Bordeaux, quand Mme Fournié y fit soit son postulat, soit son noviciat; Prudence, la servante de Mme Fournié quand elle était encore dans le monde; Choisie-de-Marie et Pauline, Surveillantes.

Ces dépositions ont été recueillies par M. l'abbé V. Albessard, alors aumônier de l'établissement des Sœurs Noires et prosecrétaire général de l'Évêché, aujourd'hui vice-doyen du Chapitre de la Cathédrale. Ce fut une précieuse idée qu'il eut de provoquer tous ces témoignages et de les consigner par écrit. Les personnes qui virent Mme Fournié de près ne sont plus de ce monde pour la plupart, et il serait impossible aujourd'hui de retrouver une foule de petits traits qui caractérisent et font ressortir sa physionomie. Que M. V. Albessard reçoive donc ici les remerciements de tous ceux qui s'intéressent à la gloire de notre religion sainte et à l'histoire des faits mémorables et des institutions chrétiennes de notre région.

On lit dans la *Vie de Mlle de Lamourous*, par le P. Pouget[1], à l'occasion de Mme Fournié, les lignes qui suivent : « On doit regretter que le projet primitivement arrêté d'écrire la Vie de cette femme remarquable ait été écarté. L'ecclésiastique qui devait remplir cette tâche possédait tous les dons et tous les moyens nécessaires pour nous laisser une œuvre aussi parfaite qu'intéressante. »

1. 3e édition, p. 146.

C'est sans aucun doute M. V. Albessard qui devait l'écrire, cette vie, et pourquoi ne l'a-t-il pas écrite? Le souvenir de Mme Fournié était, il y a vingt-cinq ans, partout vivant, à Cahors, et que de détails ou traits charmants il eût pu recueillir, en dehors des dépositions dont il a été parlé, qui aujourd'hui ont péri pour toujours! Il eût pu faire une gravure en taille-douce, ce ne peut plus être aujourd'hui qu'un dessin au gros trait.

Les souvenirs recueillis par M. V. Albessard sont entassés pêle-mêle; chaque personne consultée a dit ce qui l'avait le plus frappée, sous forme de traits isolés, sans ordre, sans suite, sans liaison, sans date. Les mêmes faits sont souvent répétés par des témoins différents, avec des nuances et parfois des contestations et des contradictions; mais la mine est riche, et il sera facile, avec un peu de patience, de mettre chaque chose à sa place, d'élaguer les répétitions et de dégager la vérité de la concordance et même de la contradiction des témoignages.

A côté de ces matériaux se trouvent une centaine de lettres, toutes écrites de la main même de Mme Fournié, de 1835 à 1848, et adressées à la même personne, à M. Touvre, prêtre de la Mission, d'abord professeur au grand séminaire de Cahors, où Mme Fournié le vit pendant plusieurs années, et ensuite directeur successivement au séminaire de Saint-Flour et au séminaire de Carcassonne. Mme Fournié lui conserva une confiance illimitée et continua de le consulter par correspondance, à l'occasion de toutes les difficultés qu'elle rencontrait sur ses pas. Elle considérait les lettres reçues de M. Touvre comme un trésor précieux. Quand elle s'absentait de Cahors, elle enfermait tous ces papiers dans une malle dont elle gardait les clefs, et sa malle était déposée au Carmel, avec des ordres précis qui devaient rendre impossible toute indiscrétion et toute divulgation de ses secrets, en cas de mort ou d'accident. Quelque temps avant sa mort, elle a brûlé tous ces papiers, pour que, après elle, il n'en restât pas trace[1]. C'est un malheur, et nous regrettons que Mme Fournié ait eu à ce point l'amour de la discrétion et de l'humilité.

Autre fut la conduite de M. Touvre. Il conserva les lettres de Mme Fournié; avant de mourir, il les déposa entre les mains de la Supérieure générale des Filles de la Charité de Saint-Vincent-de-Paul, à Paris, pour être envoyées à Cahors après la mort de leur auteur.

---

1. Témoignage de Mlle Saint-Vincent.

Au lendemain de la Commune, en 1871, la dépositaire, prise de crainte et peu rassurée sur l'avenir que Dieu réservait aux couvents, se hâta d'envoyer son dépôt à la Supérieure de la Miséricorde de Bordeaux, dont dépend celle de Cahors. A la mort de Mme Fournié, ces lettres furent envoyées à Cahors. Elles sont précieuses, parce qu'elles nous font connaître les dates exactes et la liaison des événements, et aussi parce qu'elles nous dévoilent les sentiments intimes, l'âme et le cœur de Mme Fournié.

D'autres lettres d'elle et des pièces administratives, en assez grand nombre, sont conservées aux archives de la Miséricorde de Bordeaux. Elles nous seront communiquées.

A ces documents, il faut ajouter les minutes des notaires, les dates et renseignements contenus dans les registres de catholicité ou de l'état civil, et certaines pièces des archives diocésaines et des archives départementales.

Voilà nos sources : un amoncellement de faits et de traits sans lien, sans suite et sans ordre. De ce chaos, par un effort non créateur, mais organisateur, il faut faire sortir Mme Fournié, son portrait, sa vie, ses œuvres, sa personne vivante et agissante.

D'elle-même, la pensée nous vient à l'esprit de cette scène merveilleuse que vit le prophète Ézéchiel et qu'il décrit et raconte au chapitre xxxvii de ses prophéties. Il se trouvait devant un champ couvert d'ossements en désordre et extrêmement secs. L'Esprit de Dieu lui dit : « Fils de l'homme, crois-tu que ces os revivront? — Vous le savez, Seigneur, répondit le prophète. — Prophétise, » dit l'Esprit; et, sur la parole du prophète, il se fit un bruit confus parmi ces ossements et un mouvement prolongé, l'un se rapprocha de l'autre, les membres se dessinèrent, les nerfs se formèrent autour des articulations, les chairs les recouvrirent, et la peau entoura les chairs, mais la vie ne se montrait pas encore. Le prophète souffla sur ces membres sans mouvement, et l'esprit vint des quatre vents et leur donna la vie.

Comme les os à la voix du prophète, ces éléments en désordre revivront-ils? Dieu le sait...; au moins se rapprocheront-ils et prendront-ils les apparences de la vie..., la vie même, nous osons l'espérer.

Oui! les pages qu'on va lire remettront devant nos yeux la bonne et grande figure de Mme Fournié. Il y aura forcément des formes vagues, des ombres même, répondant à certaines époques moins connues de sa vie, les premières années de son mariage, par exemple; mais cette noble femme sera sur pied devant nous, nous pourrons contempler à l'aise sa belle contenance et sa taille majestueuse. Son corps, en son ensemble, aura tous ses grands traits, en pleine lumière, et sa figure, très douce, jusqu'à ses détails les plus délicats.

Mme Fournié sera arrachée à la tombe de l'oubli pour n'y plus rentrer, à la grande joie de ceux qui l'ont connue et de ses filles de l'heure présente et de celles des siècles à venir, tant qu'il plaira à Dieu de maintenir l'existence à l'œuvre que par elle Il a fondée.

Cahors, 2 novembre 1900.

VIE
DE
MADAME FOURNIÉ

CHAPITRE PREMIER

LA FAMILLE AGAR, LA FAMILLE FOURNIÉ, LA FAMILLE LABOUISSE

La famille Agar est une des familles les plus anciennes et les plus honorables de Mercuès. Sans remonter plus haut qu'il ne convient, qu'il soit permis de rappeler quelques noms de la fin du dix-septième siècle. On trouve dans les actes publics Michel Agar, notaire, qui, né en 1681, a, en 1719, de Jeanne Alauzet, un fils nommé Joseph et plusieurs autres sans doute, et meurt en 1744. On trouve encore Antoine Agar, mari de Marguerite Sabrejou, née en 1672 et décédée en 1753.

Au commencement du dix-huitième siècle, PIERRE AGAR et Marguerite Laporte ont plusieurs enfants : Marguerite, Antoine, FRANÇOIS, en 1704 ; Michel en 1706, qui fut juge de Mercuès et mourut en 1749 ; JEAN-PAUL en 1707 ; Raymond, bachelier en droit ; Marianne, qui, en 1739, est donnée en mariage à Jean Souques, de la Madeleine, dont un des descendants a été le régisseur des domaines de Vialoles de M. le comte Murat.

Nous reviendrons à François, chef de la branche aînée ; Jean-Paul, chef d'une branche cadette illustre, épousa, à l'âge d'environ quarante ans, Marianne Rayet, fille d'un bourgeois d'Espère, qui, née en 1723, a vécu jusqu'à 1816.

Jean-Paul Agar et Marianne Rayet eurent un grand nombre d'enfants : Pierre en 1744, Marie-Angélique en 1745, Jeanne en 1746, PIERRE en 1748, François en 1749, Paul en 1751, Jacques en 1752, Marianne-Germaine, qui épousa en 1779 Joseph Lapeyre, féodiste, originaire des environs d'Auch. Jean-Paul mourut âgé de soixante-dix ans, en 1777.

De tous ses enfants nous n'en retenons qu'un seul, Pierre Agar, bourgeois, plus tard conseiller de préfecture. Il épousa demoiselle Marie Guilhou de Parnac. Son horizon s'étendait au loin ; il maria ses filles hors de Mercuès : Adélaïde, avec M. Ayzac, avocat, originaire de Rouffilhac, mais domicilié à Auzac, dont le frère est médecin ; Françoise, avec Décros à Cazals ; Henriette, avec M. Gisbert, percepteur des contributions aux Arques. Outre les filles que nous venons de nommer, il avait eu, en 1771, un fils auquel il avait donné le nom de Jean-Antoine, mais qui plus tard prit le nom de Jean-Antoine-Michel [1] et de Jean-Michel-Laurent [2]. Jeune encore, voulant rejoindre un de ses oncles établi à Saint-Domingue, il traversa l'Atlantique ; pris par les Anglais, il resta quelque temps pri-

1. Acte de vente des Bouysses, 22 septembre 1823.
2. *Murat, lieutenant de l'empereur en Espagne en 1808*, par le comte J. Murat.

sonnier de guerre; relâché, il passa aux États-Unis, et il revint en France en 1795, âgé de vingt-quatre ans.

Camarade de Joachim Murat, le futur roi de Naples, au collège de Cahors, il fut, par l'influence de celui-ci, nommé commissaire près le gouvernement provisoire de Toscane. Il était député du Lot au Corps législatif, en 1804, quand son puissant protecteur l'appela au grand-duché de Berg, où il fut ministre des finances, comme il le fut plus tard au royaume de Naples. C'est le comte de Mosbourg, qui acquit le domaine des Bouyssès en 1823 et mourut pair de France en 1844, laissant pour continuer son nom son fils Laurent Agar, comte de Mosbourg, qui, après une carrière brillante dans la diplomatie, vient de mourir, le 14 mai 1892, bienfaiteur de Mercuès, fondateur de l'école libre de filles, Saint-Laurent. Cette école est fondée dans la maison même où naquit le comte Jean-Antoine-Michel de Mosbourg, qui fit ajouter les deux pavillons pendant qu'il était ministre du roi de Naples. Elle est placée au centre du village, au nord de la grand'route.

Revenons à François Agar, le chef de la branche aînée, fils de Pierre et de Catherine Laporte, comme Jean-Paul, dont nous venons de donner la brillante descendance.

François Agar, né en 1704, vécut hors de Mercuès. Nous ne saurions dire où il se maria ni quels furent ses enfants; mais nous savons qu'il est le père de Raymond, parce qu'il assista, en qualité d'aïeul paternel, au baptême d'un des enfants de ce dernier; et même père de François, cadet, né en 1736.

Raymond Agar se maria avec demoiselle Agathe Guischard, négociant de la ville de Cahors, domicilié sur la paroisse des Soubirous (Saint-Barthélemy). Il habita à Mercuès et eut plusieurs enfants, à savoir : FRANÇOIS, en 1758 ; Marianne-Antoinette, mariée en 1788, à Simonis, bourgeois de Flaynac ; Pierre-Alexandre en 1760, qui devint prêtre, fut avant la Révolution vicaire du Montat et, après la Révolution, curé de Calamane ; François en 1761 ; Jean-Pierre en 1762, qui fut prêtre, curé de Saint-Clair-Rebillou avant la Révolution, et d'Espère après la Révolution ; ANTOINE en 1764 ; Alexis en 1766.

Nous négligeons les branches latérales : François, né en 1736, d'autre François, et qui tint Mᵐᵉ Fournié sur les fonts baptismaux, mort aux Bouyssès en 1816 ; Pierre, gendre Guibert, qui épousa, en 1740, en secondes noces, Marie Sol, de Cessac, décédée en 1755 ; François Agar, bourgeois, gendre Cayx, et autres.

Nous retenons François, né de Raymond en 1758. Il signe toujours au bas des actes François Agar, premier-né. Son frère Antoine, né en 1764, signe Agar jeune. Celui-ci avait sa maison dans la rue qui de la route monte directement au château, aujourd'hui maison Delpuech. Il épousa Marie Carriol, fille sans doute de Carriol, maître chirurgien de Mercuès, dont il eu une fille Agathe, qui épousa Valet, bourgeois de Calamane, en 1814, et mourut en 1816. Agar (François), premier-né, et Agar (Antoine) ont vécu longtemps l'un à côté de l'autre, fort bons amis. Quand le premier est maire, pendant la tourmente révolutionnaire, le second est adjoint. Leurs signatures sont ordinairement l'une à côté de l'autre dans les actes publics. Après avoir longtemps vécu à Mercués, Antoine alla mourir chez sa nièce Mme Dulac, à Lacapelle-Cabanac. Toute notre attention va se concentrer désormais sur François, premier-né, et sur sa descendance : il est l'aïeul de tous ceux qui portent encore le nom d'Agar, à Cahors ou dans la région.

François Agar, premier-né, fils de Raymond, resta à la maison natale et épousa, en 1785, demoiselle Marie-Cécile Constans, fille de Constans, négociant de Douelle, domicilié au Carriol, et d'Antoinette Testut. Il en eut plusieurs enfants, à savoir : en 1786, le 23 février, Marie-Agathe-Louise ; en 1787, le 3 novembre, Antoinette-Adélaïde ; en 1789, le 12 novembre, ANTOINETTE, qui prit le nom de ROSALIE ; en 1791, le 20 mars, Marie-Sophie ; en 1792, François-Antoine ; en 1794, le 8 messidor an II de la République, Jean-Pierre ; l'an IV, le 7 fructidor, Paule-Dorothée.

La maison natale de cette nombreuse famille était au centre du village, au nord de la route, dans la rue qui va directement vers le château, à droite en montant ; elle fut vendue au colonel Bonafous, qui la fit réparer et presque reconstruire. Bientôt remise en vente, elle fut rachetée par les deux frères abbés, qui y passèrent leurs vieux jours et y moururent, l'un en 1839, l'autre en 1844. Elle appartient aujourd'hui aux familles Roques et Artigues.

Nous devons dire un mot de chacun des enfants de François Agar, premier-né. Marie-Agathe-Louise épousa M. Dulac, de Lacapelle-Cabanac ; Antoinette-Adélaïde entra en religion, à la Miséricorde de Moissac ; nous

parlerons plus longuement, dans les divers chapitres
de ce livre, d'Antoinette-Rosalie, qui sera un jour
Mme Fournié ; Marie-Sophie fut mariée, en 1812, à Bories (François), maire d'Espère ; elle épousa en secondes
noces, le 25 juin 1828, M. Louis Pagès, né à Saint-
Vincent-Rive-d'Olt, domicilié à Bordeaux, négociant en
vins ; Jean-Pierre et Paule-Dorothée n'ont pas sur-
vécu. François-Antoine épousa, en 1820, Mlle Jeanne-
Pauline-Eulalie de Galdemar, de la paroisse de Pradines, où il se fixa. Il avait eu pour parrain, au baptême,
Antoine Agar jeune, son oncle, et pour marraine sa
sœur Agathe, âgée de six ans. Il eut présents à son mariage : Galdemar, née Molevie ; Galdemar, née Cayron ;
Fournié, née Agar (Mme Fournié) ; Bories, gendre Agar ;
Agar jeune ; Chamisso, préfet du Lot ; Clément de Va-
lory, receveur des finances. Ses enfants furent Alphonse, notaire ; Louis, receveur des finances ; Cécile,
Mme Émile Dufour, avocat, encore vivante.

La famille Fournié n'est pas moins ancienne à Mercuès que la famille Agar.

A la fin du dix-septième siècle, nous trouvons Antoine Fournié, né en 1695, époux de Marie Sols, mort
en 1775 à l'âge de quatre-vingts ans ; Jeanne Albert,
veuve de François Fournié, née en 1699, mort en
1774 ; Pierre Fournié, né en 1668, mort en 1748.

Antoine Fournié, marié à Marie-Thérèse Agar, peu
de temps après 1730, a plusieurs enfants, à savoir :
en 1735 (novembre), Perrette ; en 1744, Marianne ; en
1748, Marie-Gabrielle, qui entra dans la famille Dar-

res; enfin celui que les enfants du suivant appelaient l'oncle Victor, et MICHEL, qui suit.

Michel Fournié épousa en 1767 Madeleine Calmejane, fille de Pierre Calmejane, notaire à Cahors. La maison Calmejane appartient aujourd'hui à divers propriétaires; elle est située à l'angle sud-est de la rue dite de la *Liberté*, qui va des *boulevards* à la Cathédrale, donnant sur la rue et sur la place, en face de la grande porte d'entrée de la Cathédrale, caractérisée par ses grandes fenêtres de l'époque de la Renaissance. Michel Fournié fut lui-même notaire à Cahors de 1760 à 1802, sans cesser d'avoir sa résidence et sa famille à Mercuès.

Il eut plusieurs enfants : en 1769, JEAN-LOUIS-AMABLE, qui suit; en 1770, le 7 décembre, VICTOR-JEAN-BAPTISTE-ALEXANDRE, le mari de Mme Fournié; en 1773, Jean-Marie-Auguste, qui partit pour l'Amérique et ne donna pas de ses nouvelles; en 1777, Alexandre, qui resta négociant à Cahors et épousa Mlle Lagarde, fille du maire de la ville, dont il eut deux fils : le premier se fixa à Paris et y mourut, le second devint président du tribunal de première instance d'Auch; enfin Émilie, qui fut donnée en mariage à Jean Labouïsse, dont nous parlerons bientôt.

Jean-Louis-Amable prit le notariat de son père en 1802, et se fixa à Cahors. Le roi Murat lui proposa de le suivre au royaume de Naples, promettant gloire et fortune; mais il préféra sa situation sûre et tranquille à une vie d'aventures pleine d'inconnu[1]. Il épousa Mlle Marie-Thérèse Cassayre et eut d'elle plusieurs en-

---

1. Mme Lauziès, sa fille.

fants : l'an XIII de la République (1805), 2 fructidor, Michel-Thérèse-Louis-Étienne, avocat, décédé en 1827 ; en 1807, Victor-Génulphe, fixé à Paris ; en 1808, Marie-Anne-Émilie, qui épousa M. Bouyssié et reçut en dot la maison paternelle de la famille Fournié, dans la rue la plus occidentale du village de Mercuès, à gauche en montant vers le château ; en 1809, Jeanne-Émilie-Augustine, que nous retrouverons sous le nom de sœur Saint-Paul ; en 1810, Alexandre, qui en 1827, à la mort de son frère aîné, prit le notariat, le garda jusqu'en 1868 et le céda alors à son fils Jules, qui l'occupe encore ; en 1812, Rosalie, qui voulut suivre les traces de sa sœur Jeanne-Émilie et en fut empêchée par la délicatesse de sa santé ; enfin, en 1821, Marie-Émilie-Victorine, qui épousa en 1842 M. Antoine-F. Lauziès de Cornède, dont le père, après avoir conquis les épaulettes de capitaine dans les armées de la République ou de l'Empire, occupait les loisirs de sa retraite à vendre des bijoux, comme ORFÈVRE DE LA VILLE DE CAHORS, ou à surveiller, à la campagne, l'exploitation de son domaine. Mme Lauziès vit encore.

Victor Fournié, fils de Michel, fut, avons-nous dit, le mari de Mme Fournié ; il sera longuement fait mention de lui dans les chapitres suivants, mais un trait qui remonte à son enfance trouve ici sa place. Mgr de Nicolaï, résidant à Mercuès, avait des relations d'amitié avec la famille Fournié. Il témoigna un jour le désir de montrer son attachement par quelque faveur aux enfants : « Hélas ! dit le père, ce sera chose difficile, aucun n'a montré jusqu'ici l'intention d'entrer dans les ordres ecclésiastiques. — N'importe, » dit le prélat. Et choisissant le jeune Victor, il le pourvut d'une prébende de sa Cathédrale. Le gouvernement révolutionnaire, s'étant emparé des biens de l'Église, respecta les droits des personnes. C'est pourquoi une rente viagère de deux cent cinquante francs, représentant les fruits de la prébende, fut payée à M. Victor Fournié, même après son mariage et jusqu'à sa mort.

La famille Labouïsse est également originaire de Mercuès et aussi très ancienne. Raymond Labouïsse et Catherine Fabre, mariés vers 1710, eurent plusieurs enfants, parmi lesquels nous remarquons Jacques, qui, vers 1740, épousa Antoinette Jolly ; Jean, époux de Marie-Jeanne Boutaric ; autre Raymond, qui prit en mariage Catherine Darres. Ces derniers eurent pour fils, en 1765, Jean Labouïsse, auquel fut donnée en mariage Émilie Fournié, sœur de M. Victor, comme il a été dit.

Jean Labouïsse et Émilie Fournié donnèrent le jour à Sophie-Antoinette, à Joseph, et, en 1808, à Victor-Auguste-Alain.

Sophie-Antoinette fut donnée en mariage à M. Pontus, de Rodez, officier de l'académie impériale, professeur de sciences au lycée de Cahors. A la bénédiction nuptiale assistèrent un M. Labouïsse, conducteur principal des ponts et chaussées, « domicilié à Cahors dans la région de Valendres », et un autre, frère du précédent, Pierre-Alain, docteur en médecine.

Joseph étudiait le droit à Paris quand Mme Fournié habitait cette ville avec son mari. Il devint substitut et procureur du roi.

Victor-Auguste-Alain entra dans les ordres sacrés; il fut successivement vicaire de Castelnau-Montratier, curé de Divillac, de Saint-Vincent-Rive-d'Olt et de Montdoumerc. En 1843 il se retira à Cahors et fut chanoine honoraire et hebdomadier à la Cathédrale; en 1858 il fut nommé aumônier des prisons; il est mort le 21 septembre 1879.

Il était, par sa mère, neveu de Mme Fournié. Il reparaîtra plus loin, dans un des chapitres de ce livre.

CHAPITRE II

Mercuès est un fort joli et fort agréable village, assis
sur la rive droite du Lot, à huit kilomètres en aval de
Cahors, à l'endroit où, après avoir rasé, sur un parcours de huit cents mètres, la montagne abrupte au
haut de laquelle, à cent mètres au-dessus de la plaine,
est perché le château féodal des évêques, la rivière,
venant de l'est à l'ouest, s'infléchit brusquement vers le
midi.

Entre la rivière et la montagne il n'y avait autrefois
que la route de Cahors à Agen. Aujourd'hui, soit en
disputant la terre aux flots par la construction de fortes
murailles, soit en sapant les bases rocheuses du château, deux chemins de fer ont trouvé le moyen de s'y
faire une place, l'un à droite, l'autre à gauche de la
route, l'un allant de Cahors à Paris, l'autre de Cahors
à Agen.

Au-dessous même des fenêtres du château, une digue,
une chaussée, comme on dit en ce pays, fut jetée au
travers de la rivière, il y a des siècles; un moulin fut

bâti. Depuis, le Lot a été canalisé, et une écluse a été solidement établie sur la rive gauche, en face du moulin qui est sur la droite. Il y a quarante ans à peine, la rivière était vivante ; à tout moment l'écluse voyait passer, entre ses murs et ses puissantes portes de charpente entr'ouvertes, des bateaux chargés de vin, de merrain, de denrées coloniales, allant de la *Montagne* à Bordeaux ou de Bordeaux à la Montagne. Tout cela, vieux souvenirs, ruines désolées et délaissées, restes bientôt incompris d'une civilisation qui n'est plus. Le chemin de fer a tué la rivière. L'écluse n'a plus de raison d'être ; l'administration a même vendu à vil prix la maison de l'éclusier.

A cinq cents mètres au-dessous du village, sur un mamelon de trente mètres environ de hauteur, se trouve la maison des Bouyssès, ainsi appelée du bois de buis arborescents et séculaires (*buxus*, en latin) qui, l'été comme l'hiver et l'hiver comme l'été, du plateau à la rivière, couvrent le monticule d'un épais manteau de verdure. Au pied du monticule, à l'est de ces buis, coule la rivière ; au delà de la rivière est la plaine, riante et fertile, remontant jusqu'à Pradines ; à l'ouest de la maison, le plateau s'étend au loin, sillonné de routes et d'avenues ombragées de grands arbres, planté de vignes, de pruniers et de toute sorte d'arbres fruitiers. Rien n'est tranquille, frais, riant et gai à l'égal de ce manoir, placé là comme un nid de gigantesques dimensions au milieu d'un paradis terrestre.

Un kilomètre plus bas, sur la même rive et sur un autre mamelon, en face de Flaynac assis au soleil sur la rive opposée, là où le Lot, abandonnant sa direction vers le midi, tourne à l'ouest pour aller à Douelle, est un autre manoir, le Carriol, fort pittoresque, mais moins entouré de verdure, moins tranquille, moins mystérieux que les Bouyssès. Nous le retrouverons plus d'une fois dans le cours de ce récit.

En 1232, Raymond de Lard, chevalier, seigneur de Rassiels, donna, sans réserve d'aucun droit et du consentement de l'évêque de Cahors, sa terre de Las Bouyssès, près Mercuès, à dame Guillemette, seconde abbesse de Leyme. Celle-ci, pour répondre aux vues du donateur, y fonda un prieuré conventuel, où elle établit des religieuses de son monastère.

Le testament de Raymond de Cornil, évêque de Cahors (1289), contient un legs pour le couvent des Bouyssès. Le pouillé Dumas, chez M. Greil, à Cahors, le mentionne en ces termes : *Antiquus prioratus conventualis monialium ord. cist. in loco vulgo dicto la Borie de las Bouyssès*. Depuis plus de deux siècles il n'y avait plus de religieuses aux Bouyssès : c'était un simple domaine du labourage de trois paires de bœufs, assorti de prés, vignes et bois[1]. Il y avait un hospice en dehors de l'habitation du fermier, où les pauvres étaient certains de trouver un gîte pour la nuit. Parfois, s'ils y tombaient malades, ils y séjournaient et ils y mouraient.

Au lendemain de la Révolution, quand les couvents n'eurent plus de propriétés en France, nous trouvons aux Bouyssès, dès l'an Ier de la République, un récent acquéreur du domaine, M. Agar (François), premier-né,

---

[1]. Note due à l'obligeance de M. l'abbé E. Albe.

installé là avec sa nombreuse famille, aïeux, proches parents, femmes et enfants, domestiques et servantes.

Mˡˡᵉ Rosalie Agar, la troisième de ses filles, avait alors quatre ans; la quatrième la suivait de près, et son jeune frère François-Antoine était encore sur les bras de sa nourrice. Les chevaux piaffaient à l'écurie, et les bœufs, au dehors, traînaient péniblement les chars encombrés de grains ou de fourrages.

Comment ne pas dire ici que les Bouyssès sont ce qu'ils étaient il y a cent ans? Les buis sont les mêmes, les mêmes les ormeaux et les tilleuls, la vie déborde partout, le nom seul des habitants est changé! C'est aujourd'hui M. le vicomte de Rougé et Mᵐᵉ la vicomtesse, née Eugénie de la Féronays. Les enfants sont déjà nombreux : Mˡˡᵉ Claire a deux frères plus âgés, M. Bonabes et M. Charles, et deux frères plus jeunes qu'elle : François, qui court déjà, et Antoine, encore sur les bras de sa nourrice. Non! on n'oublie pas, quand on a passé seulement quelques heures aux Bouyssès, la délicieuse et profonde impression que laisse le spectacle d'un bonheur calme et charmant, embelli de douceur, d'affabilité, de bienveillance, de charité, qui partout reluit en ces lieux enchantés! Que la Providence, toujours bonne pour les siens, l'augmente encore et lui donne la plus longue durée que comportent les choses humaines!

Mˡˡᵉ Rosalie Agar est donc aux Bouyssès en 1795. Elle a six ans, étant née le 12 novembre 1789. Elle a eu pour parrain l'oncle François, cadet, et pour marraine sa tante Antoinette Simonis, de Flaynac. Elle est entourée de frères et de sœurs, les uns plus âgés, les autres plus jeunes qu'elle : c'est déjà un bataillon qui crie, s'agite et court, dans les salles sous les yeux de la mère, dans les cours sous les yeux des servantes.

Mlle Rosalie est la plus bruyante; c'est elle qui organise les jeux, et ses aînées lui obéissent. Un œil exercé verrait déjà qu'elle est née pour la direction et le commandement.

Il y a dans la maison encore : Marie-Agathe Guischard, l'aïeule paternelle, qui mourra dans le courant de l'an IX; l'oncle François, cadet, déjà âgé de soixante ans, qui mourra là en 1816, à l'âge de quatre-vingts ans, et qui aime ses neveux, Rosalie surtout, sa filleule, comme s'ils étaient ses propres enfants; et enfin il y a aussi ou il y aura bientôt les oncles abbés, Pierre-Alexandre et Jean-Pierre, rentrés d'Espagne, où ils s'étaient exilés.

Avant de partir, ils avaient cédé leurs biens à leur frère François, premier-né, par un sous seing privé. François les avait vendus; mais le directoire du district de Cahors, ayant à examiner « la pétition du citoyen Agar, de Cahors, tendante à la levée du séquestre établi sur le bien, à raison de la déportation de ses frères prêtres,... déclare nul et de nul effet tant l'accord sous seing privé que la vente qui a suivi, et estime que seuls lesdits frères Agar, ou la Nation en leur lieu et place, peuvent exercer, sur les biens qui en sont l'objet, les droits qu'ils avaient sur la succession de leur père et de leur mère » (24 ventôse an III)[1].

François, premier-né, devenu maire de Mercuès, usa

1. Archives de la préfecture, Q 133.

de son influence auprès du gouvernement révolutionnaire pour abréger l'exil de ses frères. Ils purent rentrer dans la maison de leur frère, mais à la condition
de n'en pas sortir, ou pour le moins de ne pas se montrer en dehors de leurs terres. C'est pourquoi ils avaient
dressé un autel dans les combles de la maison des Bouyssès, où ils disaient la messe. Ils y adaptèrent également
une demeure ou un gîte peu luxueux et peu commode
sans doute, mais sûr et à l'abri de tout regard indiscret.

C'est Mlle Rosalie qui doit, à certaines heures du jour,
ouvrir les portes et avertir qu'aucun étranger n'étant
dans la maison, les prisonniers peuvent descendre sans
danger. En retour, ils enseignent à l'enfant, comme à
ses sœurs et à son frère, les premières notions de la
lecture, de l'écriture et du calcul. Parfois Mlle Rosalie,
dit-on, distraite par les événements de la journée, oubliait les devoirs de sa charge et condamnait, sans le
vouloir, les oncles abbés à l'abstinence et au jeûne
forcé. Mais la faute avouée était vite pardonnée, et les
mois et les années se passaient là tranquilles, quand
l'orage troublait et bouleversait tout au dehors, les
institutions, les familles et les États, en France et bientôt dans l'Europe entière.

La nuit, la famille couchait dans un grand dortoir,
les abbés dans un coin, les chefs de la maison dans un
autre, les enfants le long du mur opposé.

Quand les enfants furent un peu plus grands, on
appela dans la maison une Fille de la Charité, chassée
de son couvent, qui vint donner des leçons aux demoiselles. Ces dispositions ne furent pas de longue durée;
on distribua les enfants dans diverses écoles.

Mlle Rosalie fut placée dans un pensionnat de demoiselles à Montauban. Là, pendant quelques années, elle
eut pour maîtresse de dessin Mlle Ginioux, avec laquelle elle garda toute sa vie des relations et que nous
retrouverons plus loin dans la suite de ce récit. A mesure que chacun des enfants avait acquis le degré
d'instruction jugé suffisant par leur père, il rentrait à
la maison pour y recevoir la formation dernière sous
la surveillance et la direction de la mère.

L'éducation que les demoiselles Agar reçurent au
foyer paternel est remarquable et demande que nous
entrions dans de plus amples détails, et aussi que nous
fassions mieux connaître leur père et leur mère.

Leur père, quand la Révolution éclata, se prit d'enthousiasme pour la liberté et se montra favorable aux
idées du temps; mais, hâtons-nous de le dire, bon et
dépourvu de fortes connaissances théologiques, il ne
vit dans le mouvement que ce qu'avaient de beau, de
grand et de généreux les principes nouveaux, sans
aller jusqu'aux erreurs auxquelles ils entraînèrent bientôt les novateurs ardents et impies qui se souillèrent
de sang et de larcins. Il désapprouva ces excès et resta
chrétien quoique républicain, chrétien comme on l'é-
tait alors, un fort honnête homme au fond, loyal, bon
et serviable, fier d'être le premier de son village et
occupé surtout à transformer sa propriété, à l'assainir,
à l'embellir, pour en faire une ferme modèle, la plus
agréable et la plus productive.

Très actif, il vendait au loin le produit de ses vignes, et non seulement des siennes, mais de celles de
toute la région. Il devint peu à peu négociant en vins

sur grande échelle, non seulement sur la place de Bordeaux, mais plus encore et principalement sur la place de Paris. En même temps il maintenait de son mieux l'ordre dans son village.

Écoutons M. Émile Dufour, son petit-fils par alliance :

« Bien qu'approuvant la réforme de certains abus de l'ancienne monarchie, il était bien loin d'accepter les déplorables tendances où furent entraînées les assemblées législatives.

« Il pratiquait la religion sans ostentation, mais aussi sans faux respect.

« Il se levait de quatre heures à cinq heures du matin et se rendait de suite dans un petit cabinet attenant à sa chambre, et il s'agenouillait dans l'embrasure d'une fenêtre qui donnait sur la cour et sur le logement des ouvriers. Il faisait sa prière ostensiblement sous les yeux des ouvriers, qu'il édifiait et qu'il tenait en éveil en même temps. Après la prière, il s'occupait des ouvrages et des commissions qu'il y avait ordinairement à exécuter. Il rentrait, il prenait pour déjeuner une tasse de café sans sucre, et il sortait de suite pour aller inspecter les divers travaux des champs ou autres qu'il avait ordonnés.

« Il rentrait à midi précis et se mettait à table avec sa famille, et presque chaque jour avec quelques convives, parents ou étrangers, jamais sans faire le signe de la croix.

« Après le dîner et suivant les convives et les convenances, il passait au salon avec eux, ou, si les convives étaient des parents habitués à de fréquentes visites, il les laissait avec les membres de sa famille, et il allait inspecter ses ateliers ou s'occuper à ses affaires urgentes et à ses écritures.

« A six heures du soir, le souper était servi, après lequel il restait un temps plus ou moins long avec sa famille en intime causerie. Il se retirait ensuite dans sa chambre pour s'y livrer à la tenue de sa correspondance, très volumineuse et très étendue, ou à la lecture des journaux, jusqu'à dix heures du soir et même jusqu'à onze heures ou minuit.

« Le lendemain, c'était à recommencer dans le même ordre, et cette manière de vivre régulière et active était une leçon pour les enfants, qui apprenaient ainsi à occuper utilement le temps.

« De tous, celle qui a le mieux imité son père, c'est Mlle Rosalie[1]. »

Dès que l'orage fut passé, il fut facile à ses frères les abbés de le ramener aux idées vraies et conservatrices, même aux pratiques religieuses de piété, dont il ne se départit plus jusqu'à la fin de ses jours. Il était, sur la fin de sa vie, lecteur assidu de la *Quotidienne*, journal conservateur et légitimiste de l'époque. Il aimait les pauvres, et il distribuait de larges aumônes, faisant lui-même les parts et donnant à chacun selon les besoins qu'il lui connaissait, et employant ainsi jusqu'à un gros pain de ménage, en un seul jour, pour servir un nombre de trente à quarante mendiants.

1. Recueil de témoignages de M. l'abbé V. Albessard.

Un propriétaire, qui avait une paire de bœufs à sa grange, vint le trouver un jour et lui dit : « L'année est mauvaise, je suis sans ressources et je n'ai pas de pain pour mes enfants. » Il était tout honteux de faire cet aveu. M. Agar le regarda, et, sans lui faire la moindre observation, il le conduisit au grenier : « Prends ce sac de blé, lui dit-il, et quand il sera employé tu viendras en prendre un autre. »

Sa charité a laissé des souvenirs qui sont restés longtemps vivants dans le pays, et si on lui conseillait de se restreindre : « Il vaut mieux, disait-il, se faire un trésor dans le ciel et laisser sur la terre un peu moins aux enfants. » Ce n'est pas qu'il ne les aimât, et même beaucoup ; il n'allait jamais à Paris, à Bordeaux ou même à Cahors sans porter habits, gâteaux ou joujoux, quelque chose pour chacun, et autant que possible des objets absolument semblables ou équivalents, quatre ou cinq robes ou chapeaux semblables.

Un jour, il rentrait aux Bouyssés, venant de Cahors, à cheval ; il rencontre un pauvre piéton d'une quinzaine d'années qui, comme lui, se dirigeait vers Mercuès. Il a pitié de lui et il le met en croupe. Rentré chez lui, il voit accourir les enfants, qui lui font fête sans rien demander, mais non sans espérer qu'il ne rentrait pas les poches vides. De fait, il portait un bon et beau gâteau pour chacun d'eux ; mais quand il voulut se donner la joie de les offrir, il ne trouva rien dans ses habits : le galopin avait pris soin de l'alléger de ce fardeau. Ce fut une grosse déception pour les enfants, mais lui, sans se fâcher, se contenta de dire : « Il avait faim, sans doute. »

Il resta maire de Mercuès non seulement pendant la République, mais encore sous l'Empire et même sous la Restauration. Il fut également fabricien, et il lui arrivait fréquemment de passer le plat des âmes. Il fut aussi membre du Conseil général.

Il avait des relations amicales avec Mgr de Nicolaï; il montait souvent au château avec ses frères les abbés, et il dînait au moins une fois par mois à la table épiscopale.

Mme François Agar était née Cécile Constans, fille de M. Constans, négociant de Douelle, et d'Antoinette Testut. Le domaine du Carriol lui appartenait, et c'est peut-être là qu'elle était née, le Carriol appartenant à la paroisse de Caillac pour le spirituel, mais à la communauté de Douelle pour le civil. Elle avait un frère nommé Jean-Paul, gendre Gensac, qui possédait une maison à Cahors et une propriété à Pradines[1].

« Aux Bouyssès, elle se montra maîtresse de maison accomplie. Elle était belle et grande femme, excellente de cœur et brillante d'esprit. Riche héritière et rompue aux usages de la haute société, elle était en même temps de mœurs austères, très active et admirablement formée aux mille soins d'un ménage, au gouvernement d'une maison de grand train où elle avait à maintenir le bon ordre dans un nombreux personnel, composé habituellement de trente à quarante domestiques ou journaliers[2]. »

1. Acte de vente à M. Agar (François-Antoine), son neveu (23 octobre 1823).
2. Mme Dulac, sa fille.

Mⁱˡᵉ Rosalie avait les yeux ouverts, et c'est des exemples et des leçons de son père et de sa mère qu'elle reçut cet esprit d'ordre, d'activité et d'intelligence des affaires qui la distingua toujours.

Mᵐᵉ Agar ne tutoyait pas ses enfants, et ses enfants ne la tutoyaient pas non plus. Le tutoiement, quand il n'est pas réciproque, est, dans la langue française, le signe extérieur de la supériorité, de la part de celui qui l'emploie, et, quand il est réciproque, le signe d'une égalité réelle et naturelle ou d'une égalité consentie et conventionnelle. Le pluriel, au contraire, employé, quand on ne s'adresse qu'à une seule personne, est la reconnaissance de sa supériorité, ou pour le moins un signe de respect.

Il est tout naturel que le frère tutoie son frère : ils sont égaux ; que le père et la mère tutoient les enfants : ils ont autorité sur eux ; et que le mari tutoie sa femme, car il est son chef comme le chef de toute la famille. « Femmes, soyez soumises à vos maris, » dit saint Paul. Il est contre nature que les enfants tutoient les parents, parce que les parents ont autorité sur les enfants et que les enfants leur doivent obéissance et respect. Il est convenable et plus conforme aux lois de la nature que la femme ne tutoie pas son mari.

La Révolution, en proclamant le principe d'égalité, voulut que les enfants tutoyassent leurs parents. Il est à croire que Mᵐᵉ Agar voulut, elle, protester contre ces mœurs nouvelles et scandaleuses, non seulement en interdisant aux enfants ce renversement des lois de la convenance naturelle, mais encore en leur donnant elle-même l'exemple du respect là où il n'était nullement obligatoire.

Dans ses premières années, Mme Agar était fort assidue à ses devoirs et fort leste au travail; apte à tout faire, a dit Prudence devant Mme Fournié, qui s'est bien gardée de la contredire; parfois, a-t-elle ajouté, elle est allée jusqu'à pétrir la pâte, chauffer le four, et mettre en œuvre, en une seule fois, jusqu'à trois quartes de farine. « Non! s'écrie M. E. Dufour, qui en ces questions de ménage en sait peut-être moins que la brave Prudence; non! il est tout à fait inexact que Mme François Agar se soit jamais livrée aux pénibles travaux du ménage ou de la ferme; tout à fait inexact qu'elle ait pétri la pâte, chauffé le four, enfourné les miches! »

Qu'elle ne l'ait pas fait habituellement, c'est chose évidente et tout à fait certaine; mais l'aurait-elle fait quelquefois, en l'absence des hommes de peine, auxquels ce travail incombait, il n'y aurait là rien de déshonorant.

« Mme Agar, continue M. E. Dufour, était autrement et plus utilement occupée à ordonner les travaux à faire dans la journée par quatre ou cinq filles de service et deux jardiniers, pour s'assurer que ces travaux étaient bien exécutés et pour faire enfin préparer tout ce qui devenait nécessaire dans la journée, selon les diverses circonstances qui changeaient souvent dans une maison où il y avait un grand mouvement d'affaires et de nombreux visiteurs, qui se succédaient journellement, à cause des nombreuses relations de son mari.

« Mme Agar recevait admirablement les personnes qui lui faisaient l'honneur de lui rendre visite. Par son affabilité et par son maintien, elle les charmait, et elle leur imposait la plus grande déférence. M. le comte de Mosbourg, habitué aux réceptions dans le grand monde et jusque dans les cours des souverains, était le premier à s'impressionner et à s'incliner devant ses remarquables qualités.

« On voyait, dans les salons de Mme Agar, Mme la comtesse de Mosbourg, Mme la générale Ambert, alors propriétaire du château de la Grésette, peu éloigné de Mercuès, et les dames des meilleures familles de Mercuès et de Cahors ; mais elle allait elle-même peu dans le monde et elle ne rendait que de rares visites. On n'exigeait pas davantage d'elle, parce qu'on la savait très occupée par son grand train de maison et ses nombreux enfants[1]. »

C'est dans ce milieu que Mlle Rosalie fut formée, mais non pas toujours au salon. Mme Agar ne supportait pas que ses filles fussent un instant sans rien faire. Elle les éleva d'une façon assez rude, bien différente de la manière d'élever les enfants de nos jours. Elle les rompit au travail de bonne heure, et il leur fallut, dès le principe, partager avec elle les travaux et les préoccupations du ménage, et c'est à cette formation qu'elles ont dû d'être renommées plus tard comme ménagères, pour leur habileté dans les affaires de ménage et leur infatigable et étonnante activité[2].

1. M. Ém. Dufour.
2. M. Guyot, économe du grand séminaire.

Mme Agar se levait vers les quatre heures, faisait sa prière et se mettait à l'ouvrage. Elle réveillait ses filles; chacune d'elles avait sa demi-heure fixée pour sa méditation et son travail marqué d'avance. Elles ne faisaient pas de méditation ensemble, mais chacune à part, à tour de rôle, pendant que les autres étaient au travail, et ainsi le travail n'était jamais interrompu. Elles étaient quatre, et chacune d'elles avait sa semaine pour tout régler à l'intérieur, tandis que M. Agar était à ses affaires ou à son commerce et que Mme Agar avait beaucoup à faire au dehors, pour surveiller l'exploitation des terres et se rendre compte de l'assiduité au travail des domestiques, des ouvriers, des journaliers en grand nombre.

Les servantes n'avaient aucun rapport avec les ouvriers du dehors : c'était la demoiselle de semaine qui répondait selon les circonstances et distribuait la nourriture aux divers ateliers ou chantiers et faisait elle-même les parts, non du groupe, mais de chaque ouvrier en particulier. Il existait plusieurs ateliers ou chantiers, et tous ne vaquaient pas à la même heure; mais quand un chantier avait pris son repas, un autre arrivait, et la demoiselle de semaine, toujours à son poste, se levait, se séparait de ses sœurs et allait au réfectoire pour recevoir les ouvriers et distribuer les parts, avec la plus grande impartialité et l'ordre le plus parfait.

Toutes ces demoiselles avaient mêmes devoirs quand leur tour arrivait, et comme elles s'acquittaient de leurs obligations! Quel ordre, quelle surveillance! Comme chaque chose était à sa place! Pour les intérêts moraux ou matériels, rien n'était laissé au hasard ou à l'abandon : l'œil du maître, ou plutôt de la maîtresse, avait tout vu, prévu, réglé et disposé.

Toutefois, Mlle Rosalie était la plus intrépide, et, quoique la troisième par l'âge, elle était, de fait, la première dans la pensée de tous. C'est pourquoi son père lui avait confié les clefs de la caisse : c'était elle qui payait et qui tenait le livre-journal des recettes et des dépenses.

Un jour, un troupeau de dindons, partis pour leur course habituelle à travers champs, s'égarèrent et ne rentrèrent pas à leur heure habituelle à la ferme. Sans attendre un ordre, qui sans aucun doute ne lui aurait pas été donné, Mlle Rosalie partit, allant à leur recherche. Elle les ramena, mais il avait fallu traverser des terres détrempées par les pluies, des bourbiers...; ses jambes étaient gonflées au retour, mais elle se garda bien d'en rien dire, et le lendemain elle était prête à recommencer.

Mlle Agathe, l'aînée des sœurs, devenue Mme Dulac, se souvenant de son éducation première, allait aux champs, à Lacapelle-Cabanac, avec un grand nombre d'enfants, jusque-là désœuvrés, qu'elle avait pris à la journée, pour leur enseigner à travailler ; on la vit ramasser avec eux des pierres, remplir paniers et corbeilles et les mettre sur leurs têtes pour être emportés au loin, nettoyant et améliorant ainsi ses terres de récente acquisition. On la vit encore, en d'autres circonstances, charger un âne de provisions et faire le tour de la commune pour distribuer secours ou friandises aux pauvres ou aux malades.

Mlle Adélaïde, la seconde, était, elle, plus adonnée à la piété et même à la mysticité. Sa mère a raconté qu'elle l'avait trouvée le corps attaché avec des cordes, faute de haire. Elle se levait la nuit et priait à genoux sur son lit, la tête appuyée au mur. Le mur se noircit à la fin et dévoila son secret. Elle avait rencontré dans le voisinage des Bouyssès un pauvre vieux, qui n'avait personne pour lui tenir la maison propre et faire le plus indispensable du ménage : Mlle Adélaïde se constitua sa servante et se prêta à toutes les exigences du service avec une exactitude parfaite et des attentions affectueuses qui doublaient le prix des services rendus.

Mlle Sophie, la quatrième, devint Mme Bories, et plus tard Mme Pagès. Nous la retrouverons, dans le cours de ce récit, toujours digne de ses aînées.

Un vieillard qui, dans sa jeunesse, était domestique aux Bouyssès, a raconté à Pauline, la servante de M. l'abbé Castelli, que nous retrouverons plus tard au service de Mme Fournié, un trait caractéristique, que nous aimons à consigner ici. Mlle Rosalie, dit-il, dans sa jeunesse, était fort éveillée et toujours occupée. Elle visitait quelquefois les chantiers, et nous, les ouvriers, quand nous la voyions venir de loin, nous nous disions « Voici Mlle Rosalie qui va nous dégourdir. » Nous redoublions d'activité à son approche. C'était plaisir de la voir commander aux travailleurs, d'un ton qui ne les fâchait pas. Son père, la voyant ainsi toute aux affaires qui lui étaient confiées, active, gaie, entraînante, était content et lui disait souvent devant nous : « Rosalie, Rosalie, tu ne seras jamais supérieure de couvent[1]. » En cela le cher homme se montra mauvais prophète.

---

1. Témoignage de Pauline.

Tout pourtant n'était pas fête aux Bouyssès. Mlle Rosalie y eut deux gros chagrins, qui commencèrent la série ininterrompue de ses peines et lui firent au cœur une blessure dont elle ne guérit jamais à fond.

Son père, un jour, ayant repassé ses dépenses de ménage, la manda venir dans son cabinet. Il manque deux cents francs à ma caisse, dit-il, qu'en as-tu fait ? — Mais, papa, dit la jeune fille, je n'en ai rien fait du tout, et il n'existe que les dépenses portées au registre. — Alors tu as laissé les clefs au tiroir ? — Non, j'ai toujours eu les clefs dans ma poche et je ne les ai jamais oubliées aux serrures. » On lui fit l'injure de ne pas ajouter foi à ses paroles et on pratiqua de minutieuses recherches jusque dans ses robes. Quelques jours plus tard, M. Agar se souvint qu'il avait prêté cette somme à un de ses amis, sans avertir sa fille, qui aurait dû être avertie, comme comptable.

Elle avait déjà vingt ans. M. Victor Fournié, de Cahors, demeurant à la Chartreuse, à l'ouest de la maison Delbreil, jeune homme agréable et bien fait, ami de la famille Agar et qui avait ses entrées aux Bouyssès, eut pour Mlle Rosalie des attentions que la mère remarqua. Quand M. Victor fut sorti, Mme Agar, s'adressant à sa fille, lui dit : « Qu'est-ce que j'ai vu ? Est-ce que ce monsieur aurait des intentions sur vous ? — Peut-être, maman, répondit Mlle Rosalie ; il ne me l'a pas dit, mais il le laisse comprendre. — Entendez-vous, reprit la mère, j'aimerais mieux vous voir les deux jambes coupées que mariée à ce monsieur. — Cela suffit, maman. »

M. Victor Fournié appartenait à une famille honorable et estimée, amie et alliée des Agar, mais il était vieux garçon, âgé de quarante ans, désœuvré et gai viveur. Ce n'était pas le mari que Mᵐᵉ Agar rêvait pour sa fille. Celle-ci, à la première occasion, lui fit savoir qu'il devait diriger ses pensées ailleurs.

Quelque temps après, Mˡˡᵉ Rosalie, étant dans la cour, vit un gros rat entrer dans la remise. Courir après lui et s'enfermer avec lui dans cette pièce, qui n'avait pas d'issue par où il pût s'échapper, fut l'affaire d'un instant. Il n'y avait pas d'issue, mais il y avait beaucoup d'objets ou de meubles encombrants, sous lesquels ou derrière lesquels le pauvre prisonnier cherchait un abri ; la chasse fut longue.

En attendant, Mᵐᵉ Agar, qui avait l'œil à tout, sans qu'il y parût, cherchait du regard sa fille et ne la trouvait pas. Elle n'était pas dans la maison, ni dans les cours, ni dans les avenues, ni dans le bosquet qui descend à la rivière... Où pouvait-elle être, à son âge, sinon à quelque rendez-vous plus ou moins mystérieux ? Quand elle eut été victorieuse de l'imprudent rongeur, elle sortit de sa cachette et rentra à la maison. Sa mère lui révéla ses injustes soupçons et lui fit des remontrances. Déjà triste des doutes de son père sur son honnêteté, elle se sentit humiliée et blessée du peu de confiance que lui témoignait sa mère. Elle n'exprima aucune plainte, mais sa figure, jusque-là ouverte et radieuse, prit peu à peu une expression grave et sévère. Elle diminua le nombre de ses communions, craignant de mal édifier ses proches qui ne paraissaient pas lui accorder toute leur estime. La propension à la tristesse qu'elle garda toute sa vie part de cette terrible épreuve. Là aussi peut-être a son principe le dédain qu'elle éprouvait des jugements injustes que les hommes portaient contre elle, à l'occasion de ses entreprises, le peu de cas qu'elle en faisait et sa merveilleuse force d'endurance, qui ne se démentit pas dans les circonstances les plus difficiles ni dans les situations les plus pénibles.

M. V. Fournié ne se tenait pas pour battu ; connaissant l'opposition de la mère, il s'efforçait de tourner l'obstacle et s'adressait au père, lui parlant ou lui faisant parler par ses frères ou des amis communs. Le père, naturellement bon, fut moins sévère que la mère ; il accepta l'alliance en principe et en causa avec Mme Agar, qui finit par se rendre, on ne sait à quelles considérations, et retira son opposition. Elle dit à sa fille : « Pensez-vous encore à M. Victor, et M. Victor pense-t-il à vous ? Vous êtes libres. — Mais, maman, dit la fille, vous m'aviez affirmé que vous ne consentiriez jamais au mariage ? — Ainsi le veut M. Agar, » fut la réponse de la mère ; et elle n'ajouta pas de commentaires.

Tout le monde fut content.

M. Victor Fournié et Mlle Rosalie Agar étaient aux pieds des autels, à Mercuès, pour leur bénédiction nuptiale, le 27 janvier 1810. Elle fut donnée par l'un des oncles abbés, délégué, en présence de François Agar premier-né, père de la mariée ; d'Antoine Agar jeune, son oncle ; de Jean-Louis-Amable Fournié, notaire à Cahors, frère du marié ; de Joseph Lacombe, notaire à Parnac ; d'Argamarath, inspecteur des droits réunis, et d'un grand nombre d'autres parents et amis.

CHAPITRE III

MADAME FOURNIÉ A PARIS. — LE DÉSASTRE DE BERCY.
LES TRANSPORTS DE L'ÉTAT. — 1812-1822.

Au lendemain de son mariage, nous trouvons M. Victor Fournié à Cahors, commissaire de police de la ville[1]. Avait-il cet emploi avant le mariage, il ne nous a pas été possible d'éclaircir ce doute. Il est certain qu'il ne le garda pas longtemps, car les jeunes mariés partirent bientôt pour Paris, se fixèrent dans cette ville et y séjournèrent pendant plusieurs années.

M. François Agar, avons-nous dit, se livrait au commerce des vins, particulièrement sur la place de Paris. Il fit avec M. Victor Fournié, très libre de son temps, une société commerciale, soit pour donner une extension plus grande à son commerce, soit pour arracher son gendre à l'oisiveté et à la vie frivole, en lui imposant une encombrante, sérieuse et productive occupation.

Il fut convenu que M. Agar resterait au pays pour acheter les vins et les expédier sur la capitale, et que

---

1. Acte de baptême de Rosalie Fournié, sa nièce et sa filleule, 1812.

M. Victor Fournié serait à Paris pour prendre livraison des envois, les remiser dans les entrepôts et les placer et les réexpédier, soit dans Paris même, soit dans quelque autre ville du Nord.

M. et Mme Fournié partirent donc pour Paris, et ce ne peut être que peu de temps après 1812.

Depuis sept ans (18 janvier 1804), Mlle Agathe, sous le nom de Mme Dulac, est à Lacapelle-Cabanac, sur les frontières de l'Agenais; Mlle Sophie va partir pour Espère (2 juin 1812), et Mlle Adélaïde est partie pour Moissac (le 25 juin 1811). Le nid est vide, les oiseaux se sont envolés, chacun à son tour, et ç'eût été par ordre de naissance, si Mlle Adélaïde n'eût cédé le pas à Mlle Rosalie un peu plus jeune.

A Moissac, Mme Gényer venait de poser les bases de son institut des sœurs de la Miséricorde, connues à Cahors sous le nom de Sœurs noires, dont le but est d'instruire les enfants, surtout des basses classes.

Mlle Adélaïde fut la quatrième des filles de Mme Gényer. Sa modestie, sa prudence, sa douceur, son esprit intérieur, firent bientôt d'elle une religieuse parfaite. La Fondatrice la remarqua, lui confia la fondation d'Agen, en fit son bras droit, l'envoya en deux autres maisons et remarqua que, partout où passait sœur Marie-Adélaïde, c'était un renouvellement général, qui se manifestait par le parfum des vertus et la flamme du zèle. Elle eût été certainement Supérieure générale après la Fondatrice, quand elle mourut subitement, déjà mûre pour le ciel (1825). La vénérable Fondatrice, alitée à la suite d'une chute malheureuse, quand elle apprit la mort de cette autre elle-même, joignit les

mains et dit : « Mon Dieu, que votre volonté soit faite ! »
Elle se tut et se mit à pleurer, et elle ne prononça plus
la moindre parole pendant les deux jours que le corps
resta dans la maison, attendant la sépulture[1].

A Paris, Mme Fournié eut une vie généralement mo-
notone, occupée, régulière et retirée. Elle parlait peu
de sa vie passée, et quand on a voulu ramasser quelques matériaux pour écrire ce livre, on n'a trouvé personne qui l'eût vue à cette époque de sa vie et pût révéler les détails de son séjour ou de ses journées à la
capitale. Ce chapitre sera donc court. Nous ne sommes
pas cependant réduits à ne rien dire.

Elle concéda quelques mois à son mari pour visiter
avec lui les monuments, les alentours de la ville, les
beaux magasins, les musées, les théâtres les plus sérieux. Bientôt elle éprouva et manifesta un profond
dégoût pour le bruit, la vie légère et inoccupée. Peu à
peu chacun prit des habitudes conformes à ses goûts.
Pendant le jour, M. Fournié restait à Bercy, surveillant
et soignant ses vins, ou bien il parcourait la ville pour
visiter ses clients ou en augmenter le nombre. La nuit,
après avoir passé la fin du jour avec Mme Fournié et
pris le repas du soir avec elle, il ne pouvait se dispen-
ser d'aller avec ses connaissances ou ses amis aux théâtres et aux cafés à la mode, ou chez quelqu'un d'eux,
en soirée.

Mme Fournié gardait le logis, surveillait le ménage,
tenait la correspondance d'affaires, très étendue, et
enfin elle tenait aussi les livres de comptabilité com-

1. Archives de la Miséricorde de Moissac, et *Vie de Madame
Genyer*, par l'abbé Henry Calhiat, p. 270.

merciale d'après les pièces comptables que son mari lui
remettait chaque jour. Elle avait encore à recevoir les
visites qui lui arrivaient de la ville ou de la province.

Elle allait au lit de bonne heure, pour n'être pas obligée de suivre son mari au théâtre ou en soirée, et elle
se levait de bon matin, pour avoir la possibilité d'assister à la messe ou d'accomplir ses exercices de piété
sans rien laisser en souffrance dans son ménage.

Hâtons-nous de dire que M. Joseph Labouïsse, frère
du chanoine, neveu de Mᵐᵉ Fournié par alliance, sa
mère étant une sœur de M. V. Fournié, était alors à
Paris et y resta plusieurs années, pour y étudier le
droit et prendre ses grades. C'est lui qui accompagnait
M. Victor, son oncle, le soir, afin qu'il ne fût pas seul.
C'est par lui que la plupart des faits qui précèdent ou
qui vont suivre sont arrivés à la connaissance de son
frère l'abbé, et par l'abbé Labouïsse sont parvenus
jusqu'à nous.

M. Joseph Labouïsse habitait la maison de son oncle
et de sa tante et prenait pension chez eux. Il fut, tout
le temps qu'il resta à Paris, de la part de sa tante,
l'objet des soins les plus affectueux et les plus assidus.

C'est ainsi, du reste, qu'elle se montra toujours, soit
à Paris, soit à Cahors, aimante, bonne, généreuse, tendre, vigilante et soigneuse comme une mère, à l'égard
de tous ses neveux, soit des neveux Agar, soit des neveux Fournié. Les neveux lui rendaient affection pour
affection. Ils se plaisaient avec elle et chez elle, et tant
qu'il exista des neveux ou des nièces, même des petits-
neveux ou des petites-nièces, il y en eut dans sa maison, parfois deux, trois ou quatre à la fois, à Cahors

surtout, où ils étaient en nombre pour aller aux écoles. C'étaient les frères Labouïsse; les enfants de M. L.-Amable Fournié, notaire; les enfants de M. Agar, de Pradines, et autres encore. Tous ont gardé le plus aimable, le plus vivant souvenir de la *Tata Victor*[1]. Quand ils étaient malades, ils allaient chez elle pour se faire soigner, et ils la préféraient à leur propre mère. Quand ils partaient pour l'école, elle-même remplissait le panier des enfants, pour le déjeuner ou le goûter. Elle les conduisait à la dépense et elle disposait les petites friandises sous leurs yeux, en faisant remarquer l'ordre et la disposition de toutes choses, dans le plus minutieux détail, et y ajoutant les recommandations opportunes.

Elle n'approuvait pas certainement toujours la manière de penser ou la manière de faire de son mari; elle lui faisait d'amicales observations, toujours bien reçues, sinon toujours écoutées; mais le plus parfait accord ne cessa pas de régner entre eux, si bien qu'elle put un jour dire à Prudence, quand son mari n'était plus de ce monde, qu'elle ne se souvenait pas de lui avoir jamais fait un reproche irritant, ni même dit une parole volontairement désagréable[2].

Tant qu'elle resta à Paris, toujours prévenante et bonne pour les parents ou connaissances qui lui rendaient visite ou lui demandaient l'hospitalité, elle ne chercha pas à multiplier ses relations, aimant son intérieur et ne se plaisant à d'autres distractions qu'à celles qu'elle trouvait à suivre les fêtes et les offices religieux dans les églises et chapelles de son quartier.

1. M. l'abbé Labouïsse, chanoine.
2. Témoignage de Prudence.

Elle vit à Paris les Cent-jours et les fêtes de la Restauration. Elle était encore dans cette ville quand arriva un désastre qui ruina du même coup elle, son père et son mari.

Ils avaient à Paris, sur les quais ou dans les entrepôts de Bercy, une énorme quantité de vin, plus que la prudence ne permettait d'en emmagasiner en un même lieu. Le feu prit aux entrepôts, et tout leur vin fut dévoré par les flammes.

La Providence avait des vues sur Mᵐᵉ Fournié : elle prit peut-être ce moyen pour la ramener chez elle. Quand on eut assez pleuré cette fortune qui s'en était allée en cendres et en fumée, il fallut bien songer à réparer ce malheur et à en trouver le moyen pratique.

Mᵐᵉ Fournié rentra à Cahors pour consoler son père et organiser son ménage dans une des maisons que son mari possédait dans cette ville. Quant à lui, il resta à Paris pour liquider sa situation perdue et en créer une nouvelle : il y réussit.

Il se souvint qu'il avait un cousin puissant, le comte de Mosbourg. Ils n'étaient pas très proches parents, ni parents très éloignés non plus. Comme il ressort des détails généalogiques donnés au premier chapitre de ce livre, le comte de Mosbourg et Mᵐᵉ Fournié avaient un arrière-grand-père commun : ils étaient parents, lui au troisième degré canonique, elle au quatrième, c'est-à-dire au septième civil.

Le comte de Mosbourg mit son influence au service de M. Fournié et lui fit obtenir en haut lieu l'entreprise des transports, pour le compte de l'État, à Cahors et dans la région. Qu'est-ce que l'entreprise des transports? Les transports pour le compte de l'État sont faits par les Compagnies des chemins de fer; ils se faisaient alors par le roulage. Ils comprenaient les tabacs, les poudres, le matériel de guerre, etc.

M. V. Fournié, peu habitué à une surveillance assidue d'intérêts très complexes, à une organisation étendue et à une comptabilité minutieuse autant que lourde, eût été probablement bien mal à l'aise dans sa nouvelle situation; mais Mme Fournié était très apte à ce travail. Depuis son enfance, elle s'était astreinte à l'ordre le plus parfait, en tout ce qui lui était confié. Sous les yeux et la direction de sa mère, elle s'était habituée à un travail assidu, presque sans relâche, et elle était familiarisée avec la comptabilité, qu'elle tenait très bien, à Paris, l'ayant apprise et tenue déjà, encore toute jeune, dans la maison de son père.

Elle se procura donc de gros et nombreux registres, elle se mit en relation avec les meilleurs rouliers du pays et traita avec eux pour ses transports au poids et au kilomètre. Elle en avait sur toutes les routes : sur Tonneins, sur Toulouse, sur Paris, sur Aurillac ou Clermont. Elle avait l'œil à tout, payait fidèlement les services rendus, mais ne permettait pas la moindre négligence ni la moindre infidélité. Elle donna tant de satisfaction au gouvernement ou aux administrations dont elle dépendait plus directement, que l'entreprise lui fut laissée tant qu'elle voulut la garder, pendant plus de vingt ans, tant du vivant de son mari qu'après sa mort.

On assure qu'elle gagna dans cette entreprise plus de cinquante mille francs, et ce chiffre n'a rien d'étonnant, si l'on considère que le gain annuel ne serait que de deux mille cinq cents francs, qu'elle avait une grande responsabilité et qu'elle faisait elle-même les surveillances, les expéditions, les livraisons et les écritures.

Elle trouva ainsi le moyen de réparer le désastre de Bercy, de payer toutes les dettes de son mari, de faire siennes les maisons qu'il possédait à Cahors, d'être bonne et généreuse pour ses neveux et ses nièces, de maintenir allègrement son grand train de maison, d'employer enfin de quatre-vingt à cent mille francs de sa fortune personnelle à la fondation de la Miséricorde, sans qu'aucun de ses parents ait osé lui demander compte de cette résolution, qui les privait de son héritage.

A peine eut-elle réglé tout ce qui concernait les transports et mis ses rouliers en mouvement, qu'une autre grosse affaire lui tomba sur les bras. Son père, bien éprouvé par le désastre de Bercy, eut à payer des dettes nombreuses et à régler les dots de ses enfants. C'était chose difficile : les demoiselles mariées avant le désastre avaient reçu des promesses qu'il n'était plus possible de tenir. Il fallait également sauver, selon les usages du pays, la part préciputaire de l'aîné, M. François-Antoine, gendre Galdemar depuis le 2 août 1820.

Celui-ci était le plus pressé. Depuis l'accident de Bercy, des bruits sinistres, exagérés, comme il arrive toujours dans ces sortes de circonstances, couraient, et étaient répétés en s'aggravant, sur le compte de M. Agar père. On le disait incapable de payer ses dettes, et ce spectre de l'insolvabilité effrayait le fils, qui, à son mariage, n'avait reçu que des promesses. Il demandait donc un règlement, et quand il n'osait plus insister lui-même, il envoyait sa femme, qui se montrait effrayée et l'était peut-être, et suppliait son beau-père, au nom de son affection et au nom de la justice, de livrer au plus tôt à son mari les droits qui lui revenaient.

« Ayez donc un peu de patience, répondait M. Agar père. Vous, mes enfants, vous me donnez plus de peine et de tourments que tous les créanciers étrangers ensemble. Eux, ils me donnent du temps, et vous, vous m'êtes toujours après. Un peu de patience; j'en ai pour tous, mais il me faut du temps[1]. »

Pour régler la situation financière de M. Agar des Bouyssès, des engagements de la part des membres de la famille devenaient indispensables, et il était extrêmement difficile de concilier tous les intérêts.

A qui va-t-on s'adresser pour opérer ce laborieux règlement? Mme Fournié était habile en affaires; elle possédait si complétement l'estime et la confiance absolue de son père, de ses sœurs et beaux-frères, de son frère enfin, qu'elle fut unanimement désignée pour faire elle-même le partage, et chacun s'engagea à tenir pour fait ce qu'elle aurait cru devoir faire dans sa sagesse.

« Elle se mit à l'œuvre, et, après les plus laborieuses tentatives, par les ménagements les plus circonspects,

1. Pauline, Surveillante Infirmière à la Miséricorde, ancienne servante du temps où ces faits se passaient.

et surtout par l'exemple du plus généreux abandon de ses propres intérêts, elle réussit à concilier toutes les exigences. Les Bouyssès furent vendus à M. le comte de Mosbourg, le 22 septembre 1823, pour la somme de cent soixante mille francs. La digne dame se montra très large au détriment de ses propres intérêts, et elle amena ses sœurs Mme Dulac et Mme Bories à ne l'être pas moins [1]. »

La dot pécuniaire fut rendue à Mme Agar mère, née Constans. Celle-ci eût pu aller habiter, avec son mari, des Bouyssès au Carriol, qui lui appartenait; mais M. Agar préféra revenir au village de Mercuès, dans sa maison natale. Cette maison était devenue la propriété des deux abbés Agar, comme il a été dit plus haut. Quand leur frère aîné vendit les Bouyssès, ils furent heureux de la mettre à sa disposition. Cette maison est sur le chemin qui va directement de Mercuès au château, sur main droite ; elle ressemble, par ses deux pavillons, à la maison natale du comte de Mosbourg, plus à l'est, devenue aujourd'hui l'école Saint-Laurent. Mme Agar le suivit à Mercuès et n'alla au Carriol que lorsqu'elle fut devenue veuve.

Les dettes furent payées; M. François-Antoine Agar, établi dans les terres de son beau-père, à Pradines, reçut ce qui lui revenait et employa le tout à arrondir son domaine, en achetant à son oncle maternel Jean-Paul Constans une propriété que celui-ci possédait à Pradines (23 octobre 1823), et en faisant échange avec

---

1. M. Eugène Dulac, de Lacapelle-Cabanac.

l'Hospice d'une maison sise à Cahors avec une propriété que l'Hospice possédait aussi à Pradines (2 décembre 1825).

Cette longue et délicate affaire des arrangements de famille était heureusement terminée par les soins, la prudence et le désintéressement de Mme Fournié, quand un irréparable malheur vint la frapper dans ses affections les plus intimes. Son mari, dont la santé était affaiblie ou par les désordres de sa jeunesse ou par la douleur qu'il éprouva du désastre de Bercy, se trouva paralysé à la suite d'un ramollissement de la moelle épinière, à peine âgé de cinquante-trois ans, et il vécut huit ans encore sans retrouver l'usage de ses membres.

A ses nombreuses occupations, Mme Fournié devra désormais ajouter celle de garde-malade.

CHAPITRE IV

En rentrant de Paris, Mme Fournié descendit chez
son beau-frère, M. Louis-Amable, notaire, et resta chez
lui tant qu'elle n'eut pas de ménage à elle. M. Amable
l'accueillit avec égards et bonté et l'aida, dans les commencements, de son expérience et de ses lumières[1].
Quelque bienveillante que fût cette hospitalité, il convenait de ne pas en abuser. La maison que Mme Fournié
se choisit, à Cahors, pour en faire sa demeure, fut celle
que son mari avait lui-même fait construire, depuis son
mariage, dans la rue de la Liberté, sur l'emplacement,
dit-on, de l'église Saint-Pierre. Dans cette même rue
il en possédait une seconde. Celle-ci, appelée *maison de
la rue de la Liberté*, était sur les fossés ou boulevards,
à gauche de l'entrée de la rue, à l'angle nord-ouest.
Elle appartient aujourd'hui à M. Bayles, qui l'a achetée
à M. Joubert, de Duravel. La première était appelée la
Grande Maison ou la *Maison de la Préfecture*. Elle

1. Mme Lauziès.

était du même côté au fond de la rue, non la dernière, aujourd'hui appartenant à M. Filhol, mais l'avant-dernière, qui confronte à l'est avec maison Filhol, à l'ouest avec ruelle remontant vers le nord. Elle appartient à M. Joubert, qui l'a reçue de M. Miquel, neveu de M. Pagès, le beau-frère de Mme Fournié.

En 1823, Mme Fournié est depuis deux ans au moins installée dans cette maison, et son mari y est aussi déjà infirme. Cette infirmité n'était pas la débilité de l'âge, l'hébétement des vieillards apoplectiques; c'était l'abattement et l'impuissance des paralytiques encore dans la force de l'âge, immobilisés par la maladie, mais jouissant de toute leur intelligence et se sentant encore pleins de vie et du besoin de jouir. Ces sortes de malades sont fantasques, difficiles, colères, avides de changement et de distractions. Mme Fournié trouva auprès de M. Victor, son mari infirme, l'occasion de se former aux vertus fondamentales de charité, de force d'âme, de patience, d'abnégation. Elle les pratiqua au degré héroïque, et elles lui attirèrent et lui acquirent pour toujours l'estime et l'admiration profonde non seulement de sa famille, mais de la ville entière.

Le malade passait au lit la moitié de son temps et l'autre moitié sur son fauteuil. Mme Fournié elle-même, aidée de Toine, son fidèle domestique, avait à le transporter plusieurs fois chaque jour du lit au fauteuil et du fauteuil sur le lit.

D'habitude le pauvre infirme était malpropre et rebutant. Sa salive trop abondante s'échappait d'elle-même de sa bouche et maculait sa figure, ses habits et ses mains. Mme Fournié ne parut jamais en éprouver de déplaisir. Elle faisait disparaître ces malpropretés toujours renaissantes elle-même, ne confiant jamais ce soin aux servantes. Elle était, à l'égard du malade, prévenante, affectueuse et bonne, comme une mère pour son enfant. Elle lui apportait le repas, lui demandant d'avance quels mets pourraient le plus lui plaire. Elle restait auprès de lui pendant qu'il mangeait, et quand elle était seule, c'est-à-dire sans convives étrangers à sa table, elle prenait son repas à côté de lui, et, pour lui témoigner la réalité d'une affection à laquelle il avait peu de droits, elle buvait dans son verre malpropre, et elle se servait de la même fourchette que lui [1], choses contraires à la correction habituelle et à la sévérité de ses manières, et qu'elle n'aurait jamais voulu se permettre quand son mari jouissait de son état ordinaire de santé.

Ces attentions délicates ne réussissaient pas à prévenir toutes les impatiences du malade; il ne trouvait pas gai de passer sur son fauteuil ou dans son lit des jours, des mois et des années; il se laissait aller à la tristesse, à l'impatience, à la colère; quand il était dans cet état, tout le mécontentait et l'exaspérait, et parfois, dit-on, tendant ses bras vers ceux qui l'entouraient, dans sa rage impuissante, il s'écriait : « Ah! si j'avais un bâton ! » Et on ajoute que Mme Fournié, dans l'espoir de le calmer et de lui plaire, allait chercher un bâton et, rieuse comme en ses premières années, se laissait battre jusqu'à ce que cette satisfaction, quoique déraisonnable, rendit son mari calme et tranquille [2]. C'est

1. Mme Dulac, sa sœur, témoin oculaire.
2. Mlle Marie de Lacroix, née de Folmont.

Mlle de Folmont qui l'affirme; le témoin est grave et aussi incapable d'inventer de tels faits que de s'en porter garant à la légère. Il est vrai que M. Labouïsse, prêtre et neveu du malade, s'élève directement contre ce témoignage. « Jamais, dit-il, M. Fournié ne s'est porté à de pareilles extrémités; au contraire, l'union la plus parfaite a toujours régné dans cet angélique ménage. L'épouse allait toujours au-devant des désirs de son époux... (même quand il demandait le bâton, peut-être) et ne reculait devant aucun sacrifice pour surmonter ses répugnances naturelles et accomplir son devoir dans la plus rigide étendue. Sans doute M. Fournié a eu des torts, avant comme après son mariage, mais il aima toujours sa femme, et en famille la meilleure harmonie exista toujours entre eux. Ils se plaisantaient agréablement, et jamais il n'y eut entre eux un réel désaccord[1] ».

Ce raisonnement laisse place à la réalité des faits racontés par un grand nombre de personnes. On sait que Mme Fournié, toujours patiente et bonne, ne se souvenait jamais des torts de son mari; par suite, ni l'oubli ni le caprice d'un moment ne troublaient l'union et l'accord habituels. M. Agar, notaire, autre neveu, qui, étant à Cahors pour ses études classiques, a fréquenté pendant trois ou quatre ans la maison de sa tante, du vivant du mari, interrogé sur ce point, a répondu : « Je n'ai pas été témoin de ces faits; mais ce que j'ai vu chez ma tante me les fait considérer comme très vraisemblables et probablement vrais[2]. »

1. Témoignage de M. Labouïsse.
2. M. A. Agar, notaire.

Un autre fait tout aussi extraordinaire a donné encore lieu à une semblable controverse. On a déjà compris que M. Victor n'était nullement un modèle de vertu, au chapitre des mœurs. Tout le monde connaissait à Cahors les femmes qui couraient après lui, quand il ne courait pas après elles. Mme Fournié, nullement naïve, veillait et mettait tous ses soins à diminuer le mal, à le prévenir, à le rendre impossible. Affection sincère, complaisances honnêtes, prévenances répétées et délicates, rien ne lui coûta jamais pour garder l'affection de son mari et le retenir dans la ligne du devoir. Que si, malgré cette vigilance et ces sacrifices, il en sortait quelquefois, jamais elle ne voulut ni le voir, ni l'entendre dire, ni le savoir, jugeant que toute rancune, toute vengeance, toute récrimination en ces matières, est une faiblesse et une faute capable de diminuer l'union des cœurs, sans utilité comme contrepoids. A ces sentiments vulgaires, communs et faciles, elle préférait la patience sans bornes et l'oubli charitable et raisonné.

On raconte donc qu'une de ces femmes, qui sont toujours de trop dans un ménage, tomba malade sous son toit à elle, disent les uns, sous le toit conjugal, disent les autres. Il y a encore là une controverse, et, sans vouloir nous prononcer, nous préférons, certes, la première affirmation à la seconde. La femme était donc malade en même temps que M. Victor infirme. Mme Fournié, oubliant pour un moment sa qualité d'épouse pour prendre celle de Fille de la Charité ou de Petite Sœur des pauvres, apportait à la malheureuse des bouillons et le meilleur de sa table, lait, café, fruits et friandises, comme elle l'eût fait pour tout autre pauvre du quartier le plus digne de commisération et de pitié[1].

Ceux qui ont voulu nier ces faits se plaçaient au point de vue de la sagesse humaine et, ne comprenant pas ce qu'ils ont d'admirable, de sublime et de divin, au sens chrétien, ils s'écriaient : « Non ! ces faits n'ont pas eu lieu. » Pour nous, ces faits sont possibles, et, puisqu'ils sont possibles et que les témoins qui les affirment sont sérieux, nous les tenons pour vrais.

L'entreprise des transports obligeait Mme Fournié à de fréquentes sorties et parfois à des absences de plusieurs jours. Elle ne pouvait pas toujours être auprès de son mari; c'est pourquoi elle avait formé des domestiques qui devaient toujours être auprès de lui et répondre à ses moindres désirs. Et cette précaution ne lui suffisait pas si son absence devait se prolonger; elle avait toujours le soin de prier quelques parents ou amis de la famille de se rendre chez elle et de tenir compagnie au pauvre infirme, jusqu'à son retour[2]. Tous les proches parents s'accordent à dire qu'elle se montra admirable, pendant toute la durée de cette longue maladie, par sa patience, sa douceur et les soins affectueux qu'elle ne cessa de prodiguer au cher malade.

« Malgré les malheurs qui fondirent sur ce ménage, par l'ordre qu'elle mit en toutes choses, par son activité au travail, par son intelligence des affaires, elle sut maintenir le grand train de maison inauguré à

1. M. Guyot et Mlle Saint-Denis.
2. M. Eugène Dulac.

son mariage. Ses bontés envers les siens n'eurent jamais d'éclipse, et ses neveux ou ses nièces, s'ils ne l'avaient pas ouï dire, n'auraient jamais soupçonné l'exiguïté des ressources de cette maison ouverte à tous avec une générosité sans exemple[1]. » Non contente d'avoir pour son mari toute sorte d'attentions et de lui procurer toute sorte de distractions dans sa maison de la Préfecture, elle en loua une à la campagne où, pendant la belle saison, elle faisait transporter le malade, pour lui donner un air plus pur et des horizons plus gais[2].

Pendant les dîners où elle avait la plupart du temps des convives, parents ou étrangers, après les attentions et les soins les plus prévenants qu'elle leur prodiguait, elle demandait de quitter un instant la table pour aller s'enquérir auprès de son mari de ce qu'il préférerait manger. Toutes ces délicatesses, destinées à relever l'état moral ou physique du malade et à lui donner le plus grand bien-être, étaient d'autant plus admirées que tout le monde savait bien qu'il en était moins digne.

Elle ne permit jamais à aucune plainte de sortir de sa bouche, et elle n'avait que des éloges à exprimer quand on lui demandait des nouvelles de M. Victor, en sorte que les jeunes personnes qui n'étaient pas instruites de cette situation admiraient en elles-mêmes le bonheur serein qui devait régner en ce béni mariage.

Mme Fournié, devenue veuve, continua jusqu'au der-

1. Jules Fournié, notaire.
2. Mme Dulac.

nier jour de sa vie à parler peu de son mari, mais à en dire toujours le plus grand bien et à rappeler sa grande affection pour lui quand elle avait occasion d'en parler. A la patience, à la charité, au sacrifice de ses goûts, elle ajoutait la discrétion parfaite[1].

Par arrangement de famille avec ses frères et sœurs, M. V. Fournié s'était chargé de sa vieille mère, femme très digne et très respectable assurément, mais aussi exigeant, par son âge, ses habitudes prises, son caractère difficile, son genre de vie, des attentions continuelles et des soins très particuliers. C'était évidemment une disposition de la Providence : Mme Fournié ne devait pas être seulement le modèle des filles, le modèle des épouses; elle devait être encore le modèle des belles-filles à l'égard des belles-mères. Pourquoi Mme Fournié, née Calmejane, n'alla-t-elle pas chez l'aîné de ses enfants, Louis-Amable, et dut-elle se fixer chez le second? Parce que M. Louis-Amable avait déjà donné l'hospitalité à sa vieille tante, sœur de sa mère, la comtesse de Saint-Romain, officier de la maison de Louis XVI, née Calmejane, qui, devenue veuve, était rentrée à la maison paternelle[2].

Mme Fournié, née Agar, eut pour Mme Fournié, née Calmejane, toutes les attentions et toutes les prévenances. Elle loua expressément pour elle une servante qui ne la quittait pas et avait ordre de lui obéir en toutes choses. Cette fille couchait la nuit dans la chambre de sa maîtresse, et pendant le jour elle l'accompagnait dans les églises et dans les familles où elle aimait

1. Mme E. Dulac.
2. Mme Lauziès.

à faire de longues et fréquentes visites. Jamais belle-fille n'a été chérie, respectée, vénérée et louée par sa belle-mère comme l'a été Mme Victor Fournié par Mme Fournié, née Calmejane.

Avec les occupations multiples et encombrantes que lui donnaient les transports, la maladie de son mari, les relations avec un grand nombre de familles parentes ou amies, les soins continuels qu'elle prodiguait aux nièces et neveux dont sa maison n'était jamais vide, Mme Fournié s'exerçait déjà à une sorte d'apostolat qui allait toujours s'étendant et grandissant.

A l'intérieur de sa maison, elle s'attachait à former ses servantes, et elle les traitait comme si elles eussent été ses propres filles. Elles avaient un règlement; les prières se faisaient en commun, et elle les faisait avec elles. Elle se les attachait si fort qu'elles ne voulaient plus se séparer d'elle et que plusieurs ont lié leur existence à la sienne et lui sont restées fidèles jusqu'au trépas. Parmi toutes nous devons signaler la belle âme de Jeanne Turlan, de Floressas, qui, pendant les quarante-cinq dernières années de sa vie, répondit au nom de Prudence, qu'elle prit le jour que Mme Fournié prit celui de Marie-Thérèse. Ce fait, par ordre de date, appartient au chapitre suivant, mais il a sa place ici parce qu'il met en lumière les sentiments que Mme Fournié inspirait à ses servantes, déjà à l'époque où nous sommes. « Jeanne, disait-elle, s'il m'arrivait un jour d'entrer au Carmel, que feriez-vous? — Je demanderais à être tourière, et j'y entrerais aussi. — Et si je me faisais Fille de la Charité pour vivre à l'Hospice, que deviendriez-vous? — Je demanderais à être servante des pauvres et, sous vos yeux, je prendrais soin d'eux. — Et si, comme ma sœur Adélaïde, j'allais aux Sœurs de la Miséricorde, dites Sœurs Noires? — J'irais avec vous. — Et si je fondais un refuge? — Eh bien, je serais la première de vos pénitentes. » Elle tint parole, et elle fut de fait la première des Filles de Mme Fournié, et la plus fidèle. « Prudence, je vous aime bien, » lui disait-elle, dans les premières années qui suivirent la fondation de la Miséricorde. « Et moi donc, répondait Prudence, je n'aime personne autant que vous, et je ne saurais vous aimer davantage. C'est égal, c'est bien dur d'être mêlée à toutes ces Filles ramassées dans la rue, et de passer pour l'une d'elles; mais vous y êtes, Madame, j'y resterai toujours. » Toine, domestique au service de M. et de Mme Fournié, ne sera pas moins fidèle : il entrera avec sa maîtresse à la Miséricorde, et y restera tant qu'il y aura une place pour lui et qu'on lui permettra de l'occuper.

Mme Fournié n'oublia pas le dévouement de Prudence, et quand, quarante ans plus tard, elle se sentit près de mourir, ayant tout donné à son établissement et n'ayant plus rien à elle, elle reprit son autorité de Fondatrice et fit encore un testament en faveur de sa fidèle Prudence, sachant bien que, légale ou non, sa volonté serait sacrée pour les Filles qu'elle laissait après elle. Elle prit donc la plume et elle écrivit ce testament de sa main tremblante :

« Voulant reconnaître les longs services de Jeanne Turlan, ma servante, je veux qu'après mon décès elle soit nourrie et logée dans l'établissement et qu'il lui soit fourni une rente viagère de cent francs, qu'elle travaille ou non. Si elle préfère sortir de la maison, il lui sera servi une rente viagère de deux cents francs. Je désire qu'elle ait la jouissance personnelle de la chambre où demeurait ma sœur Pagès, avec tout le mobilier qui s'y trouve. Et comme cette chambre est éloignée du centre de la maison, je veux qu'on lui donne une Fille pour coucher près d'elle et la servir en cas de maladie. » (7 décembre 1873.)

Mᵐᵉ Fournié fréquentait régulièrement de nombreuses et honorables familles, où elle était accueillie avec bonheur et avec la plus grande considération. Elle avait à juste titre conquis leur confiance, et si quelque nuage se formait parfois au sein de ces familles, elle était toujours avertie, on lui confiait les secrets de la vie intime, les secrets de la famille; on la priait de s'entremettre et de rétablir l'ordre ou la paix. Elle acceptait volontiers ces missions délicates, et elle s'acquittait de sa tâche, aussi ingrate que difficile, avec un tact si parfait, une souplesse de procédés si insinuante, une telle discrétion enfin, que la plupart du temps rien ne transpirait au dehors et que l'orage était écarté avant que le public en eût connu la menace. Quelqu'un que nous ne devons pas nommer et qui avait dans le temps reçu d'elle un de ces bons offices, disait plus tard à M. Émile Dufour : « Jamais on ne pourra suffisamment apprécier les mérites de cette noble femme[1]. »

1. M. Ém. Dufour, avocat.

Elle avait toujours la maison pleine de nièces et de neveux, et, malgré ses occupations absorbantes, elle avait pour eux des attentions que n'eût pas eues leur propre mère. Quand la petite Cécile Agar, qui devait être un jour Mme Dufour, dut aller en classe, à l'âge de quatre ans environ, non seulement elle ne voulait pas y aller, mais même, quand on l'y avait conduite, elle ne voulait pas y rester seule. Mme Fournié eut la complaisance de l'accompagner à l'école, de s'asseoir sur les bancs parmi les gamines et d'y rester occupée à ses ouvrages de mains, pendant plusieurs jours, jusqu'à ce que l'enfant fut habituée et se contenta de la présence de ses compagnes.

Elle était en relation avec tous les établissements religieux de la ville et avec toutes les personnes remarquables par leur piété. Elle était souvent au grand séminaire, où elle avait les directeurs de sa conscience; au Carmel, où elle avait son cœur et où elle espérait entrer un jour; à l'Hospice, où elle allait voir les Filles de la Charité et les postulantes de la ville ou des environs; au pensionnat de Nevers, où elle avait ses nièces, sous la Mère Celestine; à l'Orphélinat enfin de Mlle Barrau, dont nous aurons bientôt à parler plus longuement.

Elle était déjà l'âme des œuvres, et M. Guyot raconte qu'ayant voulu faire connaître en ville celle de la Propagation de la Foi, il échoua complètement; mais, ayant eu l'idée de confier ce soin à Mme Fournié, celle-ci parcourut discrètement la ville, et en peu de temps elle implanta partout la nouvelle œuvre, qui depuis n'a cessé d'être prospère à Cahors.

Tant que son mari vécut, elle eut le soin de lui faire quelques lectures pieuses et de réciter avec lui, auprès de son lit, les prières du matin et du soir. Quand il parut plus affaibli et qu'il y eut lieu de craindre que la mort ne fût pas éloignée, elle alla prendre M. Brioude, supérieur du grand séminaire, qui vint voir régulièrement le malade chaque semaine, quelquefois jusqu'à deux ou trois fois par semaine, pour réveiller en lui les sentiments de la foi et le préparer par les sacrements de l'Église à paraître devant Dieu.

M. Victor Fournié mourut le 21 février 1831.

M. François Agar, le père de Mᵐᵉ Fournié, était tombé malade et devenu infirme à son tour. Il était à Mercuès dans sa maison natale, rachetée par ses frères les abbés, avec sa femme et ses domestiques. Il resta cinq ans sans abandonner le lit ou le fauteuil. Il priait sans cesse, récitant le Rosaire, ou le *Miserere mei*, ou d'autres prières. Il s'interrompait souvent pour demander si on avait eu soin de faire les aumônes habituelles.

Il mourut en 1833, deux ans environ après la mort de M. Victor Fournié. Il avait vu venir son dernier moment, et, fidèle à ses convictions du jeune âge, qu'il avait crues conciliables avec le mouvement révolutionnaire, il s'y était préparé en excellent chrétien.

CHAPITRE V

MADAME VEUVE FOURNIÉ. — PREMIÈRE IDÉE DE LA MISÉ-
RICORDE. — MADAME VINCENT ET MADEMOISELLE DE
RÉGANHAC. — MADEMOISELLE BARRAU. — 1832-1836.

Mme veuve Fournié a quarante-trois ans. Après vingt
et un ans passés dans les liens du mariage, la mort de
son mari lui rend la liberté. Dieu l'a fait naître dans
une famille aisée, mais qui avait acquis et conservait
sa fortune et son bien-être par l'économie, l'ordre et
le travail. Il lui a donné, de naissance, une intelligence
large et pénétrante, une activité remarquable et des
qualités brillantes, qui la firent distinguer parmi ses
frères et ses sœurs dès l'enfance. Elle reçut une éducation soignée, dans sa maison d'abord et ensuite dans
un établissement de premier ordre, à Montauban. Elle
eut une mère qui fut comme la personnification de la
femme forte, et elle apprit d'elle à se lever de bonne
heure, à travailler sans relâche, à avoir l'œil à tous les
détails d'un ménage très complexe et à tous les emplois
d'un personnel très nombreux, à introduire enfin et à
maintenir partout l'ordre le plus parfait.

Quand elle n'a plus rien à gagner dans ce milieu,

Dieu la prend comme par la main et la conduit au centre d'une des premières capitales du monde. Là, pendant dix ans, elle a sous les yeux, elle contemple à loisir, elle coudoie la grande société, la société qui brille, mais aussi tout à côté la société qui travaille, qui souffre et qui gémit, et encore celle qui se dégrade et qui tombe jusqu'à la boue, poussée par la misère ou attirée par l'appât de l'or et du plaisir.

Elle n'est pas dans ce milieu uniquement pour contempler ce spectacle varié; elle y est surtout pour le comprendre et en tirer profit. Son esprit réfléchi se rend compte de l'inanité et de la folie de cet éclat factice et de ces plaisirs de la grande ville, où l'âme ne trouve que déceptions, où le vice, avec toutes les ruines qu'il accumule, règne en maître, et où la vertu est foulée aux pieds. Elle est saisie d'un profond dégoût de ce monde pervers, ennemi de Dieu, et quand les autres sortent le soir pour courir aux dissipations et aux fêtes, elle rentre chez elle et s'enferme dans son cabinet de travail.

Puis elle sait découvrir dans l'ombre la vertu qui se cache, elle voit de près la lutte du bien contre le mal envahissant, et elle admire les œuvres chrétiennes péniblement fondées, toujours persécutées, mais toujours vivantes ou renaissantes, foyers lumineux qui, dans l'ordre surnaturel, embellissent la terre aux regards du ciel.

Pendant dix ans elle partage les travaux de son mari; elle est l'âme de son commerce, elle se rend familière la science de la grande comptabilité, et par cette comptabilité même elle est en contact habituel avec toutes les classes de la société.

Puis l'épreuve arrive subitement, la ruine succède à la prospérité, la douleur étreint son âme; mais son âme est plus forte que la douleur. Son mari peut succomber, elle reste debout, victorieuse de l'épreuve, fortifiée par cette victoire et rendue apte à de plus rudes labeurs et prête à de plus terribles combats.

Si Dieu l'a frappée d'une main, il la relève de l'autre. La voilà à la tête des transports de l'État, qui la mettent en relation avec plusieurs grandes et hautes administrations, pendant de longues années; et en même temps l'état de son mari et ses nombreux parents lui donnent, au sein de la famille, l'occasion de se former, dans le secret du ménage, aux plus humbles et plus admirables vertus, qui font la beauté, la valeur, la grandeur des âmes ainsi que la prospérité des familles et de toutes les associations qui se forment parmi les hommes.

Cet ensemble de faits n'est pas l'œuvre du hasard. Dieu avait des vues sur Mme Fournié : il la destinait à la grande œuvre que par elle il a accomplie; il l'a choisie, préparée, formée dans sa sagesse, selon son cœur. Mme Fournié, de son côté, s'est plu à marcher sous le regard de Dieu, à suivre ses inspirations, à être docile à la conduite et aux mouvements de la grâce. Sa formation en tout sens est si complète, si parfaite, qu'elle est elle-même apte à entreprendre tout ce que Dieu demandera d'elle et à mener à bonne fin toutes ses entreprises, avec l'aide de Dieu, sans cesser un instant d'être humainement à la hauteur des circonstances, des difficultés ou des devoirs.

Mais à quoi Dieu l'appelle-t-il? C'est son secret; il

n'a pas parlé, il ne parlera pas de longtemps encore. Elle ne sait pas où est son chemin, mais elle entend le suivre dès qu'elle le connaîtra. Elle veut servir Dieu et ne servir que lui, vivre près de lui et n'aimer que lui. Elle essayera d'aller où son cœur l'appelle, mais en répétant sans cesse qu'elle est prête à résister même à son propre cœur, à ses désirs et à ses goûts, pour aller où Dieu voudra, pourvu que sa volonté se manifeste. Pratiquement, elle considère comme une volonté de Dieu les décisions des directeurs de sa conscience ou de ses supérieurs ecclésiastiques.

La première question qui dut être réglée après la mort de M. Fournié, fut celle de la succession avec les héritiers de ce dernier. Aucun des parents du défunt ne se présenta pour rien réclamer. Tout le monde accorda que le malheur de Bercy et la longue maladie de M. Victor avaient dû absorber sa fortune personnelle et que tout ce qui restait, maisons, mobilier, créances, était la propriété de la veuve, soit comme représentation de sa dot, soit comme récompense des peines qu'elle s'était données pour conduire seule et sans aucun concours de la part de son mari l'entreprise des transports, soit enfin comme dédommagement des soins si charitables, si affectueux et si généreux qu'elle n'avait cessé de prodiguer au pauvre malade, ainsi qu'à ses nièces et à ses neveux.

Une seconde question fut de savoir si elle garderait encore les transports. Il fut convenu qu'elle les garderait, vu que cette entreprise était, entre ses mains, on ne peut mieux conduite et largement lucrative.

Tout fut donc, après la mort de M. Fournié, comme

avant, pour Mme Fournié, sauf qu'elle eut son temps moins occupé et qu'elle se sentit la liberté de régler sa vie selon ses goûts, sans avoir à demander l'avis de qui que ce fût, sinon celui de ses directeurs spirituels, pour mieux connaître la volonté de Dieu.

Le premier usage qu'elle fit de sa liberté fut de s'occuper davantage des œuvres chrétiennes, et c'est surtout après le décès de son mari qu'elle s'occupa de la Propagation de la Foi et qu'elle implanta l'œuvre dans toute la ville. Elle recevait les *Annales* et les faisait porter à domicile par ses servantes, qui avaient aussi la charge de recueillir les cotisations annuelles.

Elle quêtait elle-même pour les pauvres et elle recherchait en ville toutes les misères pour les soulager. Quand les Espagnols carlistes arrivèrent à Cahors, la municipalité leur donna un asile dans les dépendances du Bureau de bienfaisance, mais ce fut surtout Mme Fournié qui les visita et s'informa de leurs besoins. Elle leur faisait préparer chez elle, dans la rue de la Liberté, de grandes quantités de soupe ; Toine, son fidèle domestique, la transportait à la Miséricorde municipale, et elle, comme autrefois aux ouvriers des Bouyssès, elle la distribuait, faisant les parts et ajoutant quelque bonne parole pour chacun des émigrés.

Plus tard elle visita également les mobiles dans leurs casernements. Si elle n'eut pas à les nourrir, elle prit sur elle de blanchir leur linge et de raccommoder leurs effets. Elle trouva plus de vermine dans les coutures que d'or dans les poches, et de cette vermine, dont elle était envahie sans s'en douter, elle faillit répandre partout la graine dans son couvent, ce qui égaya beaucoup ses codirectrices et la fit rire elle-même.

Elle était l'âme de toutes les œuvres, et nul ne se croyait autorisé à entreprendre quoi que ce fût pour Dieu ou le prochain, sans la consulter et la mettre de part dans l'exécution.

Elle eut pour directeurs de sa conscience M. Touvre, du grand séminaire, et, après M. Touvre, M. Chauvet, supérieur du même établissement, plus tard enfin M. de Soulages, économe. M. Touvre, transféré à Saint-Flour et de Saint-Flour à Carcassonne, continua de la diriger par corrrespondance, dans l'ombre, derrière le rideau. Elle le consulta toujours avant de prendre la moindre de ses déterminations. L'ordre qu'elle mettait entre ses directeurs est celui-ci : M. Touvre en première ligne, M. Chauvet, son confesseur, au second rang, Mgr l'évêque au troisième comme conseil, mais au premier comme autorité.

Mme Fournié, avons-nous déjà dit, était en relation avec Mlle Barrau. Celle-ci tenait un orphelinat dans la maison qui forme l'angle sud-ouest de la rue du Portail-Alban à son entrée, sur les fossés ou les boulevards. Quoique non avancée en âge, cette honorable demoiselle paraissait ne pas devoir rester longtemps à la tête de son œuvre, à cause du mauvais état de sa santé, et c'était une préoccupation pour Mme Fournié et pour beaucoup d'autres personnes de savoir à qui il incomberait de lui succéder à l'orphelinat.

Elle était aussi en relation avec Mme Vincent et avec Mlle de Réganhac, qui avaient le vague projet de fonder un refuge à Cahors et s'étaient déjà adjoint dans ce but Mlle Rosalie Fournié. Ces dames comprenaient bien que Mme Fournié ne pouvait pas rester étrangère à cette tentative ; elles lui proposèrent donc de s'unir à elles pour étudier ce projet : elle y consentit volontiers.

Ici il convient d'ouvrir une parenthèse et de faire une plus ample connaissance avec Mlle Barrau, et de rechercher d'où est venue à ces dames la première idée du Refuge.

Mlle Marie-Hélène Barrau, fille de M. Barrau, vice-président du tribunal civil de la ville de Cahors, était née en 1781. Sa mère était une demoiselle Guischard, et l'aïeule paternelle de Mme Fournié était également Guischard de naissance. Une parenté assez rapprochée devait exister entre elles.

Toutes les œuvres du dix-huitième siècle avaient sombré dans la tourmente révolutionnaire. Une pléiade de nobles âmes sortit de l'ombre quand brilla de nouveau le soleil de la liberté, prêtes à réparer les ruines du passé. Parmi elles était Mlle Barrau. Elle eut pitié des personnes de son sexe les plus abandonnées, et, en 1816, âgée seulement de trente-cinq ans, elle entreprit courageusement une œuvre complexe qui était à la fois un refuge pour les égarées, une préservation pour les enfants pauvres ou privées de leurs parents, une école pour les indigentes dont les parents n'avaient pas des ressources suffisantes pour les envoyer aux écoles payantes.

C'était trop à la fois ! Il fallut renoncer au refuge ; cette œuvre enlevait aux autres toute popularité ; le public ne voulait pas comprendre qu'on pût réunir sous le même toit des enfants innocentes et naïves et des filles perdues de vices. Il ne resta à Mlle Barrau que l'œuvre des enfants.

M. Liauzu, de Vaylats, prêtre, ordonné en 1816 et vicaire de Saint-Barthélemy, à Cahors, eut comme tel à s'occuper de l'œuvre réduite de Mlle Barrau. Il donnait l'instruction chrétienne aux enfants et il était le directeur né des maîtresses, car Mlle Barrau avait quelques aides, dont le nombre augmentait peu à peu. M. Liauzu dédoubla l'œuvre; il ouvrit une école primaire à côté de son église, sur la place où s'élève aujourd'hui le monument des mobiles, vers l'angle nord-ouest, laissant à Mlle Barrau l'œuvre de charité, un orphelinat, pour les filles pauvres, ou abandonnées, ou délaissées.

Quelques années plus tard, M. Liauzu conduisit ses institutrices, dont le nombre augmentait toujours, à Vaylats, son pays natal, et il leur construisit une demeure dans son propre jardin. Cette demeure, reconstruite et agrandie, est devenue le couvent des Filles de Jésus, de Vaylats, qui tiennent aujourd'hui cent cinquante écoles dans les diocèses de Cahors, de Montauban, d'Agen, de Périgueux, de Tulle, de Limoges.

En 1830, Mlle Barrau eut un prix de vertu de trois mille francs. M. de Parseval-Grandmaison, directeur de l'Académie, le motiva comme il suit dans la séance publique du 25 août :

« Deux femmes ont mérité un prix de trois mille francs. L'un de ces prix a été donné à Mlle Barrau, fille d'un honnête magistrat, vice-président du tribunal civil de Cahors. Elle a consumé toute sa fortune à soulager les malheureux. Si elle n'est pas née pauvre, elle s'est rendue pauvre en prodiguant son faible patrimoine en œuvres de charité. Après avoir ouvert chez elle un asile aux filles que des fautes graves avaient laissées sans appui au milieu de la société, et qui désiraient revenir au bien, elle ouvrit une maison d'instruction et de travail pour les enfants dans la misère. Là, elle reçut des jeunes filles qui, par ses soins, apprirent à lire, à écrire, à connaître et à pratiquer leurs devoirs religieux. Trois compagnes l'assistaient de leur zèle ; quelques personnes charitables venaient aussi à son secours. « Ne crai- « gnez-vous pas, lui dit quelqu'un de sa connaissance, « que les enfants pour lesquels on vous promet une petite « pension ne restent à votre charge ? Que feriez-vous, « vous qui avez déjà adopté tant d'enfants de la misère, « si ceux-ci vous tombaient encore sur les bras ? — Il « faudrait bien les porter, » répondit-elle avec cette simplicité et cette gaieté franche dans laquelle se peint toute son âme.

« A cet établissement honorable elle joignit encore d'autres œuvres qui suffisaient à peine à son ardente charité. On la vit distribuer des secours aux infirmes indigents et aux pauvres femmes en couches, visiter les prisons et s'attacher à consoler et à préparer à la mort celles qui devaient subir la peine capitale. Il y a peu d'années, une malheureuse prête à monter à l'échafaud, et ne trouvant qu'avec peine de la résignation auprès de sa pieuse consolatrice, lui ouvrit enfin tout son cœur en ces termes : « Je mourrais tranquille si je « pouvais penser que mes trois pauvres filles seront « recueillies par vous. » Cette proposition pouvait alarmer la charité la plus intrépide : devenir la mère adoptive des enfants d'une suppliciée, c'était braver un préjugé tellement enraciné dans l'esprit de tous, qu'il fallait du courage pour avoir des rapports journaliers avec ces êtres malheureux que la société réprouve. Elle se chargea de les instruire, elle les nourrit, les forma au travail, parvint à les placer, et elle les voit aujourd'hui répondre à ses soins par une excellente conduite.

« Beaucoup d'autres détails viennent à l'appui de ces nobles actions, mais celles que j'ai citées suffisent pour donner l'idée d'une âme aussi généreuse qu'elle est modeste, et dont la bienfaisance n'est révélée qu'à son insu par des témoignages irrécusables, qui la troubleraient, si elle savait que ses œuvres de charité sont mises en lumière[1]. »

On voit déjà pourquoi Mᵐᵉ Vincent et Mˡˡᵉ de Réganhac pensaient à fonder un refuge. Mˡˡᵉ Barrau avait voulu relever l'ancien refuge fondé sous Mᵍʳ de Sévin, au dix-septième siècle, et tenu jusqu'à la Révolution par les demoiselles du Bon-Pasteur. Elle avait dû abandonner ce projet, mais on sentait en ville le besoin d'un établissement de cette nature, et ces dames voulaient le fonder pour compléter l'œuvre entreprise par Mˡˡᵉ Barrau. L'instruction était donnée en ville, la bienfaisance s'exerçait, l'œuvre du relèvement attendait son heure : cette heure va sonner.

La Miséricorde du dix-neuvième siècle n'est autre que la suite, la résurrection du Refuge du dix-huitième.

1. Note communiquée par M. l'abbé Sarny, aumônier du couvent de Vaylats.

Entre les deux, Mlle Barrau est le trait d'union qui les relie et leur donne l'unité.

Mme Fournié s'associa donc avec Mme Vincent et Mlle de Réganhac pour étudier les moyens d'ouvrir un refuge à Cahors; mais l'association entre ces dames ne fut pas de longue durée. Elles causèrent ensemble et se communiquèrent leur manière de voir. Il fut bientôt évident que Mme Vincent et Mlle de Réganhac, qui les premières avaient répandu en ville la pensée de la création d'un refuge, avaient plutôt le désir de le voir créer par quelqu'un qui en aurait les moyens et la volonté, que la résolution ferme et arrêtée de le fonder elles-mêmes. En s'associant à Mme Fournié, elles avaient voulu surtout faire appel à son expérience, à son activité, à la fortune dont elle pouvait disposer.

Il se trouva que Mme Fournié, la dernière venue dans l'association, fut, dans la pensée de tous, la principale ouvrière, la plus solide base des espérances conçues, la meilleure garantie de la réalisation du projet.

L'entente entre les trois ou quatre associées fut donc précaire. Dès qu'on voulut mettre un peu de précision dans la conception du projet, et dès la première conversation, un désaccord grave se produisit sur la notion fondamentale de l'œuvre. Mme Vincent et Mlle de Réganhac mettaient à la base de l'œuvre la clôture et une règle semblable à celle du Carmel. « Non, certes, dit Mme Fournié, un refuge ne peut pas être un carmel. Il en existe dans d'autres villes, par exemple celui de Mlle de Lamourous, à Bordeaux, qui donnent d'excellents résultats et sont conçus tout autrement. Notre mieux, ajouta-t-elle, sera de nous mettre en relation

avec cet établissement et de lui emprunter sa règle. »
On se sépara sans conclure.

Quelques mois plus tard, Mme Vincent et Mlle de Réganhac étaient hésitantes. Mlle Rosalie Fournié, ne comptant pas sur la réalisation du projet, chercha une maison où elle pût finir ses jours, Montcuq, Saint-Céré; mais l'état de sa santé ne lui permit pas de s'y fixer.

Mme Fournié se trouvait comme seule en présence d'un projet qui n'était pas le sien et que la Providence venait de lui jeter dans les bras, sans lui laisser comprendre encore pourquoi.

Elle était aussi en relation avec Mlle Girard, Mme Boisse, Mlle d'Héliot et plusieurs autres.

Les transports lui prenaient beaucoup de temps. Elle était obligée de travailler la nuit, n'ayant pas assez de loisirs pendant le jour. Sa mère, très âgée, au Carriol depuis la mort de son mari, était souffrante. Elle ne pouvait pas se résoudre à la laisser aux soins de mercenaires; ses sœurs mariées n'avaient la liberté ni de se transporter au Carriol ni de recueillir leur mère dans leurs maisons. Il incombait à Mme Fournié de lui donner les soins que demandait son âge.

Le Carriol fut vendu à M. Pagès, et Mme Agar vint à Cahors auprès de sa fille. Ce fut vers la fin de 1837, d'après une lettre écrite à M. Touvre par Mme Fournié, dont voici quelques extraits :

« Le mauvais état où se trouve ma mère me fera subir avec moins de peine un nouveau délai, s'il devient nécessaire. Elle a vendu définitivement son bien, en particulier le Carriol qu'elle habitait, à mon beau-frère

Pagès. Elle est changée ici depuis une quinzaine de jours, mais en ville, comme à la campagne, elle garde presque continuellement le lit. Elle éprouve une faiblesse extrême... Elle est une grande surcharge pour moi... Je ne puis plus disposer d'un moment. » (20 décembre 1837.)

La première pensée de Mme Fournié devenue veuve fut d'entrer au Carmel ; elle y avait fait une retraite de quinze jours, pour s'assurer que telle était bien sa vocation et s'essayer à l'observation de la règle. Tout allait au mieux dans sa pensée, mais ses directeurs en jugèrent autrement : ils décidèrent que Dieu ne l'avait pas formée avec tant de soin pour toutes les exigences d'une vie extérieure et très occupée, à dessein de l'enfermer le reste de ses jours dans la cellule d'un cloître. Elle se soumit à cette décision sans faire la moindre observation, tant elle aimait avant tout l'obéissance ; mais elle en ressentit une peine profonde, et elle éprouva toute sa vie un regret douloureux de n'avoir pas été inscrite parmi les filles de sainte Thérèse. Sa douleur, toutefois, était tempérée par la joie d'avoir obéi à une volonté qui, dans la circonstance, ne pouvait être que la volonté de Dieu.

Les portes du Carmel lui étant fermées, elle se tourna du côté de l'Hospice et voulut se faire Fille de la Charité de Saint-Vincent-de-Paul. Les mêmes raisons qui lui avaient fermé le Carmel l'éloignèrent également de l'institut de Saint-Vincent.

Après ce double échec, elle n'osa pas insister pour les Sœurs de la Miséricorde de Moissac, où sa sœur Adélaïde était déjà.

Elle se trouve à une bifurcation de route ; deux voies seulement se présentent désormais devant elle. L'une conduit à l'œuvre nouvelle, au Refuge ; l'autre à l'œuvre déjà existante, l'Orphelinat de Mlle Barrau. D'elle-même elle n'aurait pensé ni à l'une ni à l'autre ; ni l'une ni l'autre ne répondent à ses goûts naturels : il sera plus clair qu'en faisant l'une ou l'autre elle accomplit la volonté de Dieu.

L'Évêché tout entier, Mgr d'Hautpoul, les vicaires généraux, le secrétaire général, voient l'œuvre de Mlle Barrau en danger de périr, et ils voudraient la sauver. Ils ont essayé de mettre à la tête de cette œuvre Mlle d'Héliot. Celle-ci a hésité d'abord, elle a laissé croire qu'elle accepterait, et finalement elle a répondu par un refus formel, se croyant, disait-elle, incapable de supporter les charges que cette œuvre lui imposerait, avec le peu de ressources qu'elle avait dans les mains. Elle donnait une seconde raison indiscutable : l'opposition absolue de son père.

Monseigneur s'est tourné dès lors vers Mme Fournié et lui a demandé de prendre et de continuer cette œuvre, préférant le connu à l'inconnu.

Jusqu'ici, cette chère dame a eu une telle horreur instinctive des filles perdues, que, plutôt que de s'exposer à en rencontrer une, en prenant la voie directe, elle eût préféré aller au terme de sa course en faisant un détour plus pénible et plus long. Mais l'œuvre du Refuge a les préférences des directeurs de sa conscience, et par suite les siennes.

Quel parti va-t-elle prendre ? Dieu en décidera.

CHAPITRE VI

Plus de deux ans après, l'hésitation durait encore, mais moins accentuée. Le 6 août 1836, M. Touvre avait écrit à Bordeaux, à Mlle de Lamourous, un mois et quelques jours avant qu'elle quittât la terre, la lettre que voici :

« Mademoiselle, plusieurs personnes respectables de cette ville, touchées de Dieu, se proposent de se consacrer à son service, en s'employant à retirer de l'égarement les jeunes personnes qui y seraient tombées, et à leur fournir les moyens de se reconnaître et de revenir aux bonnes habitudes, en leur donnant un asile sûr et durable.

« Ces dames désireraient avoir les règles que vous avez tracées, pour les communiquer aux respectables ecclésiastiques sur les lumières et la grande prudence desquels elles se reposent. Ces derniers, en effet, tout en louant les pieux désirs de ces dames et l'excellence de l'œuvre, ne croient pouvoir donner leur pleine approbation qu'après avoir pris connaissance des règles.

« Prié par elles de vous faire cette demande, je n'ai pu, Mademoiselle, que céder à leurs instances. J'ai la confiance que vous leur donnerez cette marque de bienveillance et d'intérêt. »

Mlle de Lamourous, infirme et malade, laissa le soin de répondre à sa nièce, Mlle Laure de Labordère.

« Monsieur, écrivit celle-ci, ma tante a reçu votre honorée lettre en date du 6 de ce mois. Elle me charge de vous dire qu'il n'entre pas dans le plan de conduite qu'il a plu à Dieu de lui inspirer, de laisser sortir de l'enceinte de la maison le petit corps de règles que l'expérience lui a donné, avec l'aide de Dieu, le moyen d'établir pour le bien spirituel et temporel de ses chères Filles. Ce qui convient à Bordeaux peut ne pas convenir ailleurs. C'est pourquoi ma tante me charge de dire aux dames pieuses qui veulent se consacrer au salut des pauvres filles égarées qu'elle les recevra chez elle de grand cœur, pour qu'elles y étudient pendant tout le temps nécessaire l'esprit et la lettre de nos règles, comparent nos mœurs et nos usages avec les mœurs et les usages de leur ville, et par là jugent sûrement si elles sont appelées à se livrer à une œuvre en tout semblable à la nôtre. »

Ces dames comprirent dès ce jour qu'il leur convenait, avant de rien arrêter, de faire une visite à la Miséricorde de Bordeaux, et il ne fut plus question entre elles que de fixer l'époque de ce voyage ; mais elles ne purent s'entendre sur la date.

Quinze mois plus tard, Mme Fournié écrivait à M. Touvre :

« L'irrésolution de mes futures compagnes semble prendre une plus forte consistance. A vous dire toute ma pensée, mon Père, je serais bien surprise si elles se décidaient à faire le voyage de Bordeaux ; ce qui, joint au vide que fait Mlle Barrau dans sa maison, rend ma position bien difficile. M. d'Héliot ne veut pas se séparer de sa fille, et cette intéressante demoiselle sent toute la difficulté qu'il y aurait à diriger une maison semblable sans l'habiter. Je ne puis ignorer qu'on a la faiblesse de compter sur moi. M. Sénizergues (vicaire général) m'en a fait la confidence, sous le secret. Mgr d'Hautpoul semble tenir à cœur de conserver cet établissement, et moi, mon cher Père, je suis forcée de reconnaître toute mon impuissance à succéder à cette vénérable personne. J'éprouve, de plus, une répugnance extrême, surtout si l'œuvre devait continuer à être dirigée par le même ecclésiastique. Je l'estime et je le respecte ; mais je sens que jamais je ne pourrais lui donner ma confiance comme directeur, pas même comme confesseur : cela ne dépend pas de soi. Libre de mon choix, je n'hésiterais pas à prendre la dernière cellule du Carmel.

« Si l'autorité ecclésiastique juge que nous devions renoncer à notre projet, je voudrais le savoir. L'incertitude où M. Chauvet croit devoir me laisser me fait éprouver malgré moi une peine que je ne sais exprimer, mais qui fatigue ma santé!... J'ai voulu savoir quelle était la pensée et de M. Chauvet et de M. Sénizergues. Je suis allée les trouver : ils ne m'ont rien répondu, sinon que tout s'arrangerait au mieux pour la gloire de Dieu.

« Je les avais priés d'avoir quelques renseignements sur la maison de Bordeaux, avant que j'entreprisse mon voyage. Ils ne les ont pas demandés. Dieu le veut sans doute pour mon plus grand bien.

« Vous apprendrez avec plaisir qu'Émilie est entrée hier à deux heures dans le saint asile du Carmel. M. de Lauriston et moi avons eu l'honneur de la présenter, et M. Sénizergues a eu l'obligeance de lui donner la bénédiction. Que le courage de cet ange, dans son sacrifice, a été une grande confusion pour moi avancée en âge! Il est pénible de se voir fouler aux pieds par une enfant! » (12 novembre 1837.)

Sur ces entrefaites, vers le 20 novembre, M. Chauvet relevait Mme Vincent de tous ses engagements et lui conseillait de rester en l'état où elle était, et elle acceptait la décision avec brisement de cœur. Mlle de Réganhac suivit bientôt Mme Vincent dans sa retraite.

Le 20 décembre, Mme Fournié écrivait à M. Touvre :

« Depuis que j'ai reçu communication de votre sentiment relativement à l'œuvre de Mlle Barrau, j'ai été mandée par Mgr l'Évêque, qui voulait en causer avec moi. Sa Grandeur aurait à cœur de maintenir cette œuvre par tous ses moyens. Les mêmes motifs qui m'avaient fait éprouver de la répugnance pour cette maison ont engagé Mlle d'Héliot, légataire universelle de Mlle Barran, à prévenir Monseigneur qu'elle est dans la résolution de lui céder tous ses droits, ne voyant pas jour à pouvoir continuer l'œuvre, avec le peu de ressources qu'elle aurait en mains et l'opposition formelle de son père. Je connaissais ces dispositions lorsque Monseigneur m'écrivit, m'engageant à passer chez lui ; mon embarras fut grand : la lettre était pressante, et je n'avais pas le temps de vous écrire. Je pris le parti d'aller trouver M. Chauvet, je lui fis part de la lettre de Monseigneur et de mes répugnances. Je connaissais votre sentiment sur cette question. Le sien fut en tout semblable au vôtre, et il m'engagea à dire à Monseigneur, en toute simplicité, le motif de mon refus.

« Forte de votre avis et du sien, j'ai surmonté mon défaut que vous connaissez bien (timidité naturelle, fruit de son humilité), et je me suis rendue à l'Évêché. Monseigneur m'a pressée vivement de prendre la suite de l'Orphelinat, me montrant toutes les difficultés de notre projet, augmentées par l'abandon de mes premières coopératrices et mes faibles moyens pour me jeter dans cette grosse entreprise d'une fondation nouvelle.

« J'ai répondu à Monseigneur que j'étais prête à renoncer à mes projets s'il jugeait que je le devais, mais que j'étais aussi prête et résolue, avec son approbation, à tenter l'œuvre ; que si Dieu ne voulait pas la faire prospérer, j'acceptais d'avance sa volonté sainte et celle de Mgr l'Évêque.

« Monseigneur ne voulut pas prendre sur lui de décider. Il me laissa toute liberté d'agir, m'assurant même qu'il seconderait mes efforts de tout son pouvoir pour en faciliter le succès. Toutefois, je ne suis pas toujours à l'abri de la crainte que mon refus ne me le rende moins favorable, surtout son secrétaire général, qui voit avec la plus grande peine la chute presque inévitable de l'établissement de la respectable Mlle Barrau.

« Croyez toutefois que j'aurais foulé aux pieds mes répugnances, si vous l'eussiez jugé à propos, malgré que tout m'oblige à reconnaitre mon insuffisance à succéder à cette excellente personne, et toute mon incapacité pour opérer des réformes que bien des personnes éclairées jugent indispensables, pour asseoir cette œuvre d'une manière stable.

« Mlle d'Héliot m'a fait l'aveu que si on l'avait laissée libre de se choisir ses guides et de conduire cet établissement d'après l'avis de personnes expérimentées sur la manière de diriger une communauté, elle aurait tâché de concilier les devoirs qu'elle a envers son père, avec ceux de cette maison. »

M. Chauvet avait fini par être très affirmatif sur cette question de la fondation de la Miséricorde par Mme Fournié, et comme celle-ci lui disait : « Et si j'échoue après avoir dépensé tout ce que je possède ? — Soyez tranquille, répondit-il, il vous restera toujours la ressource d'aller mourir à l'hôpital[1]. »

____

1. Mlle S. Pons, Supérieure actuelle de la Miséricorde.

De plus en plus décidée à fonder une miséricorde, Mme Fournié en donna avis à sa famille. Ce fut, comme on pouvait le prévoir, une tempête de mécontentements et de plaintes qui répondit à cet aveu. Elle resta calme et ferme. Une de ses amies de cœur accourut de Bayonne pour lui faire des remontrances et des reproches et multiplier les instances afin de la détourner de son projet.

« Si Dieu, écrit-elle à M. Touvre, n'avait pas mis en moi la ferme disposition de préférer à toutes choses l'accomplissement de sa chère volonté, je crois que j'aurais cédé, pour le plaisir de sécher les larmes de cette tendre amie. Les armes que ma lâcheté redoute le plus, ce sont les larmes et les supplications de ma famille ou de mes connaissances, plus amères pour mon pauvre cœur que les plus violentes injures, tant je redoute de faire de la peine aux miens !

« Dieu, qui sait combien je suis redevable à sa justice pour mes péchés à moi et ceux d'un autre moi-même, veut me faire subir la peine que, parmi toutes, j'ai le plus appréhendée. Ma mère n'emploie pas, pour combattre ma résolution, que ses larmes : elle redouble de prévenances à mon égard et me reproche, avec la plus grande modération, de la conduire au tombeau. Elle ne cesse de mettre sous mes yeux le pénible état de sa santé, le pressant besoin qu'elle a de mes soins. La pensée de la pénible situation de mon frère, malheureux en ménage, de plus en plus en désaccord avec sa femme, vient aussi déchirer mon cœur. Le désespoir auquel il semble se laisser aller, depuis qu'il ne peut

plus douter de ma résolution, abat mon faible courage.
Que Dieu fortifie ma volonté en cette terrible conjonc-
ture! Qu'il me rende possible l'accomplissement de
ses desseins sur moi[1]! »

Puis arrivèrent ses deux sœurs, Mme Dulac et Mme Pagès. Elles ne comprenaient pas ses projets; elles em-
ployèrent toutes sortes de raisonnements pour la faire
revenir de sa détermination, et conclurent en disant :
« N'est-ce pas folie de jeter ainsi à l'eau, de gaieté de
cœur, un capital qui a tant coûté à conserver ou à refaire? » Elle se contenta de répondre : « *Il vaut mieux
que je m'en aille que si l'on m'emportait.* »
Cette phrase par trop elliptique resta une énigme
pour les deux sœurs, et elle le serait encore pour nous ;
mais Prudence, assez longtemps après cet incident, dit
à sa maîtresse : « Madame, que vouliez-vous dire quand
vous avez répondu à vos deux sœurs : « Il vaut mieux
« que je m'en aille que si l'on m'emportait? » — J'ai voulu
dire qu'il valait mieux faire le sacrifice de sa fortune,
en *s'en allant soi-même* au couvent et en la donnant à
Dieu, que d'en être séparé par la mort, quand quatre
hommes *vous emportent* à votre dernière demeure. »
Ces efforts répétés de la famille et ces plaintes amères n'eurent aucun retentissement en ville. C'est pourquoi M. Fournié, notaire, consulté plus tard, a pu dire
avec une parfaite bonne foi qu'aucun parent ne songea
à élever la moindre opposition, à faire la moindre
observation à Mme Fournié, quand elle manifesta ses
intentions.

1. Lettre 17e.

Dès qu'elle fut définitivement fixée et résolue à faire sa fondation, elle se mit à préparer l'œuvre de loin.

Elle se préoccupa d'abord de se trouver des aides, c'est-à-dire avant tout des *Demoiselles* de bonne maison, instruites et pieuses, décidées à faire les vœux de religion, et qui, sous le nom de *Directrices*, auraient pour mission d'aider la Supérieure dans les divers emplois de la maison et de tenir sa place à l'église, au dortoir, dans les ateliers, au lavoir, au jardin, etc.; et après les Demoiselles-Directrices, en second rang des *Surveillantes*, filles moins instruites, ouvrières, anciennes servantes, d'une honnêteté reconnue ou éprouvée, attachées à l'œuvre avec ou sans vœux, auxquelles sont confiés les emplois inférieurs, la cuisine, la porte, les commissions au dehors, les surveillances à l'intérieur, partout où se trouvent les Filles et où elles doivent se trouver aussi.

La première Directrice qui s'engagea à seconder l'œuvre, dès qu'elle serait fondée, fut Mlle Ginioux, de Moissac, l'ancienne maîtresse de dessin de Mme Fournié au pensionnat de Montauban, où elle fut élevée.

La première Surveillante fut Jeanne Turlan, la servante de Mme Fournié, qui prit le nom de Prudence.

Puis il fallut trouver un emplacement en ville, où le nouvel établissement pût jouir d'une grande tranquillité loin du bruit, sans être loin des quartiers habités; où surtout il fût facile de s'agrandir au fur et à mesure des besoins.

Le lieu choisi fut la Grande-Chartreuse, du côté ouest. Il n'était pas possible de mieux choisir : cette place n'est pas éloignée du centre de la ville, elle est fermée au camionnage, presque toujours déserte ; les maisons basses, anciennes cellules des Chartreux, ne sont pas d'un prix élevé, et il y a, contigus à la place, à l'ouest, de vastes espaces non bâtis qui rendent l'extension de l'établissement aussi facile qu'on puisse le désirer.

Avant d'acheter pour son refuge, elle se demande si elle n'aura pas à prendre la succession de Mlle Barrau. Elle lit en attendant la *Pratique de l'amour de Notre-Seigneur Jésus-Christ*, par le P. Saint-Jure, et elle trouve que son cœur est bien insensible et bien froid.

M. Chauvet et Mgr l'Évêque sont décidés enfin à seconder la fondation de la Miséricorde et à lever tous les obstacles qui l'ont retardée jusqu'ici. Mme Vincent et Mlle de Réganhac se sont séparées de l'œuvre. Tous ces fâcheux contretemps font comprendre à celle qui reste fidèle qu'il ne faut pas compter sur la créature, mais établir sa confiance en Dieu seul. « Et puisque Notre-Seigneur Jésus-Christ semble, dans son infinie miséricorde, vouloir se servir d'elle comme d'un instrument et fonder cet établissement sur le rien, pour mieux faire éclater sa toute-puissance, elle s'abandonne entièrement et sans aucune réserve entre les mains de sa paternelle et divine Providence, résolue à se soumettre à tout ce qu'il voudra ordonner par l'intermédiaire de ses directeurs[1]. »

Elle fait des ouvertures à Mlle Isarn, sortie de la maison de Mme Gényer, de Moissac. Mme Fournié sait que cette dame n'a pas l'intention de la reprendre,

---

1. Lettre à M. Touvre.

voudrait-elle rentrer. Elle a aussi quelque espérance
que Mlle Pauline Gisard s'attachera à elle et l'aidera
dans son œuvre, mais Mlle Gisard hésite! A la volonté
de Dieu!

Mme Fournié pense toujours à son voyage de Bordeaux; elle le fera peut-être au mois d'avril. Elle
garde encore les transports pour deux ans; elle travaille la nuit, n'ayant pas assez de temps pendant le
jour pour régler ses trop nombreuses affaires.

Mlles Saintour, Amadieu et Marrou vont essayer de
continuer l'œuvre de Mlle Barrau, avec Sœur Vincent.
Elles feront au moins une expérience de deux mois
(mars-avril 1838).

Mme Fournié expédie les tabacs : son travail exces-
sif l'empêche de garder son règlement particulier, et
elle suspend pour quelque temps ses disciplines et ses
jeûnes. Elle est aidée dans ses écritures et le soin de
sa mère, très difficile, par Mlle P. Gisard, qui se montre
très serviable et très dévouée. Elle est en pourparlers
pour l'achat d'une maison à la Chartreuse. Celle de
M. Lacoste-Lacroux est celle qui convient le mieux,
mais le propriétaire en demande un prix très élevé et
soulève difficulté sur difficulté.

M. Chauvet perd patience à la fin; il veut qu'on en
finisse avec M. Lacoste, que la maison soit achetée ou
qu'il n'en soit plus question; et, dans ce dernier cas,
que la maison voisine de celle de M. Lacoste, à l'est,
appartenant à M. Ducros, de Saint-Daunès, près Montcuq, soit achetée de suite. Avant d'être à M. Ducros,
cette maison avait appartenu à M. Laroche, père de
Mme Boisse. Mme Boisse a encore une autre maison

qu'elle est disposée à vendre au midi de celle de M. Lacoste-Lacroux. On se décide pour la maison Ducros, parce qu'on estime qu'elle donnera plus de logement que celle de Mme Boisse, pour la même dépense d'appropriation, et moins de perte dans le cas que Dieu ne voulût pas faire prospérer l'œuvre, et qu'il devînt nécessaire de revendre l'immeuble.

La maison fut achetée le 3 mai, et des ouvriers y furent mis de suite pour l'approprier à sa destination.

Le 31 du même mois, Mme Fournié écrivait à M. Touvre, à Saint-Flour, une lettre qui nous révèle l'état de son âme. Nous y lisons ce qui suit :

« Toutes mes facultés se soulèvent contre moi ; seule ma volonté me reste, soumise, grâce à Dieu, à tous les sacrifices que notre divin Maître voudra exiger de mon misérable cœur ; mais que j'aurais besoin de son secours et de vos charitables avis pour vaincre le découragement qui m'accable ! Je ne saurais vous le taire, ma santé se ressent de mes peines d'esprit ; mais, par la grâce de Dieu, je n'en suis pas moins résolue à tout ce que vous jugerez que le divin Maître veut de moi.

« M. Chauvet, que je viens de voir au séminaire, veut qu'avant de prendre un parti je fasse une retraite de dix jours. Selon toute apparence, je la ferai chez les Carmélites, où j'aime à me réfugier. Dieu veut encore cette épreuve pour rendre plus douloureuse la peine d'avoir été trouvée indigne d'être comptée au nombre des filles de sainte Thérèse ; mais je désire avant tout le bon plaisir de Notre-Seigneur, et non le mien.

« M. Chauvet veut, par cette retraite, connaître mes

dispositions intérieures. Vous comprenez facilement combien je vais être embarrassée. La retraite commencera le 11 juin, à moins que la santé de ma pauvre mère ne vienne encore déranger mes plans. Je vous prie de vouloir bien offrir pour moi le saint sacrifice de la messe, pendant neuf jours consécutifs, en l'honneur de notre auguste Mère du ciel, afin qu'elle daigne me prendre d'une façon toute spéciale sous sa sainte protection, et m'obtenir de son Fils la grâce dont j'ai besoin en cette pénible circonstance.

« C'est le 4 juin que Mlle Rey entre au Carmel. M. Chauvet prêche cette prise d'habit; M. de Lauriston et ma sœur Pagès sont les parrains. Le même jour, quatre postulantes partent de l'hospice pour le séminaire, à Paris; Myon Darres et la petite Marguerite sont de ce nombre. On est très content d'elles, et elles sont très contentes de leur départ.

« Zénaïde a dû faire ses vœux aux Ursulines de Nevers, le 29 de ce mois; Rosalie, sa sœur, est à Mercuès; je crains que sa santé ne lui permette pas de suivre ses goûts pour la vie religieuse; je la plains de toute mon âme. Que la volonté de Dieu soit faite. Je partirai pour Bordeaux le 25 juin, à moins que je ne sois retenue par l'état de santé de ma mère. »

La retraite se fit, mais ne décida rien; le doute resta encore, mais la balance penchait de plus en plus du côté de la Miséricorde.

Depuis quatre ans Mme Fournié doit se rendre à Bordeaux. Des retards successifs, occasionnés tantôt par les transports, tantôt par la maladie de sa mère, l'ont empêchée de partir jusqu'à ce jour. Elle va partir enfin pour voir de près la Miséricorde de cette ville, la vie, le mouvement, l'esprit de la maison, et former son expérience pour ouvrir sa maison de Cahors et lui imprimer son mouvement d'un coup d'œil sûr et d'une main non hésitante.

C'est le 29 juin, jour de la fête de saint Pierre et de saint Paul, qu'elle monte en voiture pour passer à Bordeaux le mois de juillet, et revenir pour mettre de suite la main à l'œuvre et faire la volonté de Dieu et non la sienne; et à ce moment solennel, se mettant en présence de cet avenir encore plein d'inconnu, elle s'écrie : « Que le Seigneur est bon d'avoir arrêté son regard sur une si misérable créature pour l'exécution de ses desseins! »

Arrivée à Bordeaux le 4 juillet, elle écrivait à M. Touvre le 12 :

« Cher Père, vous êtes le premier qui ayez daigné vous souvenir de la pauvre postulante : je vous en suis doublement reconnaissante. Je ne saurais vous cacher que j'étais depuis deux jours extrêmement peinée au sujet de ma pauvre mère, n'ayant reçu depuis mon départ aucune nouvelle de ma famille. Mon éloignement n'a-t-il pas trop éprouvé sa faible santé? Il m'eût fallu lui faire mes adieux de vive voix, comme l'eût désiré M. Chauvet. Je me reproche de n'avoir pas eu le conrage de le faire; j'ai préféré la laisser aux soins de ma sœur Pagès et lui faire connaître mon absence par une lettre que ma sœur a dû lui remettre, tout en lui faisant agréer les motifs qui m'ont déterminée à partir sans l'en avoir prévenue.

« Dès mon arrivée à Bordeaux, la pensée de cette séparation m'a remplie d'une telle tristesse que j'ai versé bien des larmes, ne pouvant pas les retenir ni cacher cet état de mon âme aux personnes qui m'entouraient. Dieu, dans sa bonté, m'a rendu le calme, et j'espère qu'il aura donné à ma mère la force de supporter cette épreuve. Justement j'ai tout à l'heure reçu une lettre de la petite Cécile, qui me dit que maman est toujours la même. » (Elle se mit en prière, dit Prudence, et, la prière finie, elle reçut les nouvelles qu'elle désirait.) « Cette chère enfant, continue la lettre, est la seule qui, en cette circonstance, ne m'ait pas témoigné du mécontentement. J'ai reçu aussi une lettre de ma belle-sœur (la mère de Cécile); elle m'exprime toute la peine que ma résolution leur cause, mais d'une manière polie. Elle m'annonce que son fils aîné, Alphonse, va mieux, et qu'elle part pour Montfaucon pour retirer son second fils Louis, qui est malade. J'aurais éprouvé bien du plaisir à voir que ce cher enfant pût faire sa première communion au petit séminaire; je crains qu'on ne le mette au collège; il faut bien supporter ce qu'on ne peut éviter.

« La Miséricorde de Bordeaux a seize religieuses et trois cents pénitentes. Quel serrement de cœur j'éprouve de me trouver seule parmi tant d'inconnues! mais comme elles savent être prévenantes, et quelle charité inspire et dirige toutes leurs actions! Combien de fois j'ai eu besoin de dire: « Seigneur, ayez pitié de moi ! « Soutenez-moi, si vous voulez que je demeure ici, que « je profite des bons conseils de cette vénérable Mère, « pour mieux vous servir ! » Et Dieu a écouté ma prière.

Que je me trouve bien dans ce saint asile, et que l'obéissance me coûte peu !

« Le travail est le seul soutien de cette nombreuse famille, qui se confie en la divine Providence et reçoit toujours d'elle le nécessaire. Il est vrai de dire qu'elle ne dépasse pas cette borne et qu'elle pratique admirablement le vœu de pauvreté. Tout est de la plus grande simplicité, tant le mobilier des chambres que celui de la table ; mais tout y est proprement tenu, et on peut sans peine se contenter de cette vie. Combien seraient heureux d'en avoir une semblable ! J'utilise mon temps de mon mieux. Dans le monde on croit que ces dames sont séculières, mais moi je vois bien qu'elles sont consacrées à Dieu par les vœux ordinaires des personnes religieuses.

« Je trouve partout une foi vive, une charité à toute épreuve, une douceur qui édifie. Il règne un accord rare entre toutes ces saintes filles. Tout respire la simplicité de la Fondatrice, dont la Supérieure actuelle, sa nièce, est la parfaite image.

« Elle a la charité de me conduire toujours avec elle dans les tournées qu'elle fait dans les classes, et de me montrer comment la Règle se pratique. Ah ! quel bien produit cette sainte maison ! Il faut le voir pour en avoir une idée exacte. Je suis édifiée de la ferveur de ces heureuses pénitentes : elles seront un sujet de confusion pour beaucoup, au jour du jugement. Leur modestie, leur obéissance et leur honnêteté surprend, et il règne dans cette maison si nombreuse un calme qui enchante. Cela tient, il est vrai, à l'esprit de la Règle et au zèle des Directrices, qui ne négligent rien pour obtenir le bon ordre; mais qu'il est admirable, le résultat déjà acquis! Plus je vois l'œuvre de près, plus je l'admire, plus je la trouve belle, et aussi plus je suis humiliée de voir que Dieu veuille se servir de ma pauvreté pour opérer de si grandes choses, plus je suis effrayée des devoirs qu'elle m'impose!... J'ai confiance en lui. »

Partie le 29 juin 1838, elle était de retour à Cahors le 2 août, absolument résolue à doter cette ville d'une Miséricorde semblable à celle de Bordeaux.

Elle devra le plus tôt possible revenir à Bordeaux pour y faire le noviciat exigé par la Règle. Ce noviciat devrait être de trois mois au moins, en communauté, et être ensuite prolongé de plusieurs années, en fonction particulière, avant les vœux. Mme Fournié sera peut-être, pour des raisons graves, dispensée de trois mois de séjour en communauté, mais non de tout séjour : elle devra se présenter de nouveau, et, après l'épreuve jugée suffisante, elle sera solennellement revêtue de l'habit de la congrégation. Dès ce jour elle ne différera en rien extérieurement des Directrices plus anciennes et complètement formées. Rien ne l'empêchera de fonder sa maison sans aucun retard et de la gouverner en toute autorité.

CHAPITRE VII

Mlle Marie-Thérèse-Charlotte de Lamourous naquit
le 1er novembre 1754, à Barsac, environ trente kilomètres en amont de Bordeaux, sur la rive gauche de
la Garonne.

Dès son enfance elle se fit remarquer par la vivacité
de son esprit, la bonté de son cœur et une grâce naturelle qui la rendit l'idole de sa famille.

Elle étudia à Bordeaux avec les jeunes filles des
meilleures familles de la région. Au pensionnat, elle se
montra studieuse, obéissante et pieuse.

Quand la Révolution éclata, elle n'émigra pas, mais
elle se retira au Pian, dans une maison de campagne que son père y possédait. Le Pian est une petite
paroisse du canton de Blanquefort, à quatre lieues au
nord de Bordeaux.

Pendant tout le temps que dura la Terreur, Mlle de
Lamourous se maintint en relation avec des prêtres
catholiques, restés secrètement dans le pays. Elle les
introduisait même auprès des malades sous des costu-

mes et des prétextes qui ne laissaient pas soupçonner
la vérité, même aux membres de la famille. Elle réu-
nissait pour la prière les gens du village et leur faisait
des instructions pour les maintenir dans la foi chrétienne ou la voie du devoir. Un soir, étant hors de sa
maison, elle aperçut deux hommes de mauvaise mine
qui se dirigeaient vers elle, à travers champs. Elle
soupçonna, au premier coup d'œil, des émissaires du
pouvoir révolutionnaire, et elle ne se trompait pas. Au
lieu de se mettre en sûreté, elle alla vers eux et leur
dit : « Citoyens, vous m'avez l'air fatigués; j'ai du bon
vin dans ma cave, voulez-vous le goûter? » Non seulement elle leur fit goûter son vin, mais elle les fit bien
souper. Sur le point de partir, ils lui avouèrent qu'ils
étaient venus pour l'arrêter. « Il est trop tard, dit-elle
sans s'émouvoir, pour faire le voyage en ce moment;
nous partirons demain matin. — Oh! non, répondirent-
ils, tu es trop brave femme; nous dirons que nous ne
t'avons pas trouvée. »

En une autre circonstance, conduite devant le juge,
qui lui faisait un crime de sa noblesse : « Citoyen, dit-
elle, j'aurais une question à te faire. Qu'as-tu sur la
joue? — Une envie. — Et pourquoi as-tu cette envie?
— Et, parbleu, parce que ma mère m'a ainsi fait. — Très
bien, citoyen; et moi je suis noble parce que ma mère
m'a ainsi faite. »

Ainsi, par son extrême bonté, sa grâce, son sang-
froid et l'à-propos de ses reparties, elle adoucit en sa
faveur les farouches terroristes, qui se contentèrent
de l'interner... chez elle, au Pian.

Quand l'orage fut calmé, elle avait quarante-cinq

ans, et elle se trouva en relation de voisinage et d'a-
mitié avec deux excellentes chrétiennes, qui s'occu-
paient, mais encore vaguement, de la fondation d'un
Institut dont le but multiple devait être d'instruire les
enfants, de soulager les pauvres et de convertir les
pécheurs. Mlle de Lamourous allait s'unir à elles, quand
Mlle de Pichon-Longueville l'appela à son aide pour
une autre œuvre qui s'imposait d'elle-même, sans que
personne y eût pensé.

Une fille perdue, désireuse de revenir à Dieu, avait
demandé à cette charitable demoiselle de lui en faciliter le moyen en l'enseignant à travailler pour vivre.
Mlle de Pichon la plaça chez une maîtresse ouvrière
et paya la pension et les mois d'apprentissage. Ce fait
ayant été connu des anciennes compagnes de la récente convertie, Mlle de Pichon vit accourir à elle, les
unes après les autres, plusieurs filles dégoûtées du
vice, qui ne demandaient qu'à travailler pour vivre
honnêtement, et bientôt en eut une quinzaine sur les
bras (juillet 1800). Elle trouva plus économique de
louer une maison et de les y colloquer toutes ensemble. Il fallut un règlement, une surveillance. Mlle de
Pichon était trop âgée pour conduire cette œuvre naissante, et elle ne se sentait ni courage ni aptitude pour
la faire prospérer. C'est pourquoi elle s'adressa à
Mlle de Lamourous, qu'elle savait libre, active, intelligente et pieuse. La pensée seule d'être en contact
avec des filles perdues qu'elle n'avat jamais vues de
près, mais dont la pensée seule révoltait sa pudeur,
lui fit repousser avec indignation les ouvertures de
Mlle de Pichon. Elle consentit toutefois, par complai-

Mademoiselle de Lamourous
Fondatrice de la Miséricorde de Bordeaux (1754-1836).

sance, à faire une visite à l'atelier. Elle plut tellement à ces pauvres filles, qu'elles l'entourèrent, lui firent fête et la supplièrent de ne pas les abandonner. Après une première visite, elle consentit à en faire d'autres. Ce fut toujours, parmi les ouvrières, une indicible joie de la revoir, et le même désir toujours exprimé de vivre sous son autorité et, sous sa direction. Elle était bonne avant tout, et, les voyant si bien disposées, elle se sentit émue et se demanda si vraiment Dieu ne l'appelait pas à cet apostolat et si la charité ne lui commandait pas de ne pas repousser ces bonnes filles qui se donnaient à elle avec tant de confiance et d'abandon.

Elle avait une sœur, Marie-Thérèse-Aimée de Lamourous, mariée à M. Joseph de Labordère, à Jégun, dans le Gers. M. de Labordère était un homme d'un grand sens et d'une grande piété : il avait toute la confiance de sa belle-sœur, et il en était digne. Elle lui fit connaître ses hésitations, l'opposition des autres membres de la famille et les perplexités de sa conscience troublée. M. de Labordère se recueillit un instant, puis, levant les yeux sur elle, il lui dit sans hésiter : « Faites, ma sœur, c'est pour la gloire de Dieu[1]. » M. de Labordère donna à sa belle-sœur mieux qu'un conseil, il lui donna bientôt sa propre fille, qui devint le bras droit de la tante et lui succéda comme Supérieure générale de l'établissement.

Mlle de Lamourous se laissa donc fléchir ou par les jeunes filles ou par l'influence impérative de la grâce

1. *Vie de Mademoiselle de Lamourous,* 3e édition, p. 50.

7

intérieure. Elle fit une nouvelle visite à l'atelier accompagnée de Mlle de Pichon, et, lorsque le moment fut venu de se retirer, elle accompagna Mlle de Pichon jusqu'à la porte, et s'arrêtant sur le seuil, elle la salua, disant : « Bonsoir, moi je reste. » Elle resta en effet, et depuis ce moment-là elle ne se sépara plus de ses chères filles. Elles étaient déjà au nombre de quinze.

Mais leur nombre s'accrut rapidement. Mme Adélaïde, ancienne religieuse de la Madeleine, offrit son concours à Mlle de Lamourous, qui l'accepta avec reconnaissance.

La première maison devint trop étroite ; la Miséricorde fut transportée aux allées d'Albret, dans une maison de bains (12 mai 1801).

Le lendemain, jour de l'Ascension, les Filles prirent leur costume, la coiffe noire qu'elles ont gardée depuis. Elles étaient déjà trente-cinq. Un règlement encore rudimentaire leur fut donné, et dès ce jour elles furent constituées en communauté.

Elles ne restèrent pas longtemps dans la maison des bains ; elle aussi fut bientôt trop étroite. Elles se transportèrent dans la maison Guérard, au fond des mêmes allées d'Albret. Elles ne restèrent même pas là longtemps. En 1807, les pénitentes étaient au nombre de quarante, il fallut trouver une maison plus vaste. Cette fois, ce fut l'ancien couvent des Annonciades, rue Sainte-Eulalie, n° 31. La Miséricorde occupe encore ce local, et l'occupera sans doute tant qu'elle subsistera. Ce local était en fort mauvais état ; il appartenait encore à la ville. Mlle de Lamourous l'acheta ving-deux mille francs, mais elle n'en paya pas le prix ; car peu de temps après l'empereur Napoléon traversa Bordeaux, allant à Bayonne, accompagné de son ministre d'État. Celui-ci visita la Miséricorde et fut si frappé du bien qui s'y opérait, qu'il en fit un rapport enthousiaste à l'Empereur ; puis il écrivit à Mlle de Lamourous : « Sa Majesté veut concourir avec vous au bien que vous faites ; il vous sera donné quittance de la somme de vingt-deux mille huit cents francs, prix d'adjudication de l'immeuble, et le ministre des cultes y ajoutera douze mille francs pour les réparations les plus urgentes. » (1808.)

La Miséricorde de Bordeaux ne se rattache à aucun établissement antérieur de même nature : elle est sortie d'une société troublée et malade, comme certains végétaux sortent de terre, à la saison des orages, sans que personne puisse dire d'où est venu leur germe. Au commencement, ce fut un simple ouvroir, sans règlement, sans tradition, sans but défini.

Il fallut tout d'abord fixer les heures du lever et du coucher, du travail et de la récréation, et aussi les heures de la prière. Comme ce peuple était jeune et plus habitué à la dissipation qu'à la discipline, il fallut varier les occupations et les exercices, pour chasser l'ennui et la fatigue, et mêler le chant au travail, pour lui donner de l'agrément et de l'attrait.

Mlle de Lamourous avait un caractère très gai ; elle ne supportait pas la tristesse parmi ses Filles. Aux jours de travail il fallut intercaler des jours de fête, les fêtes de l'année chrétienne : Noël, Pâques et les autres ; les fêtes de l'année civile, les fêtes de la maison ou fêtes de famille. La première des fêtes de famille, que personne n'avait prévue et qui naquit comme d'elle-même du sol tout neuf de la Miséricorde, fut celle de la bonne Julie. Qu'est-ce que la bonne Julie? Une fille dissipée, qui a tourné le dos au monde où on s'amuse pour venir retrouver à la Miséricorde une vie régulière, honnête et vertueuse. Julie n'est pas son nom de baptême ni son nom de naissance : ces noms ne doivent jamais être prononcés parmi les Filles, ils restent le secret de la Supérieure. C'est un petit nom donné à elle, comme il en est donné un à chaque pénitente, à son entrée dans la maison, et qui est l'unique qu'elle doit avoir et connaître à l'avenir.

Julie employa quatre mois entiers à oublier le passé, à se défaire de ses vices et de ses défauts et à orner son âme de vertus. Quand elle y eut suffisamment réussi, le confesseur l'admit à la communion, et la Supérieure voulut que cette première communion de Julie dans l'établissement ne restât pas inaperçue. Julie reçut une robe blanche, la chapelle fut ornée, des chants furent préparés, et les amis de la maison furent invités à assister à l'office. Quand le moment fut venu, Julie confessa ses erreurs avec tant de douleur et renouvela les promesses de son baptême avec tant de force; elle s'approcha de la table sainte avec tant de piété, et elle demanda enfin à être revêtue des livrées de la sainte Vierge avec une si profonde humilité, qu'elle arracha des larmes à ses compagnes et à tous les assistants.

L'impression causée par cette fête fut telle, au dedans et au dehors, que Mlle de Lamourous régla que de pareilles fêtes auraient lieu à l'aveni de loin en loin dans l'année, à mesure qu'un certain nombre de

Filles, nouvelles dans la maison, se seraient rendues dignes, par leur régularité et leurs bons sentiments, d'être admises à la communion solennelle. On appelle ces solennités fêtes de première communion.

M{}^{lle} de Lamourous aimait ses Filles comme une mère aime ses enfants, et ces braves Filles l'aimaient bien comme une mère; le respect qu'elle leur inspirait était si profond et l'affection si vive, qu'après l'avoir un certain temps appelée Mademoiselle, elles ne purent plus s'y résoudre, et elles demandèrent la permission de l'appeler Bonne Mère. Elle ne s'opposa pas à cette innovation, et ce nom fut le sien jusqu'à sa mort, et il est depuis le nom de toutes les Supérieures des maisons de M{}^{lle} de Lamourous.

La fête de la Bonne Mère, la fête du Bon Père ou du Supérieur, les fêtes des Directrices des ateliers, et à l'église les fêtes des divers patrons de la maison, sont autant de fêtes de famille qui coupent l'année, apportent des réjouissances périodiques, donnent de l'agrément à cette vie de pénitence et de travail, et attachent si bien ces courageuses Filles à leur nouvelle habitation, qu'elles la préfèrent au dehors ou même à leur maison paternelle. On en a entendu qui, venant de passer plusieurs jours dans leur famille, rentraient joyeuses au couvent et disaient : « Non ! rien ne vaut le séjour de la Miséricorde. »

Quand le nombre des pénitentes fut devenu plus considérable, la Bonne Mère ne put plus suffire à la surveillance et à la direction du travail et du personnel. La Providence lui envoya des aides jeunes, actives et dévouées. Elles prirent le nom de *Directrices*. Pour être admises, elles devaient être de bonne famille, de bonne éducation, pieuses, intelligentes, sans tare d'aucune sorte, et jugées aptes à cet apostolat délicat de ramener au bien les âmes dévoyées.

Mlle de Lamourous ne voulut pas qu'elles prissent de voile religieux, pour leur laisser plus de liberté en ville, où elles sont obligées de se trouver, pour diverses fonctions ou commissions, à toute heure du jour et parfois de la nuit, quand le soin des pensionnaires du dehors le demande; car elles ont aussi des pensionnaires au dehors, qu'on ne saurait admettre dans la maison, pour le moment du moins, à cause de raisons temporaires de convenance ou de santé. Une robe noire et une coiffe blanche fut leur costume. Elles reçoivent en entrant un petit nom qui servira à les désigner, précédé du titre de Mademoiselle, comme si elles étaient encore dans le monde.

Les Filles sont distribuées en classes ou ateliers, composés chacun de quarante à soixante Filles. Chaque atelier a sa Directrice, et comme les Filles ont besoin d'être aidées pour rester régulières et irréprochables, chaque atelier a aussi trois Surveillantes. Ces dernières sont prises parmi les Filles anciennes dans la maison, bien sérieuses, affermies dans leurs bons sentiments, sur lesquelles on peut absolument compter. Quelque parfaites qu'elles soient devenues, elles ne peuvent jamais être Directrices.

Les Directrices vivent dans leur classe une grande partie du jour; elles dirigent les ouvrages et travaillent elles-mêmes de leurs mains non loin des Filles. Elles font les prières et les appels.

Elles s'absentent à certaines heures pour leurs exercices particuliers, ou pour tenir conseil, ou pour se récréer ensemble. La nuit elles ont un dortoir séparé.

Les Surveillantes, elles, n'abandonnent jamais les Filles, ni à l'atelier, ni à la récréation, ni à l'église, ni au réfectoire, ni au dortoir. Dans les mouvements, la Surveillante en chef marche la première, les Filles la suivent en groupe, silencieuses ; la seconde Surveillante est au milieu du défilé de la classe, la troisième à la fin. Quand la Directrice s'y trouve, elle est la dernière.

Tous les soirs, les Surveillantes de chaque atelier se réunissent en présence de leurs Filles pour l'exercice appelé la *reddition des comptes*. La Surveillante en chef interroge, à haute voix, les autres Surveillantes sur les manquements qu'elles ont remarqués de la part des Filles pendant la journée. Elle ajoute ses propres observations, elle reprend les coupables, et elle leur propose de se soumettre à la pénitence prévue par le règlement, ce qu'elles font ordinairement de bonne grâce.

Chaque manquement est soumis à une pénitence proportionnée, comme de baiser la terre, de demander pardon aux compagnes du mauvais exemple donné, et autres. La Fille qui entend son nom et le manquement qu'elle a commis, comme elle connaît très bien le code pénal de la maison, a soin de s'imposer de suite la pénitence réglementaire, ou, s'il y a doute, de l'accepter de la bouche de la Surveillante. Dès que cette pénitence est accomplie, la faute est réparée et oubliée. Mais si la pénitence n'est pas accomplie, la Surveillante inscrit la faute dans le registre de reddition des comptes. Avant de mettre fin à cet exercice, elle avertit les

Filles qui restent sous le poids de leurs fautes que la Bonne Mère connaîtra leurs manquements, qu'elle en aura de la peine, et qu'elle sera obligée de leur imposer des pénitences plus fortes que celles qu'elles auraient pu s'imposer elles-mêmes. Elle recommande à toutes d'être bien raisonnables, leur suggère quelques pratiques pieuses en usage dans la maison, et enfin elle les encourage au bien de son mieux.

Si la journée s'est bien passée, ou s'il n'y a eu que des fautes légères bien réparées, la Surveillante inscrit sur son registre : « Ma Bonne Mère, la journée s'est bien passée. »

Le livre de reddition des comptes est remis par la Surveillante à la Directrice de l'atelier, qui n'a pas assisté à l'exercice pour laisser plus de liberté.

Les Directrices, à leur tour, contrôlent les registres des Surveillantes et ajoutent, s'il y a lieu, leurs propres observations. Enfin une des Directrices est déléguée pour remettre à la Bonne Mère les livres de reddition des comptes des divers ateliers. Celle-ci les parcourt rapidement, et, si elle le croit utile, elle met en marge une observation, un mot d'encouragement, en regard de chaque manquement signalé. Ces observations de la Bonne Mère sont lues le lendemain, ordinairement à neuf heures du matin, par les Surveillantes, dans les ateliers. C'est ce qu'on appelle les *réponses de la Bonne Mère*.

Parfois la Bonne Mère se réserve d'aller elle-même porter sa réponse aux classes. Au commencement, c'était régulièrement tous les mercredis, sans préjudice des visites extraordinaires. Aujourd'hui, il n'y a ni jour ni heure réglementaires pour cet exercice; la Bonne Mère se rend aux classes quand les circonstances le demandent ou qu'elle le croit utile. C'est pendant le cours de ces visites qu'elle impose des pénitences de son choix aux coupables récalcitrantes; mais il est rare que la Bonne Mère ait à intervenir.

Cette surveillance de tous les instants est faite loyalement, franchement, ouvertement, et elle est acceptée de même. Les Filles aiment les redditions de compte, font joyeusement leurs pénitences et se promettent tout simplement de ne pas se faire signaler le lendemain, quand elles l'ont été la veille. Elles aiment surtout les visites de la Bonne Mère, au cours desquelles elle a l'occasion de faire connaître ses impressions de la semaine et trouve le moyen de dire quelques bonnes paroles soit à la classe en général, soit à chacune des Filles en particulier. Si elle a des reproches à faire, elle sait y mêler tant d'affection contristée par la vue des défauts de ses chères Filles, que celles-ci lui en savent gré et sont heureuses de l'entendre même quand elle se plaint. Leur volonté est généralement bonne, et elles travaillent sincèrement à se corriger des défauts qui leur sont signalés.

La maison vit du travail des ateliers et des aumônes que la Providence envoie toujours au moment voulu, quand elle ne se réserve pas de multiplier les provisions dans des circonstances vraiment merveilleuses.

Au commencement, Mlle de Lamourous eut beaucoup à souffrir des critiques du dehors : on ne comprenait pas son entreprise et on la traitait de folle; mais quand on eut vu les résultats et qu'on l'eut connue de près, ce fut une admiration enthousiaste que Bordeaux montra pour elle, et elle fut entourée d'une affection soutenue qu'aucune parole n'est capable d'exprimer.

En 1813, la Miséricorde de Bordeaux comptait cent pénitentes. En 1819, elles arrivent à cent soixante. A la mort de Mlle de Lamourous (14 septembre 1836), la maison comprenait six classes : celles de Jésus, de Marie, de Saint-Joseph, de Sainte-Anne, des Saints-Anges et de Sainte-Thérèse. On ajouta plus tard celle de Saint-Joachim et celle de Saint-Michel. Il y avait, à cette époque, de trois cents à trois cent cinquante pénitentes dans la maison de Bordeaux et une quinzaine de Directrices.

Mlle Laure de Labordère succéda à Mlle de Lamourous et fut Bonne Mère à son tour. Elle l'était depuis moins de deux ans quand Mme Fournié fit son premier voyage à Bordeaux, en juillet 1838.

CHAPITRE VIII

Au lendemain de son retour de Bordeaux, le 9 août 1838, Mme Fournié se transporte à la Chartreuse pour y habiter désormais.

Pour se trouver des aides et commencer de se former la main au maniement des âmes, elle fonde un ouvroir. Elle est toute fière d'avoir quatre jeunes filles qui travaillent sous sa direction (mars 1839). L'une des quatre est de Mercuès, elle travaille de l'aiguille; une autre est de Sept-Fonds (Tarn-et-Garonne), elle tresse les chapeaux de paille; la troisième est Prudence, qui travaille merveilleusement à corriger son caractère; enfin la quatrième, moins ouvrière que Directrice, est Mlle Ginioux.

La Supérieure ne se possède pas de joie; elle a vu le monde, tout y est vide ou remords; mais quel plaisir de vivre au milieu de ses Filles affectueuses, obéissantes et laborieuses[1]! Bientôt une cinquième arrive, et puis quatre autres; le travail afflue. A la fin de juin,

1. XLe lettre à M. Touvre, 10 mars 1839.

le petit troupeau de la Chartreuse se compose de dix membres, la Supérieure comprise. Et la pensée du Carmel lui revient encore à l'esprit, la responsabilité d'une maison à elle l'épouvante. Une pauvre cellule et la solitude, sous le regard de Dieu, ferait mieux son affaire.

Le dimanche, on va aux offices dans diverses églises de la ville. Elle a conduit de Bordeaux une première pénitente, originaire de Cahors, égarée là-bas et qu'elle a reconnue. Les ouvrières passent les premières, par groupes; elle vient après elles, ayant à ses côtés la Bordelaise, avec laquelle les ouvrières ne veulent pas être confondues ni avoir de relations publiques. C'est un spectacle jusqu'ici inconnu; les désœuvrés s'arrêtent sur le passage de ce pensionnat d'un nouveau genre. Mme Fournié, qui a encore son costume habituel, impose le respect; mais, à voix haute ou à voix basse, chacun exprime son sentiment, et qui croira qu'il ne se soit jamais rencontré un étourdi pour faire, même à voix haute, des réflexions inconvenantes? Une controverse existe entre les personnes qui vivaient à cette époque. Jamais, disent les uns, on ne manqua de respect aux ouvrières ou à leur Supérieure, quand elles parcouraient les rues en corps; Mme Fournié était trop respectable et trop respectée pour que la chose fût possible. Au contraire, disent les autres, et parmi ceux-ci Prudence, qui était dans les rangs, on criait fréquemment des propos peu courtois. Nous en croyons ces derniers, et le fait ne serait pas vrai qu'il serait encore très vraisemblable.

M. Lacoste-Lacroux, à qui on avait demandé de vendre sa maison, à l'ouest de la maison Ducros, refuse de vendre et propose un échange ; mais la maison Ducros est déjà préparée et occupée, l'échange ne peut pas avoir lieu. M. Lacoste intente alors un procès à Mme Fournié, à cause des réparations sans doute et des poussières. Elle ne s'en émeut pas. « Les hommes de loi, dit-elle, me donnent unanimement raison, et les créatures ne pousseront pas plus loin leurs tracasseries à mon égard, que Dieu ne leur en donnera le pouvoir. » (23 janvier 1839.)

Elle espère qu'elle pourra partir à la fin de février pour son postulat, car les expéditions des tabacs seront terminées, sauf imprévu. Mais combien lui est pénible la pensée qu'il lui faudra, une seconde fois, se séparer de sa mère, toujours plus ou moins souffrante ! N'importe, la volonté de Dieu avant tout.

Depuis quelque temps elle s'était imposé un règlement de vie sévère, avec jeûnes fréquents et disciplines ; mais ses occupations sont telles qu'elle se voit obligée de laisser tout cela, par crainte de trop fatiguer son pauvre corps, qu'elle devrait pourtant, dit-elle, châtier pour l'empêcher de prendre le dessus. Pour obéir à la Mère de Bordeaux, elle ne fait plus d'autres jeûnes que ceux qui sont d'obligation générale. (9 mars 1839.)

A la même époque, elle travaille assidûment à se corriger de certains défauts qui lui ont été signalés : elle lève trop facilement les yeux sur ses interlocuteurs et elle a le compliment trop facile : elle va mettre ordre à tout cela. (18 avril.)

Elle a une grave difficulté : l'état de sa mère l'a empêchée de partir au commencement de mars ; elle ne

peut plus disposer que du mois de septembre, car il
lui faudra être à Cahors en octobre pour les tabacs.
D'un autre côté, la Supérieure de Bordeaux ne veut pas
consentir à abréger le temps de présence au noviciat :
faudra-t-il attendre jusqu'à l'an prochain? Il faut en
finir cependant et donner satisfation à tant de personnes qui attendent et demandent leur admission dans
sa maison avec tant d'insistance. Les refus qu'elle est
obligée de faire déchirent son cœur; et si elle part,
elle laisse deux personnes bien chères que tout lui fait
appréhender de ne pas retrouver vivantes au retour :
sa mère et son oncle, l'ancien curé d'Espère. Mais celui-ci vient de mourir. Nous lisons dans une lettre du
11 avril : « Je n'ai plus de sentiment ; je suis confuse
d'avoir à avouer que lorsque j'ai appris la nouvelle de
la mort de mon oncle, le curé d'Espère, je n'ai pas
pu verser une larme; j'ai craint qu'on ne m'accusât de
dureté. Il me semble cependant qu'il n'est rien que
je n'eusse fait pour obliger le cher oncle, et c'est dans
ce but que j'ai souscrit à l'embarras qu'il m'a donné,
il y a quelques mois, de distribuer le peu qu'il laisse.
Il est décédé, le pauvre! le 7 avril, à neuf heures du
matin. Il a succombé à une longue et douloureuse maladie. Son corps n'était qu'une plaie, et il a supporté
ce pénible état pendant quatre mois avec une patience
admirable. » (11 avril.)

Le petit troupeau va bien : six ouvrières et une repentante; l'ouvrage afflue de toutes parts (5 mai); il a
fallu prendre des ouvrières de la ville, et on ne réussit
pas à contenter tout le monde. « Nous voilà dix personnes au dortoir, moi comprise. Je voudrais ne pas

quitter l'atelier : une enfant de douze ans, coureuse de rues, recueillie depuis quelques jours, nous donne beaucoup de mal ; elle est revêche à toute discipline. » (17 juin.) Les tabacs s'expédient rapidement. Il y a déjà quatorze ouvrières à l'atelier : quand sera-t-il possible de partir pour Bordeaux ? (29 juin.)

« Louise (d'Héliot) a perdu sa mère ! Sa famille frémit à la pensée qu'elle pourrait bien venir chez moi. Le besoin de Surveillantes se fera bientôt sentir. Au retour de Bordeaux, il me faudrait quatre Directrices : où les prendre ? Des ouvertures ont été faites à Mlle Isarn ; viendra-t-elle chez nous ? Et Mlle Pauline Gisard ? Quand, il y a deux ans, elle perdit sa mère, elle vint auprès de moi et elle resta dans ma maison jusqu'après les funérailles. Que de fois je l'ai eue chez moi depuis cette époque ! Est-elle acquise à l'œuvre ? Mlle Ginioux reste toujours fidèle à ses bonnes intentions. Zénaïde, Sœur Saint-Paul, des Ursulines de Nevers, veut sortir de son couvent et venir servir Dieu sous les yeux de sa tante ; mais ses supérieures n'approuvent pas ce dessein. Il a fallu saisir de l'affaire le Supérieur suprême, notre Saint-Père le Pape, et nous attendons le résultat de la supplique. Les Messieurs de Cahors (du séminaire) approuvent et secondent ce projet.

« S'il n'est pas possible de trouver des Directrices à Cahors, il faudra en demander à Bordeaux ; et si Bordeaux ne peut pas nous en donner, il faudra s'adresser au Bon-Pasteur d'Angers, maison ancienne qui a des succursales au loin, même à Rome. »

Le 7 septembre 1839, la lettre suivante fut écrite à

M. Touvre, à Paris, rue de Sèvres : « Mon départ pour Bordeaux, malgré toutes les entraves, a été fixé et arrêté selon les désirs exprimés dans votre dernière lettre et du consentement de M. Chauvet. Je pars le 7. Le lendemain, fête de la Nativité de Notre-Dame, j'entends la messe chez Mme Gényer, à Moissac, et je vois la bonne Mlle Ginioux, décidément consentante à faire partie du personnel de notre œuvre et qui se rendra à Cahors à l'époque de mon retour. Je partirai de Moissac le 9, dimanche, dans l'après-diner, et, le 10, je fais ma seconde entrée dans le saint asile de la bonne Miséricorde de Bordeaux. J'ai l'intention d'y séjourner tout le temps qu'il plaira à l'administration des tabacs de m'en laisser la liberté. Tout me fait appréhender d'être obligée de rentrer dans les premiers jours d'octobre. Vous voyez, cher Père, que le temps sera bien court pour ma grande inexpérience. A mon retour, Sœur Saint-Paul nous arrivera, peut-être, de Nevers; peut-être aussi Eugénie Guilhou viendra-t-elle augmenter le nombre des Directrices. »

Ce second départ pour Bordeaux fut autrement solennel que le premier. Mme Fournié allait, cette fois, prendre le costume religieux et fonder enfin son œuvre si attendue et déjà patiemment et savamment préparée. Avant de partir, elle avertit sa mère, toujours peu ralliée à ses desseins, et prit des mesures pour qu'aucun soin ne lui fît défaut. A son ouvroir, elle donna Prudence comme supérieure de circonstance, avec mission de surveiller l'atelier, d'y maintenir le bon ordre, de recevoir les commandes d'ouvrage, de faire exactement remettre à domicile le linge blanchi ou les objets confectionnés.

Puis, sur l'avis de M. Chauvet, elle fouilla son vestiaire et elle mit au jour ses plus belles robes, ses plus riches étoffes et ses plus brillantes toilettes, et elle se fit belle de son mieux, comme Judith partant pour le camp d'Holopherne, non pour attirer les regards, mais pour faire à Dieu un sacrifice plus complet et plus éclatant de tout ce qui eût pu lui rappeler le monde. Son arrivée au noviciat fit sensation parmi les Directrices comme parmi les Filles de la Miséricorde.

On éprouvait un indicible étonnement de voir cette belle et grande dame renoncer à sa fortune, à sa situation dans le monde, à ses relations, à son bien-être, à sa liberté, pour se faire petite comme la plus petite d'entre elles et se condamner, pour le reste de sa vie, à des ennuis, à des labeurs incessants. Mais tout cela était commandé par l'amour divin, qui rend doux tout ce qui est amer, et facile tout ce qui est pénible.

Pendant toute la durée du noviciat, Mme Fournié fut le modèle de la communauté; elle n'avait pas la vie d'une aspirante, mais celle d'une professe parfaite. Elle était d'une humilité qui confondait Mlle Emmanuel, la Maîtresse des novices. C'est elle-même qui nous a transmis ces détails.

« Arrivée à Bordeaux avec une grande toilette, panaches et autres objets de luxe conformes à son rang, elle se hâta de dépouiller tout ce fatras et de revêtir l'humble vêtement d'une paysanne. Elle était, sous son nouveau costume, d'une irréprochable propreté, mais d'une mise tellement simple et modeste que la plus pauvre femme de la dernière condition, à la voir, l'aurait jugée de son rang.

« Je lui dis : « Madame, c'est trop, permettez que je « fasse faire votre chambre et votre lit. — Ah! cela, « non, répondit-elle, je suis novice; comme telle, je « dois faire ma chambre; laissez-moi cette satisfac- « tion[1]. » — « Et quand vous aviez quelques observations à faire, fut-il demandé à Mlle Emmanuel, elle devait les recevoir avec grande simplicité? — Des observations! s'écria celle-ci; mais je n'ai jamais eu à lui en faire aucune; j'étais honteuse d'être la maîtresse d'une élève si respectable et si accomplie. Elle était en tout si exacte qu'elle observait toutes les prescriptions de la Règle à point nommé et qu'elle devançait tous nos désirs[2]. »

Elle avait pris son costume le 17 octobre, avec le nom de Marie-Thérèse, mais sans prononcer ses vœux. Elle dut rentrer à Cahors le 30 du même mois. Le procès-verbal de sa prise d'habit, dans la maison de Bordeaux, est ainsi conçu :

Maison de la Miséricorde de Bordeaux.

PROCÈS-VERBAL DE PRISE D'HABIT

Aujourd'hui, 17 octobre 1839, dans notre chapelle de la Miséricorde, devant la communauté réunie;

Notre vénérable Père, Guillaume-Joseph Chaminade, chanoine honoraire de Bordeaux, missionnaire apostolique et supérieur général de la Société de Marie;

1. Témoignage de Mlle Emmanuel, de Bordeaux.
2. Id.

Vu le témoignage distingué rendu par Sa Grandeur Monseigneur l'Évêque de Cahors, en faveur de dame Antoinette-Rosalie Agar, veuve Fournié, de sa ville épiscopale ;

Vu le rapport honorable de la Bonne Mère supérieure de la Miséricorde, et de son conseil ;

Vu la grande aptitude qu'il a remarquée lui-même en elle pour fonder à Cahors une œuvre semblable à celle de Bordeaux ;

Voulant entrer dans les desseins de Dieu, a reçu, aux pieds de l'autel, les promesses solennelles de dame Antoinette-Rosalie Agar, veuve Fournié, de Cahors, et lui a donné le saint habit de religion des dames de la Miséricorde de Bordeaux, selon les règlements particuliers de l'Institut.

En foi de quoi nous lui avons délivré la présente copie du procès-verbal qui en a été dressé, les jour, mois et an que dessus.

La Supérieure de la Miséricorde de Bordeaux,

M. Th. DE LABORDÈRE.

Le Délégué,

G.-JOSEPH CHAMINADE.

Copie délivrée le 25 octobre 1832.

Quand Mme Fournié reparut à Cahors sous le costume de la Miséricorde, ce fut un étonnement général, comme un coup de théâtre inattendu dans la ville. Personne n'avait vu pareil costume ; on se demandait si c'était bien sérieusement ou pour défier l'opinion que Mme Fournié s'en était revêtue. Une robe noire de coupe si primitive, si simple, d'une étoffe si pauvre, si vulgaire ! Et puis cette coiffure de simple étoffe blanche, de mousseline, et de forme bizarre et singulière !

Tout le monde connaissait Mme Fournié dans la ville : dames et messieurs de la bonne société, femmes du marché, ouvriers et ouvrières, enfants. Ce fut d'abord un sentiment d'étonnement, de stupéfaction, et puis un débordement d'exclamations : « As-tu vu Mme Fournié avec ce parapluie sur la tête? » C'est ainsi qu'on appelait sa coiffe à large visière de mousseline blanche. Les intimes s'approchaient et soulevaient la batiste, disant : « Est-ce vous vraiment? — Oui, c'est moi, disait-elle posément à ses interlocuteurs; regardez, ne suis-je pas bien comme cela?... » Au besoin, elle se contentait de montrer aux rieurs, sans rien dire, sa figure sérieuse et souriante à la fois; mais quand ses amis étaient restés quelques instants sous ce regard pénétrant, digne, serein et calme, ils ne se sentaient plus le goût de rire. En moins de quinze jours elle était acceptée partout, dans les rues comme dans les salons, et le rire avait fait place à une admiration profonde.

La famille elle-même, un peu émue de sa résolution de donner sa fortune plutôt à Dieu qu'à ses proches, et presque humiliée de la simplicité de sa nouvelle toilette, commençait à comprendre que sous le costume le plus humble peut se cacher ou s'abriter une grande âme, un noble cœur.

Mme Fournié retrouva son atelier comme elle l'avait laissé deux mois auparavant : toutes les ouvrières à leur poste, joyeuses et laborieuses, heureuses surtout de revoir à leur tête celle qu'à l'avenir elles appelleront leur Bonne Mère. Elle apprit avec plaisir que pendant son absence sa mère, Mme Agar, moins méchante qu'elle ne voulait le paraître, et Mme Boisse avaient fait de fréquentes visites à l'atelier, apportant des corbeilles de cerises ou autres surprises. La corbeille était toujours bien reçue : Prudence, en qualité de supérieure, faisait les distributions, et les ouvrières remerciaient cordialement les bonnes dames.

La chapelle de l'établissement était terminée ; la bénédiction en fut fixée au 16 novembre. La respectable dame écrivit à M. Touvre, à Carcassonne, le 24 du même mois : « Me voici de retour à Cahors depuis la veille de la Toussaint, sans avoir eu un moment pour vous remercier de vos bontés. J'ai eu le bonheur de prendre le simple et pauvre habit de la Miséricorde, le 17 du mois dernier. Je puis vous dire en toute vérité, cher Père, que c'est le jour de ma vie qui m'a paru davantage ne me rien laisser à désirer. Mais cette joie ne devait être que de courte durée. J'ai dû, dix jours après, avec déchirement de cœur, dire adieu à cette excellente Mère de Bordeaux, qui, malgré la crainte que m'inspiraient ses hautes vertus, n'était pas moins chérie de sa pauvre fille. Elle a témoigné tant d'intérêt à la chétive Marie-Thérèse, ainsi que toutes ses Sœurs, au moment de la séparation, que, quelle que soit son insensibilité, celle-ci n'a pu résister à tant de bienveillance. Mon cœur a éclaté, cher Père, sentant bien tout ce qu'il perdait en quittant ce saint asile.

« Le 16, M. Sénizergues, vicaire général, assisté de M. Chauvet, malade, fit la bénédiction solennelle de la chapelle. Le même jour, Monseigneur nomma M. Sénizergues Supérieur du nouvel établissement et Directeur des religieuses ; M. de Laroussilhe, chanoine, ancien curé de la Cathédrale, et M. Delfour, aumônier des prisons, confesseurs des Filles. Le P. Py, un Espagnol, est notre aumônier.

« Depuis ce jour, le saint sacrifice de la messe n'a

cessé d'être offert, chaque matin, dans notre chapelle ; nous sentons en cela que nous sommes enfin une petite communauté. »

Les documents officiels donnent pour date de fondation de la Miséricorde de Cahors le 1ᵉʳ novembre 1839. Le 16 du même mois serait une date plus vraie, puisque ce n'est que ce jour-là qu'un acte officiel de Mᵍʳ l'Évêque donna à cet établissement une existence réelle, canonique.

Cette maison, à cette date, abrite déjà seize Pénitentes, deux Surveillantes, une Directrice (Mˡˡᵉ Ginioux) et la Fondatrice, Supérieure.

Mˡˡᵉ Barrau est morte le 14 octobre.

Les Carmélites de Cahors viennent de faire une fondation à Saint-Flour et une autre à Albi.

CHAPITRE IX

A ses débuts, la Miséricorde de Cahors n'occupa que
la maison Ducros réparée et exhaussée. Cette maison
se composait primitivement d'un rez-de-chanssée et
d'un étage seulement. Il fallut la restaurer, l'approprier à sa nouvelle destination, l'agrandir et l'exhausser. Quand le second étage eut été construit, on remarqua que son poids écrasait les vieilles bâtisses. Il
fallut mettre des ancres aux poutres, et les Filles, dans
leur foi naïve, jetèrent des médailles dans toutes les
lézardes. Aucun nouveau mouvement ne s'est mani-
festé depuis. Après les premières réparations, elle se
composa d'un rez-de-chaussée et de deux étages. Au
rez-de-chaussée étaient la chapelle et le parloir; au
premier étage, la cuisine et l'unique atelier, l'atelier
de Jésus, qui servait aussi de réfectoire. Au second
étaient les dortoirs.

Pendant les deux derniers mois de 1839, les simples ouvrières furent remplacées par des Pénitentes. Il y en eut qui restèrent comme aides, Surveillantes, Filles de confiance, Prudence tout d'abord ; mais la maison était une Miséricorde, et les règlements et les usages de la maison de Bordeaux y étaient déjà fidèlement observés.

La cuisine et ses annexes furent confiées à Prudence. Mⁱˡᵉ Ginioux, âgée de soixante-cinq ans, exerça de suite ses fonctions de Directrice ; mais, n'ayant pas fait de noviciat et n'ayant pas non plus une idée bien exacte de l'œuvre, elle ne rendait que des services incomplets, très précieux cependant.

Mᵐᵉ Fournié, autant qu'il lui était possible, était toujours à côté de ses Filles, pour les former et donner à la maison naissante l'esprit et les allures de celle de Bordeaux. Si ses occupations l'appelaient au dehors, elle savait que Mⁱˡᵉ Ginioux ferait observer la Règle et maintiendrait l'ordre avec un zèle infatigable, peut-être un peu sévère. Le mal n'était pas grand : la Supérieure, de retour, par sa grande bonté, avait bientôt remis toutes choses au point.

Le petit local fut bientôt plein ; les Pénitentes étaient déjà vingt à la fin de décembre 1839 ; à Pâques 1840 elles étaient au nombre de trente, et depuis plusieurs semaines on refusait d'en accepter d'autres, faute de place. A Pâques, les Filles ne furent pas admises à la communion ; mais une solennité toute particulière rendit cependant cette fête mémorable. Considérées jusqu'ici comme postulantes, elles avaient gardé leurs habits du monde ; aujourd'hui, jour de Pâques, elles reçoivent le costume demi-religieux de

la Miséricorde, leur costume de communauté, à savoir :
une robe bleue, une coiffe, un mouchoir de cou, un tablier, noirs. La coiffe est l'élément le plus apparent du
costume ; elle les habille bien, étant sérieuse et agréable à voir, sans recherche ni élégance affectée. Les
Filles l'aiment et ne s'en sépareraient pas sans regret.

A Bordeaux, deux filles furent signalées à Mlle de
Lamourous pour avoir gravement manqué à la charité
en s'insultant mutuellement. La Bonne Mère les fait
venir dans sa chambre et leur fait comprendre combien
elle est désolée d'être la mère de filles si défectueuses ;
puis, s'adressant à celle qu'elle considère comme la
moins coupable : « Tu vois, ma fille, lui dit-elle avec
une expression remarquable de douleur et de tendresse, combien ta faute est grande ; il te faut une pénitence : cherche quelle est celle qui ferait le plus de bien
à ton âme. » La pauvre Fille, après un moment de réflexion, dit : « Tenez, ma Bonne Mère, je crois que la
pénitence qui serait la plus salutaire à mon âme serait de me priver, pendant quinze jours, de ma coiffe
noire. — Ote-la, dit la Bonne Mère, tu la remettras dans
quinze jours. Quant à toi, dit-elle à la plus coupable,
ta faute est trop grave, tu n'auras pas de pénitence. »
C'était justement la pénitence la plus grave. Elle tombe
à genoux, en versant des larmes amères, suppliant sa
Supérieure de lui imposer le châtiment qu'elle avait
bien mérité. Ce fut en vain, et elle resta désolée de
n'avoir pas de pénitence, jusqu'à ce que la Bonne Mère
lui fît dire que sa faute était oubliée[1].

1. *Vie de Mlle de Lamourous*, p. 226.

La maison s'organise peu à peu. La Bordelaise (de Cahors) est la plus difficile à gouverner; elle abhorre toute discipline : « Il faudra bien, si elle ne change pas, qu'on lui ouvre enfin les portes. » De fait, elle sortit, elle rentra, elle sortit encore et ne persévéra pas[1].

Les ressources étaient restreintes. Les étrennes que recevaient les Filles et leurs journées étaient versées à la caisse commune. La grosse journée, à cette époque, était de soixante-quinze centimes. Avec ces petits gains, étaient achetés souliers et objets d'habillement, et, pour ajouter au pain, quelque peu de fromage. Les malades avaient pour déjeuner de la soupe et du lait; celles qui se portaient bien n'avaient que du pain pour déjeuner, mais il leur était permis de garder quelque chose du souper de la veille pour le déjeuner du lendemain.

Peu à peu l'ordinaire s'améliora et fut soumis à des règles fixes. Les malades eurent de la viande. La communauté avait, en temps ordinaire, toujours une portion après la soupe, des légumes les jours de semaine, de la viande le dimanche. La communauté buvait de l'eau; les malades, les lisseuses et en général celles qui faisaient un travail pénible, avaient du demi-vin fait dans la maison avec de la vendange achetée. Le pain était à discrétion. Cette nourriture n'avait rien de luxueux, mais tout le monde était bien content, et en cas de disette on savait être satisfait de moins[2].

La Miséricorde eut bientôt la lingerie du séminaire :

1. Prudence.
2. Témoignage de Prudence.

ce fut un grand travail. Deux ouvrières à la journée
étaient constamment occupées à ce linge, et la Bonne
Mère elle-même remettait tout en place. On l'a vue, à
la suite des retraites ecclésiastiques, mettre en place
jusqu'à cinq cents draps de lit en une seule séance, et
un jour elle ne dîna qu'à six heures du soir, n'ayant
rien pris depuis le matin, tant elle accordait peu d'attention aux exigences du corps. Les ouvrières de la
ville lui gardèrent quelque rancune de les avoir sup-
plantées.

M. Guyot, l'économe du séminaire, était émerveillé
de voir avec quel soin et quel ordre toutes choses
étaient faites. « La Supérieure s'occupait elle-même du
linge et ne déléguait ce soin à personne. Quand elle a
été obligée, par son âge ou ses infirmités, de céder sa
place à d'autres, il s'est trouvé de la différence dans
la tenue du linge, malgré la bonne volonté des lingères. Quand elle y était, il n'y avait que profit à la laisser maîtresse absolue; depuis qu'elle n'y est pas, si
j'étais encore économe, je voudrais voir comment toutes choses se font[1]. »

Beaucoup de bonnes familles, à la suite du grand
séminaire, confièrent leur linge au nouvel établissement. Les ouvrières de la ville jetèrent de hauts cris;
les désœuvrés se joignirent à elles et leur firent écho.
Est-il possible, disaient-ils, qu'une femme de cette
qualité se fût jetée dans cette entreprise, si elle avait
le sens commun? Qu'a-t-elle à faire de réunir ainsi
cette quantité de filles venues de partout? Que ne les

____

1. Témoignage de M. Guyot.

laissait-elle où elles étaient! Ses commissionnaires étaient parfois interpellées dans les rues, et elle le fut un jour elle-même à la caserne, où elle était allée demander de l'ouvrage pour ses Filles. Le maître tailleur, à cette époque, en donnait aux ouvrières qui se présentaient.

Elle resta calme et continua son train. Rentrée chez elle, au milieu de ses Surveillantes, elle se mit à dire : « Que nous veut-on? Nous n'allons pas quémander l'ouvrage d'habitude, on nous l'offre, on nous l'apporte; et quand même nous irions le chercher, ne faut-il pas que tout le monde vive? » Cet orage ne dura qu'un temps.

Le travail des Filles et les transports, en 1840, suffisaient pour faire vivre l'établissement; mais ces transports, la Bonne Mère, en vérité, ne peut plus les garder; les occupations de sa charge ne lui laissent pas les loisirs nécessaires. « Il devient indispensable, écrit-elle à M. Touvre, le 12 mai, de disposer de nouveaux dortoirs. Avec de la patience on arrivera; mais qu'il en coûte de plier ces chères Filles à une Règle qui gêne leur volonté! Avec le temps on y viendra, non seulement à la Règle, mais même à l'esprit de la Règle. MM. Gailhard (du grand séminaire), de Laroussilhe, Delfour, confessent les Filles; l'ouvrage afflue, le clergé est bienveillant, le civil tolérant; ceux qui ont le plus désapprouvé l'œuvre envoient de l'ouvrage à faire et reviennent vers nous. MM. Marion et A. Albessard, du grand séminaire, font de nombreuses instructions à la chapelle : tout va bien dans la maison. Quant à moi, continuellement dérangée par

les uns ou par les autres, quand la communauté fait
les exercices de la Règle, je n'ai, pour suppléer ces
exercices, que le temps des repas ; mais faut-il manger
aussi. Mon pauvre corps est si exténué, qu'il tombe
sous le poids de la fatigue, et par ce fait il m'est impossible de prier : si je m'étais fait cette situation de
ma propre volonté, je me croirais perdue ; mais Dieu
sait bien que je n'ai rien fait que pour lui obéir, et c'est
pourquoi ma confiance en lui reste inébranlable. »

Mme Fournié n'a encore que Mlle Ginioux pour la seconder dans son œuvre. Elle s'est adressée à un grand
nombre de personnes recommandables, demoiselles
d'âge mûr ou jeunes filles ; plusieurs lui ont donné des
espérances, mais aucune jusqu'ici n'a tenu ses vagues
engagements. « J'ai été, écrit-elle dans une de ses lettres, si souvent déçue dans mes plans et dans mes
combinaisons, que je n'ai plus de confiance qu'en Dieu
seul. » La pénurie des Directrices sera jusqu'à la fin
le plus cruel tourment pour Mme Fournié.

Quelques-unes des jeunes filles les plus sérieuses
qui auraient pu la seconder, fatiguées d'attendre, depuis quatre ou cinq ans, une fondation toujours promise et toujours retardée, sont entrées dans d'autres
communautés, au Carmel, chez les Filles de la Charité
ou ailleurs.

Sa propre nièce, Zénaïde Fournié, a fait ses vœux
chez les Ursulines de Nevers quelques mois seulement
avant la fondation de notre Miséricorde. Elle est fille
de M. Jean-Louis-Amable Fournié, notaire, frère de
M. Victor, et par conséquent nièce de Mme Fournié par
alliance.

8.

A peine a-t-elle appris que la fondation de la Miséricorde de Cahors est un fait accompli, qu'elle demande à ses supérieurs de quitter la congrégation pour aller se mettre sous l'autorité de sa tante. Les supérieurs refusent leur consentement, mais, encouragée par des messieurs respectables de Cahors, qui s'intéressent à Mme Fournié et à son œuvre, elle demande un congé temporaire qui lui est accordé, et elle supplie le Pape, son supérieur majeur, de lui accorder ce que lui refusent ses supérieurs immédiats. En attendant la réponse de Rome, elle vint à la Miséricorde et offrit ses services à sa tante. Celle-ci l'accepta à bras ouverts et lui donna de suite la direction de l'atelier, qui dès ce jour eut deux Directrices, Mlle Ginioux et sœur Saint-Paul. Tout cela, hélas! n'était pas d'une correction parfaite, et Mme Fournié ne fut pas longtemps à se repentir de ces mesures intéressées et que Dieu ne pouvait pas bénir.

Saint-Paul est intelligente et remplie de zèle, mais elle n'a pas fait son noviciat dans la maison de Mlle de Lamourous; elle l'a fait chez les Ursulines de Nevers. Or, chez les Ursulines comme chez toutes les communautés religieuses jusqu'ici connues et que, pour la clarté de ce chapitre, il nous sera permis d'appeler d'ancien régime, les constitutions ont pour base l'autorité chez les supérieurs, et chez les simples religieux l'obéissance et l'obéissance absolue, dans les limites des statuts et de la morale générale. L'autorité vient de Dieu par l'intermédiare du Pape et des Évêques, d'où l'adage incontesté dans les couvents : *Qui regulæ vivit, Deo vivit.* « Obéir à la règle, c'est obéir à Dieu. » Contrairement à cette notion et à cette tradition aussi anciennes que l'Église, Mlle de Lamourous, imbue sans le savoir des doctrines sociales du dix-huitième siècle, de l'esprit moderne qui venait de s'affirmer si longuement pendant la grande Révolution. Mlle de Lamourous avait mis à la base de ses Statuts la liberté absolue des Filles, et elle se considérait non comme une Supérieure à qui est due l'obéissance, mais comme un guide et un conseil dont le devoir est de montrer le bon chemin à ses protégées, et de les amener à le suivre non par des ordres répétés, mais bien par le raisonnement, l'exemple et l'affection sans bornes. Le nom de Directrice donné aux supérieures des classes répond à cette conception. Dans la maison de Mlle de Lamourous, les Filles n'ont pas à faire un noviciat, pour permettre à la Supérieure de voir si elles sont ou non dignes d'entrer : entre qui veut, sort qui veut, rentre qui veut. Elles ne font ni vœux ni promesses et elles ne sont chassées de la maison que lorsqu'elles sont et demeurent, malgré tous les efforts des Directrices, un péril pour leurs compagnes. Partant de cette notion fondamentale, les Directrices n'imposent pas d'autorité les pénitences aux Filles indisciplinées ou légères; elles les engagent à se les imposer elles-mêmes, ce qu'elles font, du reste, gentiment. On ne *chasse* pas une Fille de la maison : on lui *ouvre les portes*, c'est à elle de sortir. Ce système nouveau, qui paraît, à première vue, devoir conduire à l'abîme, au désordre matériel et au désordre moral, a donné et donne toujours d'admirables résultats.

Sœur Saint-Paul, venant donc de chez les Ursulines, ne comprenait la formation des Filles que par l'autorité d'un côté, l'obéissance de l'autre, et si, peu préparées à cette vie d'abnégation, de régularité et de déférence, elles se montraient revêches et récalcitrantes, elles étaient chassées sans pitié, comme insociables et incorrigibles. Mme Fournié, elle, voyait les choses tout' autrement; elle avait étudié l'esprit de Mlle de Lamourous, elle l'avait compris, elle s'en était pénétrée, et elle voulait l'introduire dans sa maison de Cahors.

Pour comble de malheur, pour elle, M. Sénizergues, Supérieur de l'établissement, ne comprenait pas mieux que Saint-Paul l'esprit nouveau de la Miséricorde : il en était toujours à l'ancien régime, qu'il avait trouvé exposé et loué dans les livres et pratiqué dans toutes les communautés du diocèse. Saint-Paul et lui s'unirent pour faire prévaloir leurs idées. La pauvre Fondatrice voyait donc grandir sous ses yeux un couvent qui n'était pas le sien, et elle était désolée, ne voulant pas faire d'éclat et ne sachant comment arrêter ce mouvement, déplorable à ses yeux. Elle écrivait donc à M. Touvre : « J'ai sur la conscience le départ de pauvres Filles que j'aurais voulu garder à la Miséricorde et qui auraient dû y rester, car c'est pour elles que la Miséricorde est faite; mais le bon Dieu sait bien que je ne suis pour rien dans ces décisions. » Et parlant de son Supérieur, elle ajoutait : « S'il dépendait de moi de lui donner congé, il y a beau temps qu'il n'aurait pas à gouverner ma maison. » Elle prit patience, dévora sa peine en silence et se contenta pour le moment de faire toutes choses par elle-même le plus possible.

M. Chauvet n'est plus de ce monde. La Bonne Mère Marie-Thérèse, le considérant comme le vrai fondateur de la Miséricorde, décide qu'un service anniversaire sera fait pour lui, à perpétuité, dans la chapelle de cet établissement, tant qu'il subsistera.

Plusieurs Filles vont déjà très bien ; une douzaine vont être admises à la communion ; autant insistent pour entrer, mais où les mettre? La communauté va fêter son Supérieur en lui chantant des couplets envoyés par M. Touvre, car la Règle autorise les compliments chantés, tandis qu'elle défend les compliments lus ou parlés.

Nous sommes en août 1840. Des étourdis, coureurs de nuit, passent dans la rue au nord de la Miséricorde et, remarquant que les murs de clôture sont bas et qu'un appentis s'élève jusqu'aux fenêtres du premier étage, ils franchissent la clôture en se faisant la courte échelle, trouvent le moyen de monter sur l'appentis et ils essayent de faire céder les fenêtres par lesquelles ils espéraient avoir accès dans le dortoir des Filles. Celles-ci, qui étaient au-dessus, réveillées par le bruit et fort effrayées, jetèrent des cris qui eurent bientôt mis toute la maison sur pied. Les Directrices et la Bonne Mère arrivèrent, sans comprendre la cause du tumulte. Les jeunes cambrioleurs, qui n'avaient pas prévu ce résultat, s'étaient sauvés en hâte, et on les entendait dans la rue s'éloignant en courant et riant aux éclats. Quand, le lendemain, on eut eu le temps de bien se rendre compte des incidents de la nuit, on résolut d'exhausser les murs de clôture et d'unir à la maison l'appentis du nord, en élargissant soit l'atelier-réfectoire, soit le dortoir. Mais où trouver les ressources? Les travaux étaient à peine commencés qu'un prêtre apporta secrètement

deux mille francs; M. Sénizergues en ajouta deux autres. « La Providence est bonne, s'écria la Fondatrice :
elle a vu que nous avions besoin de cette somme, et
elle nous l'a envoyée. » (10 septembre 1840.)

Pendant que la maison était en réparation et décou-
verte, il survint une pluie abondante, en sorte que l'eau
dégouttait de partout et mouillait les meubles des étages inférieurs. Mme Fournié envoya à sa maison de la
Préfecture plusieurs personnes pour demander à sa
mère, qui y habitait, chaudrons et casseroles. « Dites
à ma fille, repartit celle-ci, tout en donnant ce qu'on
lui réclamait, si c'est ainsi que la volonté de Dieu
s'accomplit. » Mme Fournié avait l'habitude de répondre
à ceux qui blâmaient ses déterminations : « Que voulez-vous? c'est la volonté de Dieu que je fasse ainsi. »

En septembre, la réponse arrive de Rome, délivrant
sœur Saint-Paul de ses attaches aux Ursulines de Nevers. Mme Fournié redoute de plus en plus sa présence
à Cahors. « Ma nièce, écrit-elle à M. Touvre, se désole;
elle voudrait décharger sa tante de la moitié de son
travail; elle craint de la voir tomber de fatigue avant
que Dieu ait solidement établi l'œuvre, et je lui reproche, sans réussir à la corriger, son manque de confiance
en la divine Providence, comme si l'œuvre pouvait pé-
ricliter tant que Dieu voudra qu'elle vive. La nièce veut
soulager la tante, la croyant nécessaire à l'œuvre; mais
Dieu se suffit, et le plus vil instrument est tout-puissant
dans ses mains : il n'a besoin ni de la tante ni de la
nièce. »

La nièce ne comprend pas l'œuvre comme la tante.
Celle-ci n'emploie d'autre autorité que la toute-puis-

sance de la douceur et de l'affection ; celle-là veut que les Filles se soumettent au commandement. L'une s'en repose sur la Providence pour les besoins de chaque jour, l'autre veut employer des moyens humains pour créer des ressources permanentes.

Puis la tante écrit à Bordeaux : « Pour peu que cet état de choses dure, il n'y aura bientôt plus, à Cahors, rien de l'esprit de la Bonne Mère du ciel. » (Mlle de Lamourous.)

Il fut convenu que Saint-Paul, quelque besoin qu'on eût d'elle à Cahors, irait faire son noviciat à Bordeaux, pour se rendre apte à diriger les Filles de la Miséricorde. En décembre, elle était déjà à Bordeaux.

La Bonne Mère est contristée de ce départ, devenu nécessaire cependant ; Mlle Ginioux a la vue affaiblie et, à cause de son âge, ne peut pas rendre de grands services. M. Chauvet n'a pas été remplacé comme directeur ; le nouveau ne comprend pas toujours les choses comme la Fondatrice ;... il y a, par suite, du malaise... Elle serait tentée de se plaindre à Dieu de lui avoir enlevé les appuis sur lesquels elle devait compter, quand il lui a plu de mettre de bien lourdes charges sur ses épaules.

« Nous avons une postulante de Rodez âgée de seize ans. Elle a de la bonne volonté, de la santé et un bon naturel. Je la crois propre à notre œuvre, et j'en espère beaucoup. Mlle Pauline Gisard est chaque jour attendue au noviciat. Léontine Hirrigoyan s'est présentée aussi, mais on n'a pu l'admettre à cause de sa santé. » (Lettre à M. Touvre.)

Après les constructions qui suivirent l'escalade du

mois d'août, le nombre des Filles dépassa quarante ; Mme Fournié ne pouvait pas suffire au travail, étant presque seule pour la surveillance et pour la direction. Bordeaux eut pitié d'elle et lui envoya une Directrice très capable de donner un bon mouvement à la maison naissante. Elle arriva au commencement du carême 1841.

C'est Mlle Anna, dans le monde Louise-Marguerite Bouzon, née au pays de Mlle Laure de Labordère, à Jégun, dans le Gers, en 1801. Entrée à la Miséricorde de Bordeaux à l'âge de vingt-deux ans, elle fit trois ans de noviciat et vécut dix ans sous les yeux de Mlle de Lamourous, se formant à son esprit et à toutes les vertus. Elle a aujourd'hui quinze ans de profession ; elle est douce, bonne, aimante et ferme à la fois ; la Règle vivante. « La Bonne Mère de Cahors est bien contente, elle a vu et remarqué cette Directrice à Bordeaux pendant le séjour qu'elle y a fait les années précédentes. Si elle eût eu à faire son choix, c'est sur elle que son choix se fût porté, sans hésitation aucune ; mais jamais elle n'eût osé en faire la demande, ni jamais osé espérer que ce trésor lui serait donné... Et les Directrices de Bordeaux, appelées à émettre leur avis, l'ont désignée à l'unanimité. Que la Providence soit louée, et la Bonne Mère et les Directrices de Bordeaux aussi. » (12 avril 1841.)

En juin, Mme Fournié écrivait à M. Touvre : « Faites-nous de beaux couplets pour la fête de Mlle Anna, et envoyez-les de suite, pour que nos Filles aient le temps de les apprendre. Elle obtient d'elles tout ce qu'elle veut, et toutes l'aiment, l'adorent. »

Dès que Mlle Anna fut à Cahors, elle donna à la maison nouvelle la gaieté, l'esprit, l'entrain de celle de Bordeaux. La Règle était déjà en vigueur, elle la fit aimer. Le travail toujours le même fatigue à la longue : Mlle de Lamourous l'a rendu attrayant par la variété des exercices quotidiens et elle a rompu la monotonie de la vie de la Miséricorde, en coupant l'année par un grand nombre de fêtes. Mlle Anna mit en vigueur toutes ces habitudes de Bordeaux et ces habiletés de la première Fondatrice, et elle commença le coutumier de Cahors, car chaque maison a son coutumier.

A cette époque, il y avait, à Cahors, deux retraites par an : une en février, qui se terminait aux jours gras, l'autre au commencement d'août, cette dernière peut-être pour les Directrices. Ces retraites étaient prêchées par M. Marty, confesseur de la maison de Bordeaux ; par MM. les directeurs du grand séminaire ; par M. Sénizergues, qui avait le droit de tout dire aux filles sans leur donner de l'humeur, et qui en usait.

Une postulante était arrivée peu de temps après Mlle Anna : Catherine de Nouaille-Malter, née à Bordeaux le 4 août 1824. Elle prit l'habit à Cahors, à dix-sept ans, le 28 novembre 1841. Mme Fournié lui donna le nom de Séraphin. Elle a du goût, du zèle, de la bonne volonté ; quelques défauts de caractère, mais elle travaille à s'en corriger : elle promet beaucoup. Cahors eut dès ce moment trois Directrices : Mlle Anna, Mlle Ginioux, Mlle Séraphin, et encore quelques postulantes.

La sœur de Mlle Séraphin, Élisa de Nouaille-Malter, va arriver aussi comme postulante. Elle n'a que treize ans, étant née à Bordeaux le 4 mars 1828. Elle aurait pris l'habit à l'âge de seize ans, en 1844, mais son grand-père, qui est aussi son tuteur, exige un an de plus de postulat. « J'ai la confiance, dit Mme Fournié, dans une lettre écrite à Bordeaux, qu'elle sera propre à l'œuvre; elle a un très bon esprit, elle est très pieuse et très obéissante et elle a une grande bonne volonté de se former. Si Mlle Séraphin avait eu les mêmes qualités, elle serait un sujet accompli. Elle acquiert, du reste, peu à peu tout ce qui lui manque. » La sœur de Mlle Séraphin, quand le moment sera venu, prendra l'habit de la congrégation avec le nom de Saint-Michel.

« Les Filles vont bien. Elles sont si édifiantes qu'elles vous couvrent de confusion quand vous faites votre retour sur vous-même. Deux toutefois, mieux élevées, jeunes et belles, sont comme folles : qu'il leur coûte de revenir de l'affreux désordre où elles étaient tombées! Mais elles en reviendront. Des fêtes viennent de temps en temps les réjouir et les distraire. C'est la fête du Saint-Sacrement et la procession qu'elles font dans les cours et les jardins; la fête de M. Sénizergues, la fête de sainte Thérèse et de la Bonne Mère, les fêtes des Directrices, la fête des Bannières et autres. Les Messieurs du séminaire et les autres ecclésiastiques qui ont quelques relations avec la Miséricorde ont bien voulu assister à la fête du 18 juillet et aux amusements qui sont d'usage : ils ont bien ri de voir la vieille dans la corbeille.

« M. de Lauriston[1], receveur général, va quitter

---

1. Est-ce le fils ou le frère du général de l'Empire, qui com-

Cahors pour prendre sa retraite à Paris; mais avant de partir il veut donner une fête aux Filles. Il viendra dîner à la maison, et il fera les frais de la table pour tout le personnel. Il fait acheter des gâteaux, et il veut que chaque Pénitente ait le sien. »

Que la journée fut belle et que les âmes s'épanouirent! « Non! répétait Prudence, aucun séjour ne vaut celui de la Miséricorde! » Et pendant que tout est à la joie, Mme Fournié est triste. « Elle souffre du blâme que des personnes, même de sentiments modérés, expriment au dehors, à l'occasion de son entreprise et de tous ses actes; mais elle a tort, car sa conscience lui dit : « Sois tranquille, tu n'as rien à te reprocher. » Elle paraît ne pas entendre, ne pas comprendre; elle se promet bien surtout de ne pas se défendre et de ne jamais dire un mot qui puisse faire de la peine aux autres; car les peines qu'elle occasionne aux autres lui sont beaucoup plus sensibles que les siennes propres. Après tout, qu'importe le sentiment des hommes, pourvu qu'elle fasse le bon plaisir de Dieu? Le bon plaisir de Dieu est tout pour elle, et devrait-elle ne pas réussir à posséder Dieu, devrait-elle le perdre pour toujours, elle ne ferait rien de moins pour son plaisir, sa gloire et le salut des âmes. » (17 octobre 1841.)

Le 2 janvier 1842, elle écrivait à M. Touvre : « Dieu, pour confondre mon orgueil, permet que je sois insensible à tout ce qui concerne son service, et, pour mon supplice, il m'a rendu toute ma sensibilité d'autrefois : les contradictions, les humiliations, me péné-

mandait l'arrière-garde au passage de la Bérésina, et fut fait prisonnier à la bataille de Leipsick?

trent, vont jusqu'à la moelle des os ; il me faut faire la plus grande violence pour cacher l'état de mon âme, et je n'y parviens pas toujours. Quand, faisant tout ce que je puis et plus que je ne puis, je vois que je ne réussis pas à contenter autour de moi, je ressens une impatience intérieure qu'il m'est difficile de ne pas laisser éclater : cependant cela ne m'arrive pas encore.

« J'ai été amenée par la force des choses à dépenser au delà de mes ressources, et je me trouve dans la situation la plus pénible et la plus difficile... Cependant je ne voudrais pas donner de la peine à ceux qui m'en donnent en abondance : ça me met dans un combat perpétuel. Priez pour moi, cher Père. »

M. le Supérieur général des prêtres de la Mission a passé un certain temps au grand séminaire ; il a montré un vif intérêt à la Miséricorde ; il est allé dire la messe dans la chapelle de l'établissement et il a plusieurs fois parlé aux Filles.

Mgr Bardou est arrivé dans le diocèse : il a fait très bonne impression. Mgr d'Hautpoul, en partant, avait nommé M. Sénizergues chanoine titulaire de la Cathédrale ; mais Mgr Bardou a exigé qu'il donnât sa démission, et il lui a rendu le titre de vicaire général. Il a fait une visite à la Miséricorde et lui a témoigné le plus vif intérêt.

La Miséricorde était toujours à la maison Ducros, au nord-ouest de la place de la Grande Chartreuse. Ce local était insuffisant et plein à ce point qu'il ne restait « ni un recoin dans les étages pour mettre un lit de plus, ni un vide à la chapelle pour d'autres genoux. » A l'ouest de la place étaient deux autres maisons avec jardins : au midi, celle de Mme Boisse, déjà promise à la Miséricorde; au nord, celle de M. Lacoste-Lacroux, attenante à la maison Ducros, que Mme Fournié a voulu acheter, il y a déjà deux ans, sans réussir.

Dès que Mlle Anna fut à Cahors, elle insista, puisque la maison Boisse était comme acquise, pour que fût acquise également celle de M. Lacoste, dont il n'était pas possible de se passer.

M. Lacoste, pressenti, refusa d'abord de vendre, puis il demanda un prix qui parut exagéré; il proposa un échange avec la maison Ducros qui ne put pas être accepté, il se fâcha... Mlle Anna, allant au mur mitoyen, enfonça entre les pierres des médailles de saint Joseph et de la sainte Vierge, le jour même de la fête de saint Joseph (1842), disant : « A la Providence! » et elle resta tranquille sur l'issue de l'affaire.

L'an d'après, jour pour jour, à la fête de saint Joseph, M. Lacoste, radouci, vint lui-même offrir sa maison à Mme Fournié pour la somme de vingt-cinq mille francs. Mgr Bardou, consulté, répondit sans hésiter : « C'est beaucoup, mais une âme vaut davantage encore, et c'est pour le salut de plusieurs. » La vente fut conclue, et Mlle Anna se plaisait à répéter : « A la Miséricorde, la Providence fait toutes choses. »

Pendant tout l'été, il y eut des ouvriers à la nouvelle maison; il fut fait des salles pour deux classes, une infirmerie, une petite cuisine à côté de l'infirmerie, des dortoirs, et surtout un noviciat très convenable et très tranquille, enfin une nouvelle chapelle plus grande et plus convenable que l'ancienne.

Mlle Anna, rappelée à Bordeaux, partit de Cahors le

7 mai. « On rit à Bordeaux, on pleure à Cahors, écrivit, à cette occasion, Mme Fournié à M. Touvre; ainsi va le monde! » Mlle Anna laissa à Cahors un souvenir impérissable; son départ arracha bien des larmes. Supérieure, Directrices, Surveillantes et Filles de l'atelier l'aimaient d'une affection vraie et profonde, qu'elles lui conservèrent malgré son éloignement.

Elle fut remplacée par Mlle Marie-des-Anges. Cette excellente Directrice était née à Plazac, dans la Dordogne, en 1816; elle s'appelait dans le monde Marguerite-Damarie de Lagranval, fille de M. Charles de Lagranval et de Gabrielle-Julie de Cézac. Elle avait pris l'habit à Bordeaux le 27 août 1835, et ainsi elle avait vécu un an avec Mlle de Lamourous, et elle arrivait à Cahors ayant huit ans de profession. Elle était douce, complaisante, un peu timide, comme Marie-Thérèse, disait Mme Fournié, parlant d'elle-même. Elle plut aux Filles et continua le ministère de Mlle Anna; la transition se fit à peine sentir.

En octobre 1843, Mme Fournié écrivait à Bordeaux : « Je désire que Mlle Marie-des-Anges prenne le noviciat, comme Mlle Anna, mais elle s'en défend par humilité : n'ayant pas de mission, dit-elle, elle n'a pas non plus la grâce spéciale nécessaire pour cet emploi. La mission, vous la lui donnerez, et, pour moi, j'ai bien la confiance qu'elle la remplira parfaitement. Pour tout le reste, elle s'acquitte de ses fonctions avec le même zèle et le même dévouement que la chère Mlle Anna. Elle fait le bien parmi nous, et tout le monde l'aime beaucoup. Je désire qu'elle soit aussi contente de nous que nous le sommes d'elle. Je comprends ce que son excellent cœur doit souffrir de l'absence de sa Bonne Mère et de ses bien-aimées compagnes, et je fais ce que je peux pour lui rendre son exil moins pénible. » (1ᵉʳ octobre.)

En venant à Cahors, Mˡˡᵉ Marie-des-Anges avait apporté un grand ballot d'exemplaires de la *Vie de Mˡˡᵉ de Lamourous*, qui venait de paraître. Ce livre, répandu à Cahors et dans les environs, fit la plus vive impression. On se l'arrachait des mains et on admirait les merveilles de conversion opérées par cette vénérable demoiselle au milieu de ses Filles, et les merveilles non moins admirables opérées par la Providence pour faire vivre et prospérer la maison.

On raconte que Mᵐᵉ Fournié, ayant donné ce livre à lire à une personne opulente, dont elle eût volontiers reçu quelques secours, provoqua cette réponse : « Merci, Madame, de l'intéressante lecture que vous m'avez procurée ; j'étais en grande sollicitude sur vous et votre maison, ne comprenant pas où vous pouviez trouver le pain pour vivre ; mais depuis que je sais quel soin la Providence prend de vous, je dors tranquille. » C'était spirituel, mais l'esprit eût été de meilleur aloi si elle avait ajouté : « Et, me faisant une gloire d'entrer dans l'honorable compagnie de tous ceux qui sont les instruments visibles de cette invisible Providence, voici ma raisonnable offrande. »

En août 1843, la petite vérole envahit la Miséricorde ; quinze Filles furent atteintes à la fois. Mᵐᵉ Fournié frémit à la pensée que ses jeunes Directrices ou Postulantes pourraient prendre la contagion en visitant ou soignant les malades. « Mes enfants, leur dit-elle, vous êtes jeunes et vous avez de longs services à rendre à l'œuvre commencée; je vous interdis l'entrée de l'infirmerie. Soignez les Filles qui se portent bien; je fais mon affaire de celles qui sont malades. » Elle se fit donc infirmière et prit elle-même soin des malades, aidée particulièrement par Doctorée.

Doctorée était une étourdie de fille, forte et dévouée, qui fut tout heureuse de s'adjoindre à la Bonne Mère en cette circonstance. Elles soignèrent si bien les malades que pas une ne succomba. Les figures furent plus ou moins criblées; « mais qu'importent les figures, disait la Bonne Mère, pourvu que les âmes soient belles! » Et elle ajoutait à demi-voix : « Et qu'il plaise à Dieu de prendre les inconstantes en ce moment irréprochables, si, en restant sur la terre, elles devaient compromettre leur salut. »

Hélas! ce fut Doctorée qui partit, non pour l'éternité, mais pour le dehors et l'inconnu. Elle se brouilla avec une Surveillante et demanda d'être placée en ville, en condition, jusqu'à ce que la création d'un second atelier lui permît de rentrer sans se trouver sous les regards de la même Surveillante. Rien ne put la calmer. Elle partit pour Bordeaux, avec Marie Rouco, qui allait apprendre le lissage, pour rentrer ensuite à Cahors. La malheureuse Doctorée, au lieu de suivre Marie Rouco à la Miséricorde, resta dans les rues qu'elle connaissait de longue date, où elle s'était égarée jadis, où elle s'égara encore. Rentrée plus tard à Cahors, elle avoua à Mme Fournié qu'elle était enceinte de plusieurs mois : la Bonne Mère eut pitié d'elle et la mit en pension chez Mme Bouyssou, sage-femme de l'époque. Elle ne fut pas contente de cette situation, elle demanda une chambre pour elle seule, voulant être dans ses meubles. On ne crut pas devoir la satisfaire. Elle partit sans laisser d'adresse. « Quelle tête folle! écrivit la Bonne Mère de Cahors à celle de Bordeaux ; à moins d'un miracle, je regarde cette pauvre fille comme perdue. »

Doctorée rappelle Danielle. Danielle avait seize ans et était déjà bien avancée dans la science du vice. Elle avait vécu sept mois à la Miséricorde de Bordeaux, ballottée de classe en classe, à cause de sa mauvaise tête. Comme on ne pouvait rien faire d'elle à Bordeaux, on l'envoya à Libourne, où elle ne resta que quinze jours ; puis elle courut le monde et échoua, malade, à l'Hospice de Cahors, où Mme Fournié, avertie, vint la réclamer à la convalescence. « Elle avoue que si elle avait écouté les conseils de la Bonne Mère, elle ne serait pas malheureuse comme elle est ; elle a l'air de vouloir sortir de sa triste existence ; elle sera à la Miséricorde avant dimanche : Dieu veuille que la leçon lui soit salutaire ! » Il n'en fut rien : elle repartit, et d'elle on n'eut plus de nouvelles. Ces faits sont rares ; celles qui entrent à la Miséricorde y restent d'habitude, ou sortent par la bonne porte.

Les réparations à la maison Lacoste-Lacroux touchaient à leur terme. La nouvelle chapelle fut bénite par Mgr Bardou, la veille de la Noël (1843). Il la trouva fort convenable et déclara qu'il ferait dorer et marbrer l'autel à ses frais, pour le rendre plus semblable au Tabernacle. « M. Fournié père a payé la chaire, et M. de Lauriston a envoyé de Paris un très riche ostensoir.

M. Sénizergues inaugura cette chapelle en y célébrant les messes de minuit. Soixante-douze Filles y ont assisté. Mlle Marie-des-Anges, Mlle Ginioux et Mlle Séraphin ne se possèdent pas de joie, en voyant ces nouvelles installations. »

Le 17 février, Mme Fournié écrivait à Mlle Anna, à Bordeaux : « Nous voilà installées chacune dans notre nouveau local. Chère Marie-des-Anges avec ses deux novices occupe le noviciat, qui est joli et placé comme vous l'aviez souvent souhaité, éloigné de tout le monde et par ce moyen très tranquille. Quatre lits y sont déjà disposés ; l'un d'eux attend la troisième Postulante, qui doit arriver à Pâques. Mlle Ginioux occupe votre ancienne petite chambre, et moi celle de Jean de M. Lacoste, précieuse par sa position. La pauvre portière est toujours sous mes yeux et ne peut faire un pas sans être vue ; je suis tout près de mes chères Sœurs ; le lit de Prudence nous sépare. Je suis près de l'infirmerie de mes Filles et entre les deux classes, ce qui me met à même de tout voir. Vous savez combien c'est nécessaire à la Miséricorde. »

Le 21 mars 1844, elle lui écrivait encore : « Bien bonne demoiselle Anna et chère Sœur, vous apprendrez avec bonheur que la séparation de nos Filles en deux classes s'est effectuée la veille de la fête de saint Joseph. Il a fallu séparer celles qui avaient entre elles des rapports nuisibles ou dangereux, des amitiés trop sensibles. Tout s'est opéré avec beaucoup de calme, presque sans larmes, sauf la pauvre Françoise, qui, comme vous le savez, aime tant sa Providence. Cette dernière a montré plus de force d'âme et a concentré sa douleur dans son cœur. Tout s'est très bien passé.

« Chaque classe a environ quarante Filles ; Marie-des-Anges a gardé l'atelier de Jésus, avec les meilleures ouvrières ; Séraphin est à la tête de l'atelier de Marie, avec les chapelières, les fileuses et quelques couturières.

« La belle idée que vous avez eue, ajoute-t-elle, de mettre des médailles dans le mur de M. Lacoste ! Qui aurait dit alors que, deux ans après, jour pour jour, non seulement nous aurions le local, mais que nous y serions si commodément logées ! Que la Providence est bonne !

« Nos Surveillantes, Victime, Charité, Marie-de-Mai, ne veulent plus quitter la Miséricorde ; il n'y a plus rien de pénible, disent-elles, maintenant que les ateliers sont séparés. »

La Miséricorde avait décidé d'élever des vers à soie ; mais, après essai, il a fallu y renoncer. Les petits mûriers ont été arrachés et donnés à M. Caviole, qui les a acceptés avec plaisir ; les grands seront coupés après la récolte des feuilles.

Depuis un ou deux ans, on se donne du mouvement autour de M⁽ᵐᵉ⁾ Fournié pour lui faire obtenir à l'Académie un prix de vertu de dix mille francs. M. de Laroussilhe, curé de la Cathédrale, va, vient, écrit à diverses personnes ; le maire de la ville a rédigé la supplique ; M. Salgues et M. de Saint-Priest, députés du Lot au Corps législatif, la présenteront et l'appuieront de tout leur crédit ; M. de Lauriston usera de son influence auprès des académiciens. Les démarches et les instances se renouvelèrent pendant deux ou trois ans. Rien ne nous permet d'affirmer qu'elles réussirent ; nous ne saurions dire davantage quelle fut la nature de l'obstacle.

Enfin, après la création du nouvel atelier, on reçut toutes les Filles qui avaient été ajournées faute de place, ou qui se présentèrent à la suite de ce grand mouvement d'admission. Au mois de juillet 1844, elles sont au nombre de cent quarante. La maison de la Miséricorde de Cahors a atteint son développement normal en cinq années. Il fallut à M\u1d48\u1d49 de Lamourous près de vingt ans pour en avoir sous sa direction un aussi grand nombre. Exactement en 1819, vingt ans après la fondation, la Miséricorde de Bordeaux comptait cent soixante pensionnaires. Cent quarante, c'est trop pour deux ateliers : il en sera établi un troisième, celui de Saint-Joseph, dès que les circonstances le permettront. Il y a encore pénurie de bonnes Surveillantes et de bonnes Directrices ; mais ce vide se comblera.

M\u1d50\u1d49 Fournié part pour Bordeaux pour y faire sa retraite annuelle et y prononcer ses vœux. Après un noviciat de cinq ans, elle les prononça en effet, le 21 juillet 1844.

A Bordeaux, elle a retrouvé sœur Saint-Paul, avec laquelle elle n'avait cessé d'être en relation de lettres. Pendant ces trois années de formation ou de noviciat, aucune décision n'a été prise au sujet de cette sœur. Au commencement, la première impression des Directrices fut qu'elle n'était pas appelée à l'œuvre de la Miséricorde ; puis on fit réflexion qu'il y avait dans la maison, en dehors de la direction des Filles, d'autres emplois qu'elle était très apte à remplir, et on l'appela à faire ses vœux, en 1843. Elle avait trente-trois ans. Il ne fut pas spécifié si elle appartiendrait à Bordeaux ou si elle appartiendrait à Cahors.

En repartant pour Cahors, Mme Fournié l'emmena avec elle; Mlle Marie-des-Anges repartit pour Bordeaux, et Saint-Paul fut mise à sa place à la tête de l'atelier de Jésus.

Aux trois Directrices déjà connues, Mlles Saint-Paul, Séraphin et Ginioux, il faut ajouter Mlle Marie-de-Jésus, Élisabeth Laborie, qui, née à Calès, diocèse de Cahors, en 1824, entra à la Miséricorde le 7 septembre 1843 pour son postulat et prit l'habit le 2 février 1844; et aussi Mlle Saint-Michel, la sœur de Séraphin, qui n'a plus que quelques mois à attendre pour prendre l'habit.

CHAPITRE X

Ceux qui ont lu avec quelque attention les pages
qui précèdent connaissent déjà Mme Fournié ou Mère
Marie-Thérèse, cette âme noble et généreuse qui a tout
sacrifié pour fonder la Miséricorde de Cahors et a déjà
la gloire d'avoir réussi. Mais il est possible de mieux
la connaître encore, en recueillant certains traits plus
saillants ou plus caractéristiques, parmi les riches et
intarissables souvenirs des Filles âgées qui ont vécu
avec elle.

Ce chapitre et le suivant renferment des traits nombreux ; il eût été possible d'en ajouter encore, mais en
toutes choses il faut savoir se borner. Il a été difficile
de les séparer en deux groupes, car tels faits qui révèlent les vertus de la Mère ne mettent pas moins en
évidence le caractère ou les qualités de ses Filles ; et
tels autres qui nous font admirer ces bonnes Filles
ne sont pas moins à l'honneur de la Mère.

Il a été difficile aussi de mettre entre eux un ordre
rigoureux. Il eût été désirable de les voir affirmer cha-

cun à son tour les diverses vertus théologales ou morales, selon leur succession naturelle ; mais le même
trait se rapporte parfois à deux, trois, quatre vertus
à la fois, sans qu'il apparaisse à laquelle appartient le
premier ou le dernier rang. C'est pourquoi il n'y a pas
à chercher l'art en ces pages : qu'elles édifient, c'est
pour cela seul qu'elles ont été écrites.

A un moment, le surnaturel diabolique et divin a
envahi la maison : nous avons été discret, mais nous
l'avons dit. Nous savons que le surnaturel n'a jamais
cessé de se manifester dans toutes les parties du monde,
même à l'heure présente, n'en déplaise à l'impie. Nous
ne courons pas après lui, mais quand il se trouve sur
notre route, nous ne nous détournons pas pour le laisser passer.

Toutes les actions de Mme Fournié étaient inspirées
par une foi très vive, et elle avait toujours à l'esprit la
pensée de ses devoirs et des fins dernières. Quand une
de ses Filles mourait, elle disait : « Je serais bien contente de mourir moi-même dans les sentiments qu'elle
a montrés pendant sa maladie. » Quand on lui racontait
quelques traits édifiants, elle se demandait toujours à
elle-même : « Aurais-je le courage d'en faire autant, à
l'occasion ? » Elle tremblait de ne pas assez faire pour
Dieu et de tout faire pour elle-même[1].

Saint François de Sales, craignant d'être damné,
disait, au plus fort de l'épreuve : « Damné, j'y consenti-
rais si je pouvais espérer que Dieu, dans mes tourments,
me permettrait de l'aimer encore. » Et Mère Marie-

____

1. Lettres, *passim*.

Thérèse disait : « Quand même je saurais à n'en pas douter que je dois être damnée, je sens bien que je ne ferais rien de moins, mais rien de moins, pour Dieu et le salut des âmes. » On trouve ce sentiment diversement exprimé dans dix de ses lettres. Elle veut ce qui plaît à Dieu, quoi qu'il en coûte, devrait-elle en mourir. Un jour que, devant la fidèle Prudence, elle se lamentait de n'avoir rien fait pour Dieu : « Vous n'avez rien fait pour Dieu? s'écria la brave Fille; et pour qui faites-vous donc tout ce que vous faites? Pour qui avez-vous quitté votre maison, vos meubles, votre bien-être? L'avez-vous fait pour moi, ou l'auriez-vous fait pour quelque autre créature de la ville ? — Ah ! ça non, pourtant, avoua-t-elle, nous étions si bien chez nous ! »

Une Fille du nom d'Augustine, non encore habituée à la Règle et fort dissipée, voulait sortir du couvent et reprendre ses mœurs mondaines. La Bonne Mère la prit par la main et la mena devant le four qu'on chauffait pour le pain. Elle lui commanda de relever ses manches et d'approcher ses bras vers la fournaise ardente, et comme la pauvre Fille se récriait : « Ah ! dit la Bonne Mère, ces flammes te font peur ! Ce ne sont pourtant que de tièdes haleines en présence des flammes de l'enfer : te sens-tu le courage de les suporter pendant toute une éternité? » La pauvre enfant, effrayée, ne demanda plus à sortir. Elle trouvait douces toutes les exigences de la Règle, elle priait avec persévérance, et elle s'éteignit toute jeune d'une maladie de poitrine, en remerciant le bon Dieu de la faire mourir à la Miséricorde. Avant de rendre le dernier soupir, elle voulut qu'on amenât auprès de son lit une de ses amies, âgée de vingt ans, et elle lui fit promettre qu'elle ne sortirait jamais de la maison [1].

Mme Dulac, quand les pénitentes étaient déjà bien nombreuses à la Miséricorde, vint voir sa sœur, la croyant déjà dévorée par tant de bouches à nourrir : « Au moins, dit-elle, as-tu du pain pour te rassasier, quand la faim se fait sentir ? — Pauvre Paulette, reprit Mère Marie-Thérèse en souriant, on voit bien que tu ne sais pas ce que c'est que compter sur la Providence : le pain ne m'a jamais manqué, et il ne me manquera pas [2]. »

La foi en la Providence est la raison de toutes les entreprises de Mme Fournié et l'âme de la Règle qu'elle a donnée à ses Filles. La Providence ne trompait pas sa confiance ; elle a pu parfois faire attendre son secours, elle ne l'a jamais refusé. Que de fois, quand il fallait payer une dépense, et que la pauvre Marie-Thérèse (c'est ainsi qu'elle parlait d'elle-même) n'avait pas le sou, la somme exactement nécessaire, dix francs, vingt francs, arrivait à point nommé, sans que rien eût permis de le prévoir ! Elle avait, un jour, à payer une somme de deux mille francs ; elle eut beau faire présenter ses notes d'ouvrage dans les divers quartiers de la ville, rien n'arriva. Elle resta calme selon son habitude, triste toutefois en pensant qu'elle allait manquer à ses engagements. Au moment où elle devait compter la somme, le facteur lui remit un pli contenant les deux mille francs, offrande de M. le comte de Mosbourg, auquel elle n'avait rien demandé [3].

Elle avait d'elle-même la plus basse estime. Elle aimait tout le monde, et elle ne voulait faire de peine à personne; elle s'oubliait elle-même pour faire du plaisir aux autres; elle ne disait du mal de personne, elle était d'un infatigable dévouement et d'une inépuisable charité envers les pauvres Filles repentantes; elle était enfin bonne et serviable à l'égard de tout le monde.

A force d'instances, les Directrices et les Surveillantes avaient obtenu qu'elle posât devant un peintre. « Votre portrait, lui disaient-elles, présidera nos réunions à la salle commune, quand vous n'y serez pas; il nous semblera que vous êtes toujours présente au milieu de nous, et il nous sera plus facile de nous conduire selon les sages avis que vous ne cessez de nous donner. » Le peintre s'acquitta consciencieusement de son devoir et fit remettre un grand et beau portrait de grandeur naturelle, qu'on possède encore. On lui annonça avec joie la bonne nouvelle, elle ne se dérangea pas. Prudence, qui ne soupçonnait pas qu'elle pût être indiscrète, alla lui dire : « Madame, où faut-il que nous placions ce magnifique cadre? — A la cave ! » répliqua-t-elle brusquement; et elle continua son ouvrage.

On a déjà vu quelle fut son obéissance au noviciat, par le témoignage de Mlle Emmanuel. Choisie-de-Marie ajoute que pendant ce noviciat, se croyant obligée d'offrir un cadeau sans importance à une de ses nièces qui allait faire la première communion, c'était une *Imitation de Jésus-Christ*, elle alla en demander la permission à la Supérieure générale.

A la même époque, étant sortie avec la permission d'aller faire une commission jugée utile, elle se souvint, quand elle était déjà assez loin du couvent, qu'elle avait une seconde course à faire, pour laquelle elle n'avait pas sollicité la permission. Le temps ne lui permettait pas de rentrer au couvent. Elle fit sa course, mais dès qu'elle fut rentrée, elle se hâta d'aller trouver la Supérieure et de faire sa coulpe, pour avoir une salutaire pénitence. On l'a entendue plus tard dire qu'elle n'avait pas conscience d'avoir commis d'autre désobéissance dans le cours de sa vie[1].

Sa douceur et sa patience ressortent de la lettre suivante écrite à M. Touvre, le 18 octobre 1840 : « Certaine de mes Directrices entend la conduite des Filles autrement que moi. Ce genre qu'elle croit devoir adopter n'a jamais été celui des Sœurs de la Miséricorde de Bordeaux, et il ne sera jamais le mien. Dieu ne le veut pas, car il m'a mise dans l'impuissance de parler aux autres autrement que je voudrais qu'on me parlât à moi-même. On croit, cher Père, gagner par la rigueur, et mon expérience m'a appris que par elle on ne gagne rien. A cet égard, j'ai bien souvent des moments de peine, mais je ne dis rien ; la pauvre Thérèse a bien des ménagements à garder vis-à-vis de beaucoup de monde. Elle apprend à ses dépens que tous ceux qui veulent le bien ne le veulent pas de la même manière. Dieu me fait la grâce de céder sans peine aux avis des autres.

« Toutefois, je ne saurais vous taire que mon cœur

1. Choisie-de-Marie.

éprouve une bien cruelle peine quand je me sens entre deux obéissances contradictoires, celle du Supérieur et celle de la Règle. J'ai été souvent tentée de dire franchement à notre bon Père l'inquiétude qui me domine à cet égard, mais la crainte de lui déplaire et l'extrême répugnance que j'éprouve à rien prendre sur moi m'ont toujours retenue.

« Je sens que, libre de ma volonté, j'agirais tout autrement pour l'admission et le renvoi des sujets, et je suis loin d'être tranquille à cet égard. Ah ! que votre absence et celle du bon M. Chauvet me font un grand vide ! Dieu le veut ainsi, je m'y résigne, préférant toujours sa volonté à la mienne. Plus je suis obligée de reconnaître mon néant, plus j'ai confiance que Dieu fera le bien tout seul : il se complaît à choisir ses instruments dans ce qu'il y a de plus faible. »

Quelques mois plus tard, elle écrivait encore : « Notre Miséricorde se formera, je l'espère, sur le modèle de celle de Bordeaux; mais que nos pauvres Filles ont du chemin à faire pour atteindre leurs aînées ! Si elles avancent si peu dans l'esprit de foi et de pénitence, la faute en est, sans doute, à la maladresse et au peu de foi de la chétive Marie-Thérèse. Cette pensée vient souvent fatiguer son esprit; mais ce qui ranime son courage, c'est qu'elle ne s'est pas elle-même imposé ce lourd fardeau; la connaissance de son peu d'aptitude pour cette haute mission l'aurait préservée de la témérité de l'entreprise, si l'obéissance ne lui eût fait un devoir de baisser la tête et de tout accepter. Convaincue que, si la pauvre Thérèse ne peut rien, Dieu peut tout, elle reste tranquille au milieu de tant de difficultés et d'épreuves bien capables de la troubler, si elle avait eu la faiblesse de compter sur elle-même. » (19 mai 1841.)

« Malgré tout ce qui gronde et se soulève autour d'elle, la Mère Marie-Thérèse est résolue, tout comme au premier jour, à faire tout ce que la divine Providence demandera d'elle, même à mourir Supérieure, quoique la répugnance de cet emploi lui soit extrême. Qu'elle aurait mieux aimé une cellule au Carmel! Mais que la volonté de Dieu se fasse. » (17 novembre 1841.)

Elle abhorrait la médisance, elle n'en faisait jamais, et quand les autres s'oubliaient à médire devant elle, elle avait l'habitude de faire l'éloge des personnes atteintes, pour mettre un contrepoids au mal qu'on en disait. Les Directrices le remarquèrent, et souvent, par espièglerie, elles exprimaient des jugements sévères sur certaines personnes, dans l'unique dessein d'amener la Bonne Mère à en dire du bien. Elle tomba toujours dans le piège, à la grande édification de la communauté[1].

Sa charité envers les filles égarées ne lui permettait pas d'attendre qu'elles vinssent frapper à sa porte; elle avait des intelligences à l'Hospice et chez les sages-femmes des quartiers et à la prison. Quand elle était avertie, par exemple, par Mme Singlande, la femme du gardien, qu'il y avait à la prison des filles *bonnes* pour elle, elle s'y rendait et tâchait de les gagner. Elle pressait les malades de l'Hospice de venir chez elle à leur sortie des salles. Quant aux filles-mères dont on lui signalait la présence en ville, elle était pleine d'atten-

---

1. B. M. Saint-Ignace de Bordeaux.

tions pour elles, leur envoyant, par l'intermédiaire de Prudence, tantôt quelques pièces de monnaie, tantôt leur nourriture préparée au couvent, tantôt du linge, des draps, des couvertures ou autres objets, chez la *Bouyssounette*, sage-femme de l'époque, ou chez d'autres braves femmes, ou dans des maisons de confiance, et elle les suppliait d'entrer à la Miséricorde dès qu'elles en auraient la liberté[1].

Elle payait les mois de pension pour celles qui attendaient leur délivrance, et puis les mois de nourrice, pour garder les mères et les convertir[2].

Sachant que le chien revient à son vomissement, comme dit l'Écriture, et convaincue que le salut de ses Filles était compromis par leur retour dans le monde, elle multipliait, pour les retenir, les instances, les prières, jusqu'à se mettre à genoux, surtout quand elle voyait leur vertu chancelante. Plus elles étaient mauvaises et vicieuses, plus elle insistait pour les retenir. Elle alla, un jour, jusqu'à faire porter un petit lit dans sa chambre, où elle fit coucher une pauvre Fille décidée à partir. Elle lui montra tant d'affection et la catéchisa si bien pendant la nuit, que la pauvre enfant, touchée et gagnée, ne voulut plus se séparer d'elle et ne parla plus de s'en aller[3].

« Chaussez-vous, dit-elle un jour à une grossière Fille qui marchait nu-pieds sur les briques devant le four, vous voyez bien que vous vous exposez à prendre du mal. » La Fille répondit, tout en chauffant son four :

1. Révélations de Prudence.
2. Témoignage de demoiselle Saint-Vincent.
3. Témoignage de M. l'abbé Laboutsse.

« C'est bon à vous qui êtes dans un bon lit, bien allongée, tandis que nous sommes à la peine. — C'est très mal, se contenta de dire la Bonne Mère; j'espère que vous le comprendrez quand vous serez plus calme. » De fait, la malapprise alla, le lendemain, se jeter aux genoux de sa Supérieure et lui faire des excuses. « Comment, disait Prudence, peuvent-elles, ces malheureuses, vous parler ainsi, comme si elles ignoraient ce que vous faites pour elles! — Elles ne savent pas ce qu'elles font, répliquait la Bonne Mère en manière d'excuse, et le diable les pousse à ce qu'elles ne comprennent pas. » Et Prudence continue à dire ce qu'elle a vu de ses yeux.

« La Bonne Mère cherchait à adoucir les mauvaises têtes, leur donnant des souliers, et à défaut d'autres ceux qu'elle avait aux pieds; elle donnait son jupon, à l'occasion, son dîner gras, quand elle était malade. Elle ne grondait pas les Filles, mais elle s'ingéniait à les gagner par toute sorte de prévenances, d'amabilités, de friandises, et même à les réduire avec de l'argent ou des étrennes, pour les amener au bien. « Portez « cette bouteille à une telle, elle est malade et elle en a « besoin, mais qu'on ne le sache pas. » Elle faisait acheter de petites choses, même du pain au dehors, pour celle-ci, pour celle-là, sans qu'on le sût, pour ne pas exciter la jalousie des autres ou ne pas donner l'exemple de manquer ouvertement à la Règle. Ce qu'elle faisait en ce genre était tout à fait personnel à la Bonne Mère, inconnu des Directrices. Parfois elle faisait servir des goûters à celles qui étaient fatiguées ou trop tristes. C'était dans les commencements; la Règle ne permet à personne tout ce que la Fondatrice pouvait bien se permettre, sans manquer ni à la pauvreté ni à l'obéissance.

« Oh ! comme elle les aimait, ces Filles, continue Prudence, et comme elle était ingénieuse à leur montrer son affection ! Aussi aucune d'elles ne doutait de son cœur, et plusieurs mauvaises, vaincues, à la fin s'écriaient : « Je resterai, Bonne Mère, parce que vous le « désirez et que vous y êtes ; mais si vous n'y étiez « pas, je m'en irais[1]. »

Un soir, à minuit, on frappait à coups redoublés à la porte du couvent. C'était une pauvre égarée, qui arrivait de Toulouse, parce qu'elle avait ouï dire qu'il existait à Cahors une dame dont les bras et le cœur étaient toujours ouverts pour les filles repentantes, même pour celles qu'on repoussait partout à cause de leur plus grande misère. La portière refusait d'aller réveiller la Bonne Mère à pareille heure ; mais l'étrangère insistait, disant qu'elle avait besoin de lui parler, et tout de suite. Il fallut bien l'avertir. Elle arrive et demande à la visiteuse ce qu'elle désire. Celle-ci la supplie de lui donner un asile ; elle avoue qu'elle sort d'une maison de désordre, où elle a laissé non seulement l'honneur, mais même la santé ; mais elle a ouï dire que Mᵐᵉ Fournié a pitié des malheureux, et il n'y a pas plus malheureux qu'elle : elle est sans asile, sans ressources et rongée jusqu'aux os par les maladies qu'engendre le vice. La Bonne Mère ne la laissa pas continuer, mais, la prenant par la main, elle lui

1. Révélations de Prudence.

dit : « Entrez, ma fille, c'est pour vous que ma maison existe. » On la nettoya, on la soigna, on la guérit. Hélas! dès qu'elle fut sur pied, elle voulut sortir; elle avait faim de désordre plus encore que de pain, et il fallut lui ouvrir les portes, pour préserver le reste du troupeau de cette contagion mêlée de rage[1].

Vers 1860, M. l'abbé Belvèze, alors secrétaire particulier de Mgr Bardou, aujourd'hui archiprêtre de la Cathédrale[2], se présenta à la Miséricorde pour entretenir Mme Fournié d'une jeune fille de la ville en grand danger de perdition. « Que faire? répondit la Bonne Mère; il n'y a pas de place disponible, ni un seul recoin vide dans la maison. » M. l'abbé se montra contristé et recommença l'exposé navrant de la situation, comme pour demander l'impossible. « Eh bien, reprit la Bonne Mère en se redressant, comme inspirée, envoyez-nous cette fille, nous la colloquerons quelque part, dussé-je lui céder mon lit et un coin de ma chambre.

Mme E. Dufour, la petite Cécile des lettres de Mme Fournié, avait amené à la Miséricorde une fille fort dissipée à laquelle elle portait quelque intérêt. Cette fille ne s'habituait pas à la vie du couvent et voulait sortir. La Bonne Mère fit prévenir sa nièce et elle appela la petite étourdie devant sa bienfaitrice. Puis elle lui parla avec tant de force, tant d'affection, tant de sévérité, tant d'éloquence enfin, que Mme Dufour était ravie et ne se serait pas lassée de l'entendre. L'enfant sentit son cœur s'amollir, elle fondit en larmes et promit d'être plus raisonnable. Elle persé-

1. M. l'abbé Labouisse.
2. Décédé le 9 décembre 1901.

véra et devint une des meilleures Filles de la Miséricorde[1].

Mme Fournié était serviable pour tous, et elle se prêtait à tous les besoins avec tant de simplicité et de grâce que le service rendu en acquérait un nouveau prix. Elle donnait l'hospitalité dans son couvent avec une générosité si franche, que les religieuses de tout ordre de passage dans la ville, pendant plusieurs années, descendirent toujours chez elle, de préférence à tous les autres couvents.

Pauline, sa cuisinière, dont elle avait pourtant besoin à l'établissement, où le personnel n'était jamais trop nombreux, était la moitié du temps en ville, pour rendre service à celui-ci ou à celui-là, au séminaire, à l'Évêché, dans les familles de Folmont, Fournié, Castelli et plusieurs autres, restant ainsi dehors des semaines et des mois entiers, pour aider les servantes ou faire des intérims pendant leurs maladies ou leurs absences[2]. Mme Fournié préférait toujours, comme elle a souvent l'occasion de l'écrire dans ses lettres, le plaisir des autres à son plaisir et même à son intérêt.

Elle était bonne surtout avec les plus mauvaises de ses Filles. Elle redoublait d'attention et de soins ingénieux pour les retenir; elle les caressait comme la meilleure des mères, les embrassait avec tendresse, pour mieux leur faire accepter ses remontrances; et quand elles voulaient sortir absolument, elle ne manquait jamais de leur dire, en leur faisant son dernier

---

1. Mme Émile Dufour, née Agar.
2. Témoignage de Pauline elle-même.

adieu : « Souvenez-vous que vous trouverez toujours la porte et le cœur ouverts chez Mme Fournié[1]. »

Quand on lui manquait de respect, si c'était devant les Filles et qu'elle dût, pour l'exemple, affirmer son autorité, elle restait très calme et donnait à la coupable une leçon en termes graves, et elle exigeait des excuses ou elle infligeait une pénitence ; si c'était au dehors ou en particulier, et que la répression lui parût inutile, elle avait l'air de ne pas entendre, elle continuait de faire ce qu'elle avait commencé, ni plus vite ni plus lentement, et elle renouvelait ses avis, quand il y avait lieu de les renouveler, avec une force d'âme admirable. C'est ainsi qu'elle ne cessa pas d'aller elle-même chercher l'ouvrage à la caserne, quoiqu'il y eût dans ces parages des ouvriers qui l'accusaient publiquement d'affamer la ville.

Un domestique du grand séminaire, nommé Bonnet, lui commanda des chemises. Quand elle les lui apporta, il ne les trouva pas de son goût ; elle lui proposa de les reprendre et de les modifier d'après ses indications ; mais il ne voulut rien entendre et s'oublia jusqu'à les lui jeter à la figure. Elle les ramassa sans dire un mot de plus et rentra chez elle. Or Jean Alaniou, autre domestique, témoin indigné de cette scène, la raconta à M. l'économe, alors M. de Soulages. Celui-ci appela chez lui le coupable, lui reprocha sa grossièreté, lui régla le compte et lui donna congé. Mme Fournié eut de la tristesse en apprenant ce résultat. Elle s'offrit à Bonnet comme médiatrice et, malgré lui,

1. Demoiselle Saint-Vincent, d'après Prudence.

elle alla prier M. de Soulages de le reprendre : « Impossible, Madame, lui fut-il répondu ; je ne puis pas permettre que mes domestiques vous manquent de respect. »

Aucun travail pour elle n'était bas ni humiliant, et, pour donner l'exemple, elle s'occupait à tout et prenait toujours pour elle le plus pénible et le plus rebutant. Elle n'assistait pas à la récréation de cinq heures. Toujours oublieuse d'elle-même, elle était occupée aux mille soins de l'administration ou avec les Filles. Derrière elles au jardin, elle ramassait les pierres ou les herbes arrachées ; à l'atelier, elle visitait le dépôt des bas de toutes ses pensionnaires, les mettait par catégories, plaçait à l'écart ceux qui demandaient de sérieuses réparations, et elle rapiéçait elle-même les autres, assise à part. Quand elle était malade et qu'elle gardait le lit, elle ne pouvait pas supporter l'inaction ; elle se faisait présenter les bas et les mouchoirs des Filles, les visitait et ordonnait sur-le-champ les réparations nécessaires, pour motif d'ordre et d'économie. Longtemps elle s'occupa de la cuisine elle-même, se rendant compte des moindres détails de la dépense et des procédés économiques. Tous les mercredis, elle allait aux ateliers faire ses observations ou donner des encouragements, et tous les matins elle mettait ses réponses sur les registres des Surveillantes pour la reddition des comptes.

Avant qu'on eût un lavoir dans la maison, elle accompagnait les Filles quand elles allaient laver à la rivière ; elle lavait elle-même avec elles, et elle se réservait le linge le plus dégoûtant. Comme les Filles se récriaient, elle leur reprochait leur mignardise; elle ouvrait bravement devant elles les mouchoirs les plus chargés et autres linges rebutants, et elle se mettait à laver devant elles, leur donnant le double exemple du travail opiniâtre et de la mortification de la nature. Une Fille qui voulut l'imiter en ce genre de travail, nouveau pour elle, ne put y tenir et tomba en pâmoison.

Elle avait volontiers le reproche à la bouche, mais le reproche qui stimule et ne blesse personne, qui réveille l'esprit et chasse la tristesse : « Voyons! toujours du désordre!... Cette chaise est-elle à sa place? Et ce linge qui traîne? — Vous parlez sans nécessité! — Et ce tas de paille, vous la laissez perdre : ramassez-la et mettez-la à l'abri, elle pourra servir.

Quand le temps était venu de vider les basses fosses, elle faisait appel aux plus intrépides, et elle ne les quittait pas un instant, voulant soutenir leur courage par sa présence et ses bonnes paroles. On l'a vue rester ainsi jusqu'à cinq, six et sept nuits de suite, ne voulant pas céder à la fatigue, tant que durait ce travail pénible et rebutant.

Elle était dure pour son corps qu'elle maîtrisait, et pour sa bouche qu'elle condamnait souvent à la plus mauvaise nourriture. Un jour, la cuisinière, croyant ramasser des racines comestibles, du salsifis, prépara par erreur des racines on ne sait de quelle plante, que les Filles, malgré leur bonne volonté, ne purent pas avaler. « Que vous êtes délicates! » dit la Bonne Mère selon son habitude en pareil cas; et elle se mit à mâcher ces racines, pour leur donner l'exemple; mais ce fut en vain : elles étaient si dures et si filandreuses, qu'elle dut, à son grand regret, renoncer à son entreprise et s'avouer vaincue.

A table, elle était moins occupée de manger que de s'assurer que tout le monde était convenablement servi et que tout le monde mangeait bien, et elle faisait volontiers part de tout ce qu'elle avait à sa table capable d'exciter l'appétit de celles qui en avaient moins. Pour elle, elle mangeait les fruits mauvais ou gâtés comme ceux qui étaient sains et bien mûrs ; et un jour qu'elle était pressée et que rien ne lui tomba sous la main, pour déjeuner, à la cuisine, qu'une pomme de terre crue, elle la mangea tout simplement, et elle alla à son ouvrage[1].

En fondant la Miséricorde, Mᵐᵉ Fournié eut un double but : « faire une œuvre bonne en elle-même pour le salut des âmes et la gloire de Dieu, d'abord ; ensuite, faire une œuvre expiatoire, pour effacer mes péchés et ceux d'*un autre moi-même,* » dit-elle dans une de ses lettres ; ou encore, sauver les jeunes filles en réparation du tort qu'elle et son mari ont pu faire à leurs aînées par leurs mauvais exemples. Sous ces termes voilés, on saisit facilement la pensée qui l'obsède. M. Agar, notaire, a affirmé que sa tante, déjà Supérieure de la Miséricorde, avait dit de la manière la plus catégorique à sa mère ou à sa sœur, Mᵐᵉ E. Dufour, sinon aux deux à la fois, qu'elle *savait d'une façon certaine* qu'elle n'avait pas à se préoccuper du sort de son mari.

D'ailleurs elle avait, assurent plusieurs de ses Filles,

1. Révélations de Prudence.

le don de prophétie. Elle avait annoncé à Sidonie qu'elle finirait mal. La malheureuse se précipita dans l'eau et y mourut. Victoire sortit de la maison, vécut quelque temps au dehors et puis rentra. Elle ne se lassait pas de dire que Mme Fournié lui avait prédit tout ce qui devait lui arriver, et que tout lui était arrivé comme il lui avait été prédit.

Mère Marie-Thérèse a donné à sa communauté un air de famille qu'on ne trouve pas au même degré dans les maisons similaires. Ces bons rapports entre religieuses, à cœur ouvert, sans arrière-pensée, allaient à sa nature droite et lui étaient un repos de ses labeurs. Mlle de Lamourous, la première, avait dit à ses demoiselles : « Ne vous arrêtez pas à ces mille riens de la vie, qui pourraient désunir des cœurs étroits ; je vous en prie, mes enfants, ne soyez pas petites : servez Dieu en hommes, et non en femmes. » Mme Fournié, elle, ne fut jamais petite ; étant une âme belle et grande de son fonds, elle ne s'arrêta jamais aux minuties ou aux scrupules. La Règle veut, dans les couvents, qu'on ne s'approche pas du tribunal de la Pénitence sans une sérieuse préparation, et la piété et la convenance le demandent même hors des couvents : on la vit, un jour qu'elle était surchargée d'occupations, n'ayant pas pu s'échapper un instant, entrer, quand son tour fut venu, au confessionnal de M. Sénizergues, sans la moindre préparation immédiate, aimant la Règle, mais plus grande que la Règle et sachant passer par-dessus la Règle au besoin[1].

« Son infatigable activité et la virilité de son carac-

_____
1. Témoignage de Mlle Anna.

tère, surtout sa grande confiance en Dieu, lui firent surmonter tous les obstacles. Elle y fut aidée par la considération et l'estime publique, que lui avaient acquises sa haute intelligence, ses manières distinguées et la noblesse de son caractère. Elle était déjà recommandée au respect et à l'admiration de ses concitoyens par les épreuves de sa vie privée, son aptitude à toutes les plus importantes affaires et par les grands services qu'on n'implorait jamais en vain de son généreux et toujours efficace dévouement[1] ».

Ce jugement est celui d'un homme du monde qui voit toutes choses avec les yeux du monde. Pour nous, la Mère Marie-Thérèse a réussi à fonder une œuvre difficile et qui sera durable, parce qu'elle a été appelée providentiellement à faire cette fondation et qu'elle avait reçu de Dieu expressément pour cela des qualités naturelles et des qualités surnaturelles, qu'il donne à qui il lui plaît et dans la mesure qu'il lui plaît. M. Touvre avait dit à la Mère Hélène, Fondatrice du couvent du Calvaire, à Gramat : « Les Fondatrices d'ordre doivent être des saintes. » Rien n'est plus vrai. Elles doivent être des saintes, c'est-à-dire des âmes douées de plus parfaites vertus que le vulgaire, des âmes qui sont des instruments dociles dans les mains de Dieu et qui n'agissent qu'avec Dieu, et par Dieu, et pour Dieu. *Nisi Dominus ædificaverit domum, in vanum laboraverunt qui ædificant eam.* C'est en vain que l'homme travaillerait à faire quelque chose d'utile et de durable, si Dieu n'y travaillait avec lui et par lui.

1. M. Dulac de Lacapelle-Cabanac.

Dieu donc, dans sa bonté, voulait une Miséricorde à Cahors, pour servir de bercail aux brebis égarées, qui recherchent le troupeau et le pasteur, et aussi pour édifier le monde par le spectacle des vertus surhumaines des gardiennes du bercail et des merveilleux résultats qu'elles obtiennent dans ce milieu difficile. Il voulait la Miséricorde, et pour l'établir il a formé d'abord les instruments qu'il voulait employer à cet établissement, Mme Fournié, devenue la Mère Marie-Thérèse, et ses aides. Voilà le secret des merveilleux résultats obtenus par Mme Fournié. L'Église seule peut définir et proclamer la sainteté de ses enfants, et il n'est permis à personne de prévenir ses jugements ; mais en ne donnant à ce mot que la valeur qu'il a dans le langage des hommes et dans la bouche de M. Touvre, Mme Fournié fut une sainte, comme doivent l'être les Fondatrices d'ordre, et un instrument docile dans les mains de Dieu : c'est pourquoi elle a réussi à fonder son œuvre et à lui assurer une existence durable.

C'est sa foi, sa confiance en Dieu, sa charité, son détachement des biens de ce monde, l'oubli d'elle-même, son esprit de sacrifice et de dévouement, son humilité, sa pureté sans tache, sa résignation dans les souffrances, morales surtout, sa patience parfaite, toutes vertus qui ne peuvent se trouver réunies dans une âme que par l'effet de grâces de choix, c'est par toutes ces vertus qu'elle est apparue à son siècle, le front entouré d'une auréole qui lui attirait l'admiration et le respect ; c'est par le spectacle et l'influence de ces mêmes vertus qu'elle a exercé sur les âmes de ses Filles une telle puissance que, les prenant dans la boue, sans jamais employer l'autorité, mais seulement l'attrait du bien, elle en faisait des anges de dévouement, de travail et de vertu.

« Je ne suis, dit-elle dans une de ses lettres, que le manche du balai destiné à ramasser les ordures des rues ; n'ai-je pas à craindre que, lorsque les ordures auront été rangées en bon lieu, le balai usé et inutile ne soit jeté au feu ? » Ainsi saint Paul redoutait, après avoir sauvé les autres, d'être lui-même réprouvé : *Ne cum aliis prædicaverim, ipse reprobus efficiar.* « Non! pourtant, ajoutait-elle, j'aime Dieu et j'ai confiance en sa miséricordieuse bonté. Je sais bien que par moi-même je ne puis rien, je ne suis rien ; mais si Marie-Thérèse n'est rien et ne peut rien, Dieu est tout et peut tout : que son saint nom soit béni ! »

CHAPITRE XI

Quand la justice avait à se plaindre des filles légères, il y a un ou deux siècles, elle les mettait à la maison de force. Il fallait y aller bon gré, mal gré, et y rester de même. Ce n'est pas autrement, de nos jours, que celles de la capitale vont au *couvent* de Saint-Lazare et qu'elles y restent. A la Miséricorde, au contraire, entre qui veut, reste qui veut et sort qui veut. Mlle de Lamourous acceptait avec plaisir les filles à elle adressées par la préfecture ou par la mairie de Bordeaux, mais à la condition expresse qu'elles auraient consenti librement à entrer dans sa maison ; qu'elles n'y seraient pas conduites malgré elles ; qu'elles auraient le droit d'en sortir si elles ne voulaient plus rester. Elle tenait si fort à ce système de liberté, que, de crainte de le voir entamé ou compromis, quelque besoin qu'elle eût de ressources nouvelles pour l'entretien ou pour l'agrandissement de sa maison, elle refusa constamment les offres de subventions municipales ou départementales, faites par la mairie ou par la préfecture.

Sans détruire ce fondement de liberté, il serait possible d'en atténuer les conséquences pratiques, en exigeant de celles qui entrent un engagement temporaire pour un mois, six mois, un an ou davantage. Ces précautions sont prises par certains établissements de même genre. Mais à Bordeaux, comme à Cahors, on veut la liberté complète de tous les instants, et on n'admet pas d'exception. On n'entend pas non plus recevoir des Filles les moindres conditions. En 1870, deux pénitentes, sœurs, étaient sorties pour rentrer dans leur famille. Deux ans après, l'une d'elles voulut revenir à la Miséricorde, et, avant de se mettre en route, elle écrivit à la Supérieure, posant certaines conditions. Mme Fournié, âgée de plus de quatre-vingts ans, devenue moins sévère pour l'observation de la Règle que dans les premiers temps, resta cependant inflexible et fit répondre :

« Puisque votre sœur n'a pas l'intention de rentrer ici, n'insistez pas pour qu'elle soit admise à faire la retraite avec nos Filles ; sa présence pourrait être nuisible parmi elles, vous le comprenez très bien. Quant à vous, ma fille, voyez ce que vous voulez faire ; réfléchissez bien, mais pas tant de considérations humaines : demandez-vous seulement ce que vous voudriez avoir fait quand il vous faudra paraître devant Dieu. Vous savez bien que vous serez accueillie à bras ouverts, mais dans les bras d'une mère qui ne peut pas recevoir des conditions de la part de ses enfants, et je m'étonne que vous ayez eu la pensée de nous en poser. Je vous excuse, mais n'insistez pas; venez sans autre intention que d'être docile à notre direction; nous n'aurons, nous, d'autre préoccupation que de travailler à vos vrais intérêts, au salut de votre âme. »

Quand les Filles demandent à quitter la maison, on les prie seulement de ne pas exiger que ce soit sur l'heure; on leur propose un délai d'un ou de plusieurs jours, qu'elles accordent sans peine. Pendant ce temps, on leur montre les conséquences de la démarche qu'elles vont faire, on leur fait comprendre où est leur véritable intérêt, on leur tient le langage que tiendrait une mère à un enfant qui serait sur le point de prendre une décision déplorable. Souvent elles sont sensibles à ces procédés et elles renoncent à leur projet de bonne grâce. Si elles persistent, on les laisse sortir et on leur dit toujours : « N'oubliez pas que s'il vous plaît de revenir ici, vous trouverez toujours la porte ouverte et un cœur de mère pour vous recevoir. »

La force morale qui les retient, les transforme et les fixe, c'est la foi chrétienne, les exemples donnés par Notre-Seigneur Jésus-Christ et les Saints et par les pieuses Directrices de la maison, l'émulation, l'espérance des récompenses futures et la crainte des châtiments divins. La foi est souvent bien obscurcie, et on ne gagnerait rien à leur parler des vérités chrétiennes ou surnaturelles, en commençant. Elles doivent, en entrant, prendre place dans les cadres, emboîter le pas des anciennes pour les exercices journaliers, se lever à l'heure réglementaire, aller aux diverses salles au son de la cloche, travailler à l'atelier, se distraire à la récréation, manger au réfectoire, assister aux prières et aux offices; mais tout cela est extérieur, comme mécanique; on ne leur demande pas des actes personnels de religion ou de piété; on ne les admet même pas à la communion. Ce ne sera que plus tard, quand elles seront bien instruites des usages de la maison, bien habituées au règlement, qu'elles seront préparées, si elles le veulent, à la première communion dans la maison et qu'elles y seront admises par groupes, si elles s'en montrent dignes par leur bonne conduite, leur bonne volonté, le désir d'obtenir cette faveur, et leurs sentiments religieux.

La première communion des Filles dans la maison, qu'il ne faut pas confondre avec la première communion du jeune âge, est faite avec solennité. On leur donne des robes blanches, ce jour-là, et la blancheur de la robe est le symbole de la vie nouvelle, pure et sans tache, dans laquelle elles entrent. On leur laisse cependant la coiffe, le mouchoir de cou et le tablier noirs, parce qu'elles n'ont pas l'innocence conservée, mais bien l'innocence reconquise.

Ramener à ces nobles sentiments des cœurs souvent dégénérés, flétris, aigris, ou blessés et habitués au mépris de tout ce qui rappelle le devoir, n'est pas chose facile. Comment rendre la délicatesse de la sensibilité, la chaleur et la vie à des *Filles de marbre?* L'expérience a appris aux Directrices qu'il convient de gagner d'abord le cœur par des moyens humains. Quand le cœur est gagné, les oreilles s'ouvrent, la confiance s'accentue, le respect vient ensuite, et enfin l'affection. Quand on en est arrivé là, on peut tout dire à ces braves Filles, elles écoutent, leur esprit devient attentif et

comprend les raisonnements qui fussent restés lettre
close s'ils ne fussent entrés par la porte du cœur.
Pour avoir la confiance de leurs Filles, ainsi le veut la
Règle, les Directrices doivent leur montrer une affection vraie et sincère; et si elles ne l'éprouvaient pas,
c'est qu'elles n'auraient pas les qualités de leur état,
les conditions de leur vocation. Cette affection doit
être maternelle, dévouée, et non égoïste, ne voulant
que le bien des Filles et le voulant passionnément, jusqu'à tout souffrir et tout supporter pour l'obtenir.

« Nous n'employons pour gagner le cœur de nos Filles que des moyens de douceur, écrit Mlle de Lamourous à Mme de Forbin, qui se proposait de fonder un
refuge à Avignon et lui avait demandé des conseils;
nous leur exprimons des sentiments de compassion,
qui leur font sentir le grand intérêt qu'elles ont de
profiter des grâces qui leur sont offertes, soit pour
leurs âmes, soit pour leurs corps. Nous avons rare-
ment recours au ton de la sévérité, et, si nous y sommes forcées, les représentations, quoique vives, suivant la nécessité, sont toujours courtes : la bonté, la
patience, la douceur, sont les armes qui nous servent à
vaincre leur résistance. En général, elles sont sensibles, elles s'attachent à qui se dévoue pour leur salut; elles commencent par nous aimer, et bientôt après
elles nous croient.

« Le plus dur châtiment que nous puissions leur imposer, c'est de garder le silence avec elles, pour leur
montrer la peine qu'elles nous causent. Il ne faut pas
en abuser, pour ne pas aigrir ces cœurs malades et leur
permettre de douter de nos sentiments. A ce silence

elles préféreraient dix jours au pain et à l'eau, nous ont-elles dit parfois.

« On ne les renvoie, quelque défectueuses qu'elles soient, que lorsqu'on a inutilement employé tous les moyens pour les empêcher de nuire à leurs compagnes. Quand elles ont passé un certain temps dans les maisons, il nous est plus facile d'aller à leurs âmes. Les vérités de la foi qu'on leur propose, la douceur des Directrices, qui ne veulent que leur bien, et surtout le secours de la grâce, les aident puissamment à combattre leurs défauts. Il nous faut de la patience et du temps, mais peu à peu elles deviennent excellentes.

« A l'affection vraie et maternelle, la Supérieure et les Directrices ajoutent une parfaite impartialité envers toutes les Filles qui leur sont confiées, les traitant toutes avec égalité dans les paroles qu'elles leur adressent, les encouragements ou les remontrances qu'elles leur donnent, les pénitences qu'elles doivent leur infliger, selon la Règle, dans le cas d'un manquement indéniable. A l'impartialité elles ajoutent encore une franchise et une loyauté qu'on ne puisse jamais trouver en défaut, tout se faisant ouvertement, sans ruse ni surprise d'aucune sorte.

« C'est par ces moyens que les Directrices acquièrent l'autorité morale qui leur permet de ramener les Filles au sentiment de l'honneur et du devoir. Bientôt admises à la communion, elles s'affermissent peu à peu à toutes les habitudes d'une vie honnête, laborieuse et réglée, comme si elles n'avaient fait aucun écart. Arrivées à ce degré de relèvement, quelques-unes sortent parfois et deviennent d'honnêtes ouvrières, d'honnêtes servantes, d'honnêtes mères de famille. La plupart préfèrent rester dans le couvent jusqu'à la fin de leur vie et deviennent des Filles de confiance, des Surveillantes, pour aider les dernières venues à suivre le chemin qu'elles ont, elles, déjà parcouru. Aux plus anciennes on assigne à chacune une enfant à soigner, à former, à élever, comme si elles étaient leurs propres mères. »

Quant au temporel, c'est l'abandon à la Providence et la confiance : tout est là. On n'a pas de rentes et on ne veut pas en avoir, à la Miséricorde. Mlle de Lamourous croyait que la pauvreté était une condition de réussite pour l'œuvre qu'elle avait entreprise. Les Filles, sachant que la maison est pauvre et qu'elles n'ont d'autres ressources pour vivre que leur travail et l'aumône des fidèles, sont plus laborieuses, plus humbles, plus obéissantes, plus respectueuses envers les Directrices ou la Supérieure, qui mendient pour elles l'ouvrage et le pain. Mme Fournié était du même avis. Avant d'avoir fondé la Miséricorde, elle était à la recherche des pauvres, elle quêtait et mendiait pour venir à leur aide; après la fondation de la Miséricorde, chargée de dettes, elle donnait encore; et comme un jour on lui faisait remarquer que l'établissement était pour elle une grosse charge et qu'elle devrait prudemment mettre fin à toutes ses charités du dehors : « Eh ! non, dit-elle, ce que je donne ainsi, la Providence me le rend avec usure; j'ai donné ce matin quelques bagatelles : tenez, on vient de m'apporter ceci, et ceci encore : je suis en gain. Il est très juste de dire, en fait d'aumônes, que ce qui sort par la porte rentre par la fenêtre. »

Elle s'était fait une loi de ne jamais refuser une fille coupable et repentante qui frappait à sa porte, même quand le pain était hors de prix et que la maison était dans la plus grande détresse. Il s'en serait présenté vingt, que vingt elle en eût reçues le même jour, à moins qu'il n'y eût plus de place pour les mettre. « Que pensez-vous, lui disait-on, et comment nourrirez-vous tant de bouches? — La Providence y pourvoira, » était sa réponse habituelle; et la Providence y pourvoyait.

Elle acceptait les secours qu'on lui offrait, elle les sollicitait quelquefois, mais elle les considérait comme des moyens de pourvoir au besoin du jour, et elle les dépensait sans faire des réserves pour des temps plus durs : à chaque jour suffit son mal.

C'est à ce même titre de secours éventuels qu'elle acceptait, avec reconnaissance, les allocations annuelles de quatre ou cinq mille francs que M. Alphonse Agar et M. Émile Dufour lui avaient fait obtenir du Conseil général, sur les fonds du département, et qu'elle toucha pendant plusieurs années.

Quand les secours n'arrivaient pas d'eux-mêmes, il fallait bien aller les provoquer. Elle se montra au commencement assez timide, et elle sortait de préférence sur le soir ou à l'entrée de la nuit; mais, une fois partie et les démarches commencées, elle allait hardiment, gardant pour elle les déboires et les échecs, et recommençant le lendemain. Elle ne cherchait pas de consolations, elle ne redoutait pas les humiliations et elle ne se laissait pas abattre, trouvant dans sa foi et son amour pour Dieu une force et une énergie qui faisaient face à toutes les difficultés. Heureux les Supérieurs à qui Dieu a donné cette vigueur de caractère. C'est elle qui fait réussir.

Après les dernières réparations faites à la maison Ducros (1841), elle alla, avec Mlle Anna, trouver Mgr d'Hautpoul pour lui exposer son état de détresse et lui demander un secours. Monseigneur la reçut assez mal. « Cette détresse, lui dit-il, sera nécessairement l'état habituel de votre établissement, car vous l'avez entrepris sans ressources suffisantes. Sans doute, j'ai des fonds applicables à des bonnes œuvres; mais je redoute de vous les livrer, attendu que votre maison n'offre aucune garantie de durée et semble, au contraire, devoir être compromise à tout moment. » Mme Fournié répondit avec calme et dignité : « Mon œuvre compte essentiellement sur la Providence, et j'ai la ferme confiance que la Providence pourvoira à tous les besoins et à toutes les difficultés. Si Votre Grandeur pouvait m'aider, je verrais en elle l'instrument de la Providence; si elle ne le peut pas, je garde la confiance que la même Providence, pour venir à mon aide, se servira d'autres personnes, tantôt de l'une, tantôt de l'autre, et qu'elle ne m'abandonnera pas. » Elle se leva et salua. A quelque temps de là, M. Sénizergues porta trois mille francs à la Miséricorde de la part de Mgr d'Hautpoul, et en annonça trois mille autres pour la fin de l'année.

En sortant de l'Évêché, elles allèrent à la brune chez M. de Lauriston, receveur général. Après avoir exposé la situation de sa maison, Mme Fournié ajouta : « J'aurais besoin de douze cents francs. — Je ne les ai pas, répondit M. de Lauriston, mais je vais vous signer pour aval un billet à ordre, que vous réaliserez facilement, en le passant à M. Pagès, votre beau-frère, par exemple, ou à quelque autre. » L'échéance étant arrivée, elle revint à la recette générale ; ses finances n'étaient guère plus prospères... M. de Lauriston s'assit à son bureau et prit la plume ; il inscrivit cette note sur son livre journal : « Billet à retirer de la circulation : douze cents francs. » Et il pria Mme Fournié de ne plus se préoccuper de cette affaire, et même de ne plus s'en souvenir.

« La Providence est bonne, » disait Mlle Anna en rentrant au couvent.

Tel est l'esprit de la Miséricorde, esprit de liberté et de charité. C'est une famille de laquelle les membres ne se séparent pas, parce qu'ils l'aiment et qu'ils se trouvent bien dans son sein.

Le vrai père de cette famille est au ciel, c'est Dieu lui-même. Pas la moindre préoccupation, parmi les enfants, pour le lendemain ; le chef de la famille est bon et fidèle autant que riche et puissant, et on a confiance en lui, et cette confiance ne trompe pas.

« Je vous ai envoyés, disait Notre-Seigneur à ses Apôtres, à travers la Judée et la Galilée, sans la moindre ressource : quelque chose vous a-t-il manqué ? — Rien, » répondirent-ils. Il ajouta : « Vous irez ainsi à travers le monde, sans rien emporter avec vous. Votre Père céleste, qui donne la nourriture aux plus petits des oiseaux, vous donnera le nécessaire. Cherchez la gloire de Dieu et sa justice, et le reste vous sera donné par surcroît. »

C'est le plus grand des miracles qu'il y ait sur la terre tant d'êtres vivants, et qu'aucun ne meure de faim, pas même ceux qui ne sèment ni ne moissonnent, miracle qui ne nous frappe point parce qu'il est habituel et permanent. Il plaît parfois à Dieu de faire aussi des miracles extraordinaires et frappants pour encourager ses serviteurs ou ranimer leur confiance. Un grand nombre de faits vraiment merveilleux se lisent dans l'histoire de la Miséricorde de Bordeaux ; on en trouve également dans les commencements de la Miséricorde de Cahors, mais, par discrétion, on ne s'en faisait pas gloire, et la plupart sont restés dans l'oubli.

Augustina, dit Choisie-de-Marie, boulangère de la maison, fait deux fournées de pain l'une après l'autre, quand elle chauffe le four, pour économiser le bois. Il lui arriva un jour de n'avoir pas de farine pour la seconde fournée. Elle alla tout naturellement avertir la Bonne Mère, qui n'avait pas d'argent non plus, de son côté, pour en acheter. Augustina était fort inquiète et, d'un air malheureux, se lamentait de cette pénurie. Mme Fournié lui dit : « Vous avez donc peur de manquer de pain ? Au lieu de mettre toute votre farine la première fois, n'en mettez qu'une partie et ajoutez une plus grande quantité d'eau : vous aurez du pain tout de même. Augustina obéit, et, à son grand étonnement, elle mit vingt et un pains dans le four, avec peu de farine, à la seconde fournée tout comme à la première, et le pain ne différa en rien.

Un autre jour, la farine manqua également. « Allez, dit Mme Fournié à Augustina, balayer votre moulin. — Ah ! mais, répondit Augustina, je sais bien qu'il n'y a rien ; je viens de le constater. — Allez toujours. » Elle y alla, et elle le trouva à moitié plein.

Après avoir scruté d'un coup d'œil prolongé l'esprit général de la Miséricorde, suivons les Filles dans les divers exercices de la journée, et donnons ensuite la parole aux anciennes, dont le bavardage ne manque pas d'intérêt.

Le lever des Pénitentes est fixé à six heures l'hiver, à cinq heures et demie l'été. Les Directrices sont sur pied trois quarts d'heure avant l'heure fixée pour le lever de la communauté. Elles font leur toilette rapidement, et puis leur lit et la chambre. Il y en a toujours deux désignées, à tour de rôle, pour aller réveiller les Filles dans leurs dortoirs : celles-là sont dispensées de faire leur lit, leurs compagnes le feront pour elles. Elles vont aux portes des dortoirs faire l'appel. Dès qu'elles ont parlé, la première Surveillante ou celle qui est désignée entonne l'*Angelus*, dont nos Directrices récitent l'oraison à la porte, tout en exerçant pendant la première demi-heure de la journée la surveillance de la maison. Toutes les Pénitentes sautent à terre et font modestement leur toilette, et puis leur lit, sans mot dire, mais en chantant l'*Angelus*. Le premier acte de la journée est un chant en l'honneur de la bienheureuse Vierge Marie et du Sauveur des hommes.

Demi-heure après le réveil des dortoirs, les Directrices et les Surveillantes sont à leurs postes, et dans ces cadres, les Pénitentes, rangées par classes et par groupes, se rendent silencieusement à la chapelle et se placent chacune dans son banc, selon l'ordre et au lieu assigné d'avance. Chaque classe a sa série de bancs, et chaque banc a son nom, selon le rang qu'il occupe.

Le premier est le banc de Jésus, le second le banc de Marie, etc.; le dernier, le banc de l'infirmerie. Les deux Directrices qui ont fait l'appel veillent encore à l'entrée en bon ordre de toutes les classes à la chapelle.

La Directrice de semaine fait la prière à haute voix, et puis la lecture de la méditation du jour, où se trouvent, à la fin, une ou deux résolutions qu'elle lit avant les invocations d'usage. L'exercice dure une demi-heure.

La communauté sort de la chapelle, en ordre comme elle est entrée, et se divise en groupes et par classes dans la direction des divers réfectoires. Les Filles se mettent en ligne aux lieux indiqués pour recevoir, les unes le pain, celles qui se portent bien; les autres, selon qu'il a été réglé par la Bonne Mère, la soupe, le lait, etc.

Un quart d'heure après, on revient à la chapelle, toujours dans le même ordre, pour y entendre la sainte messe. La messe, toutefois, peut être dite avant la prière ou immédiatement après. Dans ce cas, le déjeuner a lieu après la messe, et les Filles se mettent à l'ouvrage de suite après le déjeuner.

Les Directrices qui ont surveillé le déjeuner veillent à la rentrée des ateliers, et font entonner un cantique dont elles ont le choix. Pendant ce chant, les Filles vont à leurs places, où elles trouvent leurs ouvrages disposés d'avance par une Surveillante chargée de ce soin. La Surveillante en chef commence la récitation des *Paters* aux saints Anges, et les Directrices vont déjeuner dans leur réfectoire.

Bientôt elles rentrent dans leurs ateliers et font une visite minutieuse des ouvrages exécutés la veille ou en cours d'exécution. Elles font rectifier tout ce qui est défectueux, et plier et serrer tout ce qui est terminé et sans défaut.

Les Surveillantes ont le dépôt de toutes les fournitures, aiguilles, fil, boutons, etc.; elles doivent s'assurer qu'il n'existe aucun gaspillage. Quand elles ne chantent pas, les Filles ont la liberté de parler jusqu'à neuf heures.

A neuf heures, on chante le *Veni Creator*, suivi des *Pater* du scapulaire, puis le silence est gardé jusqu'à dix heures. Les Filles pieuses profitent de ce temps pour faire leur méditation sur le sujet qu'elles préfèrent.

A dix heures a lieu le chant de l'*Ave maris stella*. Il est permis de parler ensuite jusqu'à la demie. A dix heures et demie, commence la récitation du *Credo*, suivie du *Chapelet d'actes*. Cet exercice consiste en ce que la Directrice de l'atelier dit successivement à haute voix divers actes de foi, d'espérance, etc., et les Filles les répètent chacune à son tour, posément et à intelligible voix. Il est encore permis de parler.

A onze heures un quart, lecture spirituelle sur l'Évangile médité, et, à la demie, récitation d'une leçon de catéchisme par demandes et par réponses répétées par toutes les Pénitentes.

A midi, les ouvrages sont pliés et remis à la Surveillante, qui doit les serrer dans les armoires ou placards destinés à cet usage, et on se rend en ordre à la chapelle, où a lieu l'examen particulier.

Des Pénitentes de confiance désignées pour cet office disposent tout aux réfectoires et garnissent les tables. Après un quart d'heure d'examen particulier et la récitation de l'*Angelus*, les classes quittent la chapelle dans l'ordre accoutumé et se rendent vers leurs réfectoires, répondant aux litanies de la Providence, récitées par la Directrice qui accompagne chaque atelier. Arrivée à la porte du réfectoire, la même Directrice récite le *Benedicite*, et le repas commence. Chaque Fille est assise en son lieu et reçoit ses parts sans avoir à se déplacer : de la soupe chaque jour et un plat de légumes ou de racines ; de la viande deux fois par semaine, et plus souvent si la Providence en envoie ; enfin des fruits si le jardin en donne ou si la Providence en envoie. Pendant le dîner, une Surveillante ou toute autre lit la vie du Saint du jour.

La récréation suit le dîner. Les Filles peuvent se livrer à leurs jeux ou se distraire selon leur goût, ou enfin s'occuper à des ouvrages manuels pour leur utilité personnelle.

A deux heures, la cloche annonce la rentrée des ateliers et la reprise du travail. On récite le chapelet, on chante un cantique, on garde le silence.

A trois heures, on se prosterne en souvenir de la mort de Notre-Seigneur, et la Directrice dit trois *Ave Maria* en souvenir des trois heures que la sainte Vierge passa au pied de la croix. A trois heures trois quarts, un coup de sonnette ouvre la bouche aux ouvrières et leur permet de parler.

A la même heure, les enfants âgées de moins de quinze ans, les Filles occupées à des travaux pénibles et celles dont l'estomac est débile sont admises à faire un léger goûter.

A quatre heures, la Directrice fait entonner le *Magni-*

ficat; on récite ensuite un *De profundis* pour les morts de l'Hospice, et enfin on garde le silence jusqu'à cinq heures en union avec les associés de l'Adoration perpétuelle pour la conversion des pécheurs.

A cinq heures, on récite à genoux le *Miserere mei*, l'*Amende honorable* au Sacré Cœur, un *Souvenez-vous* pour les bienfaiteurs. On se relève en chantant les litanies de la sainte Vierge; puis il est permis de parler.

A six heures a lieu la reddition des comptes, comme il a été dit; à six heures trois quarts, lecture spirituelle; à sept heures, récitation d'une leçon de catéchisme; à sept heures un quart, les ouvrages sont pliés et serrés dans leurs armoires, comme à midi; les tables sont préparées dans les réfectoires pendant que la communauté est à la chapelle pour l'examen du soir et l'*Angelus*. On se rend aux réfectoires comme à midi, en récitant les litanies de la Providence.

La cloche annonce la récréation à huit heures; à huit heures et demie a lieu la prière, et puis le départ pour les dortoirs. Des lampes les éclairent pendant toute la nuit. La Directrice chargée des appels donne de l'eau bénite à chaque Pénitente et en jette en forme de croix sur chaque lit. Elle exprime à haute voix une pensée religieuse pour occuper l'esprit jusqu'au sommeil, et elle sort, fermant la salle et emportant la clef. La première Surveillante qui reste dans le dortoir a, pour le cas de nécessité, en sa possession un passe-partout qui ouvre toutes les portes.

Les petits lits des enfants, quand il y en a, sont disséminés entre les rangs des grands lits, placés le soir et enlevés le matin et remisés dans les galetas ou ailleurs.

Les lits des Filles sont fort simples, pauvres, mais très propres. Chacun a une couverture de laine et une de coton bleu, que les Filles ne peuvent jamais supprimer, même pendant l'été. Elles doivent garder pendant la nuit un mouchoir de cou et rester silencieuses et tranquilles dans leur lit sans rideaux. Elles peuvent, pendant l'été, faire descendre leur couverture jusqu'à mi-poitrine : c'est tout l'adoucissement que la Règle leur permet.

Agathine, âgée de dix-neuf ans, avait pour père un tailleur de la ville. Elle était si indisciplinée qu'il n'était plus possible de la garder au couvent. Cent fois menacée d'être mise à la porte et cent fois graciée, elle restait incorrigible. Les Directrices prononcèrent l'exclusion. Mais, toute dissipée qu'elle fût, Agathine n'était pas sans quelques qualités ; ses compagnes l'aimaient ; elles se mirent à genoux, promirent de faire de rudes pénitences pour expier ses fautes et demandèrent grâce pour elle. M. Sénizergues survint, et, instruit de ce qui se passait, il ajouta ses instances à celles de la classe. La Bonne Mère résista longtemps, mais céda enfin. Agathine marcha bien pendant quelques jours, mais bientôt son naturel indiscipliné reprit le dessus, et elle retomba dans ses mauvaises habitudes. Il fallut la chasser encore, et la mère fut priée de venir retirer sa fille. Elle ne vint pas seule, son mari l'accompagnait, appuyé, comme un infirme, sur un bâton noueux. Agathine leur fut amenée au parloir. Dès que le père l'eut vue, il se précipita sur elle et la rompit de coups de bâton, en proférant les plus grossières injures. Agathine criait; la Bonne Mère revint sur ses pas, courut au bruit et fit à la pauvre fille un rempart de son corps. Son cœur de mère fit taire la raison; elle poussa Agathine dans la porte intérieure et se plaça sur le seuil pour faire face à ce père brutal. L'incorrigible fut encore graciée, et la leçon fut bonne; elle se corrigea et devint fort raisonnable.

Comme un soir, par une nuit obscure, la Bonne Mère ramenait ses laveuses de la rivière, un homme caché dans un recoin, près de la maison Delbreil, en saisit une par la main et cherchait à l'entraîner. « Ma Bonne Mère! ma Bonne Mère! » criait la Fille; et Mme Fournié, sans mot dire, la prenant à bras-le-corps, la jeta dans la porte du couvent et revint à l'étranger, qui avait déjà pris la fuite.

Angéline était protestante; vive et emportée, elle s'ensanglantait souvent dans des mouvements d'une brusquerie sauvage. Elle sortit, elle rentra, elle fit son abjuration, elle donna un soufflet à une Surveillante et elle la chansonna. Il fallut lui imposer de sévères pénitences, la changer de classe et finalement la menacer de l'exclusion. « Ma Mère! dit-elle à Mme Fournié, me mettre dehors, c'est me jeter vivante dans la gueule de l'enfer. » Touchée de ces paroles, la Bonne Mère lui fit encore grâce et la garda dans la maison. Alors la pauvre Fille, touchée à son tour de tant de bonté, fit des excuses devant toute la communauté, avec de tels sentiments de regret que ses compagnes se mirent toutes à pleurer. Pendant un certain temps elle fut exemplaire; mais, hélas! que terribles sont les secrets de la grâce et de la prédestination! elle ne persévéra pas, elle quitta la maison, et on n'a plus eu de ses nouvelles.

Espérie voulait absolument s'en aller. La Bonne Mère en était désolée. Il fallut pourtant fixer le jour du départ. Mais le matin de ce jour, en se réveillant, elle sentit ses pieds endoloris et gonflés. Voyant là un avertissement du Ciel, elle renonça positivement à partir, et presque aussitôt la douleur et l'enflure disparurent.

Marie, jardinière, voulait également s'en aller absolument. « Allez auparavant, lui dit la Bonne Mère, me ramasser des prunes sur tel arbre du jardin. » Cet arbre était dans le carreau des tomates, dont chaque pied était pourvu d'un fort piquet. A peine était-elle sur l'arbre, qu'il s'ouvrit en se partageant en deux, et elle tomba si heureusement entre les pieux qui pouvaient l'empaler, qu'elle n'en rencontra aucun et qu'elle n'eut aucun mal. Voyant dans ces circonstances la récompense de son obéissance, elle renonça à partir, et ne voulut plus faire que la volonté de sa Bonne Mère.

Encore une autre qui ne parlait que de partir. La Bonne Mère la regarda dans les yeux et lui dit : « Si tu avais été bien sincère dans tes confessions, tu n'en serais pas où tu es. — C'est vrai, dit-elle aussitôt : j'ai caché un faux témoignage. Elle se convertit et se maria plus tard honnêtement.

Présentation était depuis l'âge de quinze ans (et elle en avait quarante-deux) dans une maison de tolérance. S'étant brouillée avec ses maîtres, elle sortit et courut à la Miséricorde. Elle ne connaissait de la religion que le signe de la croix ; elle n'avait même pas fait la première communion. Quand elle fut restée quelque temps dans la maison, elle se sentit malade et en proie à de vraies crises de frénésie. Elle éprouvait une telle révolte d'elle-même contre elle-même, que, dans son exaltation, elle se meurtrissait jusqu'au sang. « Je veux sortir, dit-elle enfin, je n'y puis plus tenir. » La Bonne Mère la conduisit à l'autel de la Vierge; elles récitèrent le *Memorare* ensemble, et la tentation disparut.

Un autre jour, elle réussit à tromper la surveillance et elle sortit; comment? on ne saurait le dire. On la vit dans les rues de Cahors, et même dans un hôtel, avec son costume de Pénitente et sa coiffe blanche de commissionnaire du couvent. Elle se fit copieusement servir, et elle fuma le cigare comme autrefois. Elle comprit pourtant qu'elle avait tort : elle revint vers la Miséricorde et demanda à rentrer. Mme Fournié eut pitié d'elle, mais, ne pouvant la garder à Cahors après ce scandale d'indiscipline, elle l'adressa à la maison de Bordeaux. Après être restée quelque temps dans cet asile, elle en sortit et revint à Cahors. Elle rôdait autour de la Miséricorde, n'osant se présenter. Une de ses anciennes compagnes, l'ayant rencontrée, en eut pitié et avertit la Bonne Mère. Elle fut de nouveau reçue dans la maison; mais bientôt elle tomba malade, et elle mourut dans d'atroces souffrances, causées par un cancer qui lui dévorait la poitrine. Elle fut l'édification de ses compagnes; elle répétait chaque jour : « Je ne souffre pas assez pour tout le mal que j'ai fait. »

Euphrosine avait dix-neuf ans. Elle était légère autant que belle; sa conduite laissait beaucoup à désirer et chagrinait profondément la Bonne Mère. Un jour, elle se sentit touchée de la grâce, pendant un sermon de M. Sénizergues. En sortant de l'église, elle alla se jeter aux pieds de sa Supérieure et lui demanda pardon de sa conduite passée. La Bonne Mère, racontant ce trait plus tard, avouait qu'elle en avait été très touchée et très émue. Quant à Euphrosine, elle fut dès ce jour un modèle de régularité et de mortification, et elle mourut comme une vraie sainte.

Gabrielle, de Brive, dont les parents, père, mère, frères et sœurs, étaient morts en dignes radicaux impies et impénitents, se confessait à M. Derrupé et restait sombre et sournoise. Le jour de sa première communion à l'établissement, elle resta à l'écart, au lieu de se mêler à ses compagnes, et elle ne la renouvela pas. A l'église, elle était raide et frondeuse comme une incroyante. On eut beau la changer d'atelier, elle ne changeait pas de contenance, et elle aimait à répéter à qui voulait l'entendre : « Je n'ai pas la foi. » Elle attendait ses vingt et un ans. Quand elle les eut atteints, elle voulut partir. Elle s'était donné volontairement des rhumatismes en mettant ses coudes dans l'eau et en restant ensuite des journées entières dans son linge mouillé. La veille du jour où elle devait partir, elle était à l'infirmerie. On la trouva morte. Elle avait apprêté ses cheveux avec recherche, et elle avait muni ses bagages de linge et d'effets volés dans la maison. Le lendemain, elle était toute noire. La communauté vit dans ces faits un châtiment de la Providence, et pendant trois jours on fit des prières expiatoires à l'église, avec bénédiction du Saint Sacrement et Amende honorable.

Léontine ne voulait pas se confesser et disait : « Il faut

que jeunesse se passe. » Elle tomba malade et mourut sans parole et sans pouvoir se confesser. Ces deux-là sont les seules qui soient mortes sans sacrements, à la Miséricorde de Cahors, du vivant de la Fondatrice.

Vincent-de-Paul était devenue malade par le contact de ses pieds nus avec de l'eau froide, pendant l'été. Elle resta vingt-deux mois malade et guérit subitement le 8 septembre, à la suite d'une neuvaine à Notre-Dame de Rocamadour, par laquelle elle demandait de guérir ou de mourir, ou d'avoir plus de patience pour supporter sa maladie. Huit jours après, les Directrices l'accompagnèrent à Rocamadour, où elle devait aller pour accomplir un vœu fait par elle pendant sa neuvaine. Tel est le récit de Pauline; le chapitre suivant contient de plus amples détails sur ce fait merveilleux.

Hildegarde, en qui la Bonne Mère avait confiance, sortait avec elle le soir pour des courses charitables. Un soir en rentrant un peu tard, elle fut terrifiée par la vue d'un spectre qui marchait à peu de distance d'elles et semblait vouloir les effrayer. Elle se serra contre la Bonne Mère, qui lui dit : « Il ne faut jamais avoir peur, mais courir sus à l'ennemi. » Elles se détournèrent brusquement et se dirigèrent vers le fantôme. Il s'aplatit contre le mur et disparut.

Une pluie battante ayant fait déborder les ruisseaux, la Bonne Mère, accompagnée de Prudence, alla chez M. Mathieu, chanoine, et traversa, malgré les avis de la servante, un torrent infranchissable qui leur barrait le passage. Prudence était désolée et, arrivée chez M. Mathieu, elle insistait pour que sa maîtresse allât se sécher au feu. Celle-ci le croyait inutile, et, vérification faite, elle eut raison : jupes, chaussures et bas, tout était absolument sec. Prudence n'en revenait pas ; c'est elle qui a raconté ce fait.

Augustina arriva un jour tout essoufflée : « Il y a, dit-elle, le diable dans le four ; j'ai beau faire, je ne puis pas l'allumer, et puis la pâte ne veut pas lever. » Un aspersoir et de l'eau bénite suffirent à la Bonne Mère pour tout remettre dans l'ordre.

Pendant deux ou trois nuits, c'était un vacarme infernal à la cuisine ; toute la batterie s'agitait à la fois ; les chaudrons ajoutaient leur basse au tintamarre, et les portes étaient fermées à clef. Mme Fournié, entendant ce bruit d'en haut, se disait : « Les menaces souvent proférées autour de l'établissement par les rôdeurs de nuit sont enfin mises à exécution ; et elle ne crut pas prudent de descendre. Elle s'attendait à trouver, le lendemain, au jour, tout cassé, brisé ou dérobé ; mais tout était en place, et les portes étaient parfaitement closes. Pareil fait se produisit à la chapelle, et tout fut trouvé en place, sauf un tableau du chemin de la croix transporté d'un coin en un autre. « C'est le malin esprit qui veut nous dégoûter de l'œuvre, disait Mlle Anna, il n'y gagnera rien. »

Au mois d'août, Mme Fournié, passant dans le jardin, trouva un figuier arraché depuis plusieurs jours et desséché ; elle se plaignit du peu de soin qu'on avait des choses, et ordonna que le figuier fût replanté à la place qu'il occupait : il reprit à merveille.

Un reposoir avait été dressé, pour la procession de la Fête-Dieu, à l'angle nord-est des cours, pas loin du portail du grand séminaire, rue et mur de clôture entre eux. Avant l'arrivée du Saint Sacrement, on n'a jamais su comment, le feu prit au reposoir et consuma tous les riches ornements dont on l'avait paré. Or, assurèrent les Filles, il s'était passé là du désordre pendant l'époque des réparations de la maison Lacoste : on y vit un châtiment du Ciel, et la communauté jeûna au pain et à l'eau. C'est le récit de Choisie-de-Marie. On trouvera au chapitre XIII des détails plus précis.

Madalena était une petite fille qui avait une fort mauvaise mère et qui se ressentait de son éducation première. Il ne fut pas longtemps possible de la garder à la Miséricorde. Sa mère fut avertie et vint au parloir pour la prendre, fort en colère. La petite, peu rassurée, ne voulait pas partir ; elle criait et s'attachait aux jupes de la Bonne Mère et se cachait derrière elle. La mère de l'enfant leva le parapluie et parut les menacer toutes deux ; ce que voyant, la portière fit signe à des agents de ville qui stationnaient en ce moment sur la place. Ils accoururent et eurent bientôt mis à la porte la mère et l'enfant. Mais Mme Fournié regretta cette intervention de la force publique ; elle préférait régler ses affaires toute seule, et elle blâma la portière[1].

Une actrice des théâtres de Paris vint s'échouer à la Miséricorde de Cahors. La Bonne Mère la trouva si défectueuse et si pauvre de sentiment moral, qu'elle s'attacha tout particulièrement à elle pour lui faire du bien. Afin de l'habituer, comme elle était volage, elle lui envoyait sans cesse choses ou autres, et même de l'argent. Elle lui témoignait la plus grande affection

---

1. Choisie-de-Marie.

et la mettait sur ses genoux, comme si elle eût été sa
propre fille. Elle y perdit son temps : le démon se servait d'elle pour bouleverser la maison; il y eut des
scènes affreuses, elle mettait le désordre partout. Elle
fut envoyée dans un orphelinat de Toulouse, où on ne
put pas la garder.

On demanda un jour à Mᵐᵉ Fournié si elle n'avait
pas souvent le chagrin de voir ses Filles, revêches à
toute réforme de conduite et à toute formation morale, se soustraire à son action et sortir de la maison
malgré elle. Elle répondit : « Cela arrive, mais non pas
fréquemment. Nos Filles, au contraire, s'attachent à la
maison et ne veulent pas la quitter. En des moments
très pénibles j'ai dû leur dire : « Les portes sont ouver-
« tes pour toutes celles qui voudront sortir, parlez. »
Pas une ne répondait à cet appel, et elles se déclaraient
prêtes, au contraire, à supporter toutes les privations
plutôt que de sortir. « Dans sa dernière maladie, la
Bonne Mère, au souvenir de ces circonstances mémorables, répétait souvent à son interlocuteur : « Ah! Monsieur, j'ai vu dans ma maison de bien belles âmes! »

En 1848, M. Lafon, de Gramat, fut nommé à Cahors
commissaire de la République, faisant fonctions de préfet. Le bruit se répandit en ville que la Miséricorde
allait être fermée et les Filles rendues à la liberté, c'est-
à-dire jetées à la rue. Ce fut une désolation parmi
elles; elles ne voulaient pas de cette liberté, elles ne voulaient pas sortir, et le trouble était dans leurs âmes.
Mᵐᵉ Fournié se crut obligée d'aller à la Préfecture
pour savoir ce qu'il y avait de fondé dans ces bruits
sinistres. Elle exposa avec éloquence le but de son

œuvre, le bien qu'elle faisait aux pauvres Filles, et le danger et la cruauté qu'il y aurait à jeter malgré elles et sans raison aucune cent cinquante Filles à la rue et à la misère, sinon au vice et au crime. Mlle Stanislas, qui avait accompagné la Bonne Mère, était fort émue de cette plaidoirie ; M. le commissaire de la République ne le fut par moins : il se leva et dit à Mme Fournié : « Soyez tranquille, Madame, non seulement je ne ferai rien, mais tant que je serai à Cahors je ne permettrai jamais que qui que ce soit fasse rien contre vous ou contre votre établissement. » Ce furent des cris de joie et une fête indescriptible dans la maison de la Miséricorde quand la Bonne Mère, de retour, eut fait connaître cette bonne nouvelle.

Encore quelques traits qui montreront maintenant comment on meurt à la Miséricorde.

Élection, entrée le 16 janvier 1845, fut très mortifiée. Elle disait dans sa dernière maladie qu'elle était heureuse de souffrir pour abréger son purgatoire. La veille de sa mort, vers les six heures du soir, elle insista tellement pour recevoir les derniers sacrements tout de suite, que M. de Blaviel, son confesseur, les lui administra, quoique rien n'indiquât une fin prochaine. A une heure de la nuit, elle envoya chercher la Bonne Mère ; elle était plus mal : « Eh bien ! dit-elle, serait-il temps maintenant d'appeler M. de Blaviel pour m'administrer ? Il n'arriverait pas assez tôt. Vite, récitez pour moi les prières des agonisants. » Et elle mourut pendant qu'on les récitait[1].

1. Bonne Mère Marie-du-Sacré-Cœur.

Émilie, entrée le 10 août 1846, était une Fille de confiance de Mme Fournié des plus dévouées. Elle fut emportée par une congestion pulmonaire. Sentant la gravité de son mal, elle disait : « Faites-moi recevoir les derniers sacrements, sans tarder plus longtemps. Il ne m'en coûte pas plus de mourir qu'il ne me coûterait de changer de chambre. » Et elle expira dans la joie et la paix du Seigneur.

Avec le même calme vient de mourir tout récemment, le 23 février 1901, avec la même paix et sans regret de la vie, Marie-de-Septembre, entrée à la Miséricorde le 23 septembre 1846, six ans après la fondation de l'établissement.

Roserina était l'exerce-patience de tout le monde dans la maison, par son indiscipline, sa paresse, sa dissipation. Après avoir essayé de tout pour la ramener à la régularité, mais en vain, la Bonne Mère et les Directrices avaient résolu de lui ouvrir les portes, ce qui signifie, à la Miséricorde, de la jeter à la rue. Quand le moment fut venu de partir, elle voulut voir encore une fois la Bonne Mère ; elle tomba à ses genoux, demanda pardon, arrosa le plancher de larmes et dit : « Ayez pitié de moi, ma Bonne Mère, je suis perdue si je sors ; laissez-moi ici et sauvez mon âme. » Un délai lui fut donné. Elle montra de la bonne volonté ; elle tomba malade, et mourut à vingt et un ans, dans des sentiments de foi et de résignation admirables.

Une autre à peu près de même âge, mauvaise tête, se voyant malade, se mit à dire : « Le bon Dieu fait bien ce qu'il fait ; je le remercie de me prendre. S'il m'avait laissé la santé, je serais sortie et me serais damnée.

Il fait bon mourir ici : que le saint nom de Dieu soit béni ! »

Nous pourrions multiplier ces traits : les morts les plus édifiantes sont fréquentes à la Miséricorde, et il n'est nullement rare de voir des étourdies, tentées de sortir, se fixer dans la maison pour bien mourir, après avoir vu la fin édifiante de leurs compagnes, la générosité du sacrifice de leur vie et la joie de leurs derniers moments.

M. le chanoine Delmas, qui mettait de l'esprit dans toutes ses paroles, frappé des merveilles qu'il entendait raconter de la manière dont ces braves Filles quittent la vie, s'écria un jour plaisamment : « On meurt si bien chez vous, Bonne Mère, que lorsque je me sentirai malade à mourir, je veux qu'on me porte derrière les murs de votre clôture[1]. »

Oui, vraiment, on a vu et on voit toujours de belles âmes dans la maison de Mme Fournié !

Est-ce donc que nous aurions pris la plume pour faire le panégyrique des âmes perdues? Non, mais bien le panégyrique des âmes retrouvées. Les littérateurs du siècle qui vient d'expirer ont plus d'une fois tenté de réhabiliter le crime ou le vice. Ils ont eu tort, et leur tentative a été un scandale aux yeux des honnêtes gens. Valjean, le *Misérable,* accuserait avec raison la société de ses propres crimes et garderait pour lui l'auréole de l'innocence? Certaine *dame,* qui cultivait les *camélias,* pourrait prétendre avoir conservé l'honneur et le droit à l'estime? et le mot qui sort de toutes

____

1. Bonne Mère Marie-du-Sacré-Cœur.

les bouches au dernier soupir de la *Dévoyée* : « *C'était
une sainte*, » serait justifié ! Non ! non ! non ! Pour avoir
la probité, l'honneur, la sainteté surtout et le droit à
l'estime, il ne suffit pas de laisser apparaître quelque
droiture, quelques bonnes intentions, quelques qualités aimables, un cœur compatissant ; il faut, de plus,
n'avoir pas son âme souillée de crimes ou de vices dé-
gradants. On ne doit l'éloge et l'estime qu'à celui qui
s'est tenu à l'abri du mal ou qui, s'il en a subi les
atteintes, a su s'en affranchir et se relever par l'expia-
tion et peut servir de modèle à ses semblables pour le
bien dont il donne le spectacle.

Le plus grand coupable peut être loué, mais quand
il a réparé sa faute par le repentir et la pénitence. A
droite et à gauche de la Croix du Sauveur des hommes, au haut du Calvaire, deux larrons, deux scélérats,
sont cloués sur leur gibet. L'un des deux reste mépri-
sable, parce qu'il n'a pas désavoué son crime ; il meurt
et est englouti dans l'enfer. L'autre reconnaît ses torts
et demande pardon : il se relève, il mérite l'estime, et
il entend ces paroles de la bouche même du Sauveur :
« Ce soir tu seras avec moi dans le paradis. »

Deux femmes sont au pied de la même Croix ; ainsi
l'a voulu la sagesse divine : c'est l'innocence conservée
et l'innocence retrouvée. Quand le divin Maître, sorti
glorieux du tombeau, voulut se manifester aux hommes, il apparut à sa Mère, sans doute, mais l'Évangile
ne le dit pas. La première apparition relatée par l'É-
vangile est pour la pécheresse convertie, pour Marie-
Madeleine.

Que de résurrections spirituelles se font à la Miséricorde! que de pauvres âmes dégradées se relèvent et pour toujours s'attachent à Dieu et le servent! Combien deviennent en réalité de belles âmes!

Et si les âmes sauvées sont au ciel la couronne de leurs sauveurs, comme les enfants la couronne de leurs mères, combien grande, riche et belle sera, au ciel, la couronne des Supérieures et des Directrices de la Miséricorde, combien brillante et précieuse surtout la couronne de la Bonne Mère Fondatrice, de Mme Fournié!

CHAPITRE XII

Le 8 septembre 1830, il s'est passé à la Miséricorde
de Cahors un fait qui a beaucoup excité l'attention et
la curiosité de la ville. Les circonstances dans lesquelles
cet événement s'est accompli, la situation où se trouvait réduite la personne en faveur de laquelle il a eu
lieu, lui donnent un caractère qui semble le faire sortir
de la marche ordinaire de la nature. Des infirmités extrêmement graves, des souffrances cruelles qui avaient
résisté pendant plus de deux ans à toutes les ressources de l'art, et que la science regardait comme à peu
près incurables, ont disparu subitement, et il reste acquis à l'examen le plus attentif que rien ne présageait
ce changement inattendu dans l'état de la personne sur
laquelle il s'est opéré.

Mgr l'Évêque de Cahors, qui se trouvait alors à Rocamadour, reçut avis de cet événement. Avec la prudence et la haute sagesse qui le distinguaient, il pres-
crivit une enquête, dont il chargea M. Baudrez, Supérieur du grand séminaire, grand vicaire du diocèse, et
M. Husson, professeur de dogme dans ledit séminaire.

Ces deux ecclésiastiques se rendirent à la Miséricorde et firent connaître la mission dont Monseigneur les avait chargés. En conséquence, après avoir prévenu les personnes dont ils allaient recueillir les témoignages qu'elles devaient jurer sur les saints Évangiles de ne dire rigoureusement que ce qu'elles savaient, les commissaires délégués interrogèrent, l'une après l'autre et séparément, la Supérieure de la Miséricorde, deux Directrices, la personne qui a été guérie, l'infirmière qui l'a soignée pendant sa longue maladie et une Fille de la maison qui a été témoin de la guérison instantanée. Ce dernier témoin n'est autre que Prudence[1]. Du rapport de toutes ces personnes, qui n'ont déposé qu'après avoir préalablement juré, la main sur l'Évangile, de dire la vérité pure et simple, résulte l'ensemble de faits que l'on va lire.

Mme Fournié avait dans la communauté, au rang des Pénitentes, une jeune personne connue dans la maison sous le nom de Vincent-de-Paul. Cette jeune personne s'était donnée à Dieu de tout son cœur. Elle vint à tomber malade d'une maladie qui se compliqua singulièrement et qui détermina un état d'infirmité auquel on ne connaissait pas de remède, et dont on ne pouvait prévoir le terme. Elle demeura sur son lit de douleur pendant vingt-cinq mois, et elle y fut travaillée par des souffrances tellement aiguës et continuelles, qu'il est impossible de s'en faire une juste idée, si on n'a pas eu l'occasion d'en être le témoin ou d'entendre les dépositions circonstanciées des témoins oculaires.

1. Témoignage de Pauline.

Sa maladie commença par une très violente douleur de côté, qu'elle endura avec une patience soutenue admirable. Elle lutta d'abord contre la souffrance, parce qu'il lui répugnait d'entrer à l'infirmerie, et elle s'efforça de suivre, malgré ses douleurs, tous les exercices de la maison. Mais, le mal devenant de plus en plus intense et se sentant brûlée intérieurement par une irritation d'entrailles, elle fut enfin obligée de s'aliter, le 7 août 1848. Ces deux maux, agissant soit ensemble, soit séparément, lui causaient souvent des douleurs vives qui lui arrachaient des cris et des larmes. Bientôt elle éprouva à la tête des douleurs si aiguës qu'elles lui faisaient oublier les autres; le sang y affluait, et elle était parfois privée de l'usage de son bras gauche. Pendant qu'elle était dans un si triste état, il apparut une enflure accompagnée de dureté dans la région abdominale. À ce moment, la petite vérole se déclara dans la maison, et elle en fut attaquée. On espérait qu'elle en éprouverait quelque soulagement par révulsion d'humeurs; mais sa situation ne s'améliora pas. On ne remarqua qu'une légère diminution dans l'enflure dont il vient d'être parlé.

Comme on désirait vivement sa guérison, on eut recours à tous les moyens curatifs que pouvaient fournir la science et la charité. Tout échoua contre cette maladie opiniâtre, qui brava les efforts et les prescriptions des médecins, à ce point que les moyens mis en usage pour amener la guérison parurent avoir eu pour résultat de rendre les douleurs plus vives et plus insupportables.

Depuis plus d'une année les jambes s'étaient comme

desséchées ; elles se refusaient à toute espèce de service et à tout mouvement volontaire ; l'infirmière devait les lui changer de place, et il arrivait parfois que cette opération, bien que faite avec précaution, causait des douleurs extrêmement vives ; elles ne présentaient plus qu'une peau rugueuse qui recouvrait les os. On plongeait la malade dans de l'eau presque bouillante, et néanmoins elle n'y éprouvait d'autre sensation que celle d'un froid glacial et continuel. Un grand nombre de vésicatoires qui furent appliqués n'amenèrent aucun résultat appréciable.

Elle avait entièrement perdu l'appétit ; depuis longtemps son estomac ne pouvait presque plus rien supporter ; tout aliment lui était insipide. Pendant quelques mois, elle ne prit qu'un peu d'eau sucrée ou de lait coupé d'eau. De loin en loin elle abandonnait ce régime pour prendre à la place quelques grains de raisin. Dans les temps ordinaires et quand la douleur s'apaisait un peu, soit qu'elle fût attaquée par la fièvre, soit qu'elle n'en éprouvât pas les atteintes, elle prenait à peine de quoi se soutenir, et c'était toujours à contre-cœur et par obéissance. On peut affirmer que, pendant les vingt-cinq mois que dura sa maladie, elle a passé la moitié de ce temps dans une diète absolue. Il y eut une époque où elle perdit absolument la voix ; elle appelait alors l'infirmière avec une clochette. Elle ne retrouva un peu de voix qu'après la petite vérole, dont on a déjà dit qu'elle avait été attaquée.

Il y avait deux mois qu'elle était malade, lorsqu'il se forma une plaie profonde, de dix centimètres de longueur sur cinq de largeur, à l'aine, dans une région qu'il répugne à la pudeur de laisser visiter. Cette plaie lui faisait endurer des souffrances atroces. Durant plusieurs mois et surtout pendant les jours qui s'écoulèrent entre le 1ᵉʳ et le 8 septembre 1850, elle rendait une grande quantité de sang et de matières purulentes. Les chairs étaient pourries et s'en allaient en morceaux. Les résidus de cette putréfaction se montraient sur les linges fournis à la malade pour ses soins, et l'infirmière en a vu un morceau assez volumineux qui s'était détaché de la plaie. Il fallait une énorme quantité de linge pour le pansement. La malade, par modestie, se soignait elle-même, mais elle n'avait pas laissé ignorer à l'infirmière quelle était la nature et où était le siège de sa plaie. L'infirmière a remarqué et constaté que le flux purulent et sanguinolent traversait tous les appareils et atteignait jusqu'aux matelas.

On a cru pendant longtemps que la malade avait la moelle épinière attaquée, et elle fut traitée comme le demande la science pour ces sortes d'affections ; mais comme les remèdes employés ne produisaient aucun effet, on finit par ne plus en prescrire et par regarder la maladie comme incurable. Les visites que lui firent alors les hommes de l'art, après l'insuccès bien reconnu de leurs ordonnances, avaient moins pour but de faire de nouvelles tentatives que de lui porter quelques paroles de consolation et d'encouragement dans ses souffrances.

A la perte de l'appétit était venue s'ajouter l'absence complète de sommeil ; on ne parvenait à l'assoupir et à lui enlever le sentiment de ses souffrances qu'en lui administrant de l'opium avec toute la prudence possilile. On comprendra sans peine que, torturée sans relâche par une si longue infirmité et par des souffrances si aiguës, Vincent-de-Paul était tombée dans un état d'émaciation extrême, qui lui donnait l'apparence d'un squelette, que sa faiblesse ne lui permettait presque plus de se mouvoir, qu'elle n'était plus qu'un organisme détraqué, usé, ruiné. Ceux qui l'ont vue dans ces longs et douloureux mois de martyre ont bien souvent dit et pensé qu'une pareille situation ne pouvait pas se prolonger, et que Dieu ne tarderait pas à y mettre un terme en appelant à lui l'infortunée. Il n'est peut-être pas inutile de dire qu'à la suite d'une chute malheureuse qui lui arriva pendant sa maladie, elle se fit plusieurs blessures à la partie inférieure du dos. Ces blessures ne tardèrent pas à se cicatriser, à l'exception d'une plus profonde que les autres et qui résista à tous les pansements qu'on fit pour la guérir. Cette nouvelle plaie s'envenima et s'élargit jusqu'à cinq centimètres de longueur sur quatre de largeur, et elle demeura vive, saignante et très douloureuse. Il faut ajouter que la malade perdait souvent connaissance et que les évanouissements arrivaient surtout quand on la transportait sur un fauteuil pour approprier son lit ou quand les douleurs de tête devenaient par trop violentes.

Les détails qui précèdent donnent une juste idée de la maladie et des infirmités qui n'ont cessé d'affliger cette pauvre jeune fille jusqu'au 7 septembre 1830.

Pour ce qui regarde les dispositions morales, Vincent-de-Paul, depuis environ trois ans, s'était donnée à Dieu et à la vertu, généreusement et sans réserve. Dans les choses de conscience, elle obéissait à son confesseur comme à Jésus-Christ lui-même ; sa foi était simple, mais très vive. Elle faisait régulièrement la sainte communion tous les quinze jours. Elle avait toujours gardé une dévotion tendre et sincère envers la sainte Vierge. Elle aimait surtout la fête de l'Immaculée-Conception, et elle se préparait à cette fête, comme aux autres fêtes de la bienheureuse Vierge, par des exercices de piété et par des prières spéciales. Elle trouvait satisfaction et bonheur à orner de fleurs et à parer comme il lui était possible une statuette de la Vierge qu'on avait mise à sa portée à côté de son lit. C'était l'unique travail qu'elle pouvait faire et l'unique distraction qu'elle pouvait s'accorder. Souvent elle se plaisait à fermer les rideaux de son lit autour de la statue, se faisant ainsi un sanctuaire et se donnant une solitude pour être moins dérangée dans la contemplation de l'image ou dans les prières que, devant elle, elle adressait à la bienheureuse Vierge Marie.

Le dimanche 1ᵉʳ septembre, son confesseur alla la voir pour lui apporter quelques-unes de ces consolations que la religion seule peut répandre dans les âmes affligées. Après quelques instants d'entretien, elle lui dit : « Mon père, j'aurais quelque chose de particulier à vous communiquer : j'ai senti redoubler en moi la confiance en la sainte Vierge ; il y a déjà plusieurs semaines que je fais des prières spéciales, j'ai même commencé une neuvaine en l'honneur de Notre-Dame de Rocamadour, à l'occasion de la fête de la Nativité. Je me soumets d'avance à toute la volonté de Dieu ; mais je demande à la sainte Vierge de m'obtenir la grâce ou de mourir ou de guérir. Si vous me le permettez, je ferai quelque promesse qui puisse lui être agréable, si elle me guérit dans le courant de ce mois. »

Le confesseur de la pauvre malade, homme qui ne savait se laisser entraîner ni à l'exagération ni à l'enthousiasme et qui avait l'habitude de se rendre raison de ce qu'il faisait, approuva les propositions suivantes : 1° la malade prendra ses mesures pour qu'un certain nombre de messes soient dites pour le repos de son âme, si elle vient à mourir; 2° elle passera le reste de ses jours à la Miséricorde, si elle vient à guérir; et dans ce cas encore, 3° elle fait le vœu d'aller en pèlerinage à Notre-Dame de Rocamadour pour y remercier sa Bienfaitrice, pourvu toutefois que sa Supérieure lui en accorde la permission. La malade ajouta qu'elle désirait beaucoup se préparer à la fête de la Nativité et à la sainte communion par une revue ou une confession générale des deux années qu'elle avait passées dans l'infirmerie, et cela pour purifier son âme de tout ce qui pourrait déplaire à la sainte Vierge. Le confesseur y consentit, et il la quitta après lui avoir recommandé de s'occuper beaucoup pendant la semaine, mais doucement et paisiblement, de Dieu, de la douce Marie, de leur bonté admirable et des choses du ciel.

Le samedi, veille de la Nativité, elle fit sa confession ainsi qu'il avait été convenu. Elle passa la soirée et la nuit dans les souffrances redoublées des jours précédents et dans la prière comme préparation prochaine à la sainte communion.

Le lendemain, 8 septembre, se trouvant toujours dans l'état de maladie et d'infirmité qui a été décrit plus haut, Vincent-de-Paul, à sept heures du matin, reçut le corps adorable de Notre-Seigneur à l'infirmerie, selon son habitude. Elle était violemment travaillée par la souffrance, mais elle se montrait calme et résignée. Il aurait été impossible à l'observateur le plus attentif et le plus perspicace de rien remarquer d'extraordinaire sur sa physionomie; rien de violent, rien d'exalté; elle était d'une tranquillité parfaite.

Quelque temps après avoir reçu la sainte communion, pendant qu'elle faisait son action de grâce et que se disait la messe de communauté, ses membres commencèrent à s'agiter. Le mouvement fut d'abord assez faible, mais peu à peu il augmenta de force et de violence. La garde-malade ainsi qu'une de ses compagnes qui était alors couchée dans un lit voisin et faisait également son action de grâce, s'aperçurent du tremblement qu'elle éprouvait et entendirent un craquement des os ou des membres très sensible et très distinct. Les jambes de la malade se soulevaient en l'air, comme par l'effet d'un tiraillement convulsif; en même temps elle éprouvait une sorte d'essoufflement et de suffocation. La garde-malade accourut, se jeta sur elle et fit tous ses efforts pour la maintenir dans son lit, craignant qu'elle ne roulât sur le plancher. Personne ne se doutait de ce qui se passait en ce moment; la malade elle-même, en proie à une crise extraordinaire, était incapable d'en prévoir ou d'en soupçonner le dénouement. Elle éprouvait des douleurs si vives, si pénétrantes, si universelles, qu'elle pleurait, poussait des cris perçants et croyait toucher au terme de sa vie. Tout à coup elle devint livide; ses bras, ses jambes et sa figure se couvrirent de taches noires, telles qu'en porterait une personne qui aurait été meurtrie de coups. Tout cela se passa dans l'intervalle de quatre ou cinq minutes, et la garde-malade ne l'avait pas quittée tant qu'elle se trouvait dans cette situation. Soudain, et en moins de temps qu'il n'en faut pour le dire, Vincent-de-Paul n'éprouva aucune douleur. Elle dit à la garde-malade de la laisser, qu'elle n'a plus besoin de son secours. Une douce chaleur se répand dans tous ses membres, elle sent que la force lui revient, elle se sent vivre et elle dit : « Je suis guérie ; la sainte Vierge m'a guérie ; apportez-moi des habits, je veux me lever. » Et, joignant l'action aux paroles, elle se lève, à l'inexprimable stupéfaction de ses compagnes, qui demeurent comme pétrifiées. Elle cherche elle-même des vêtements quand elle voit que ses compagnes ne s'occupent pas de lui en donner, persuadées qu'elles sont que la malade vient d'être saisie par un violent accès de fièvre. Elle s'habille, se promène dans l'infirmerie, fait son lit et celui que sa compagne vient de quitter. La garde-malade n'a pas tardé à revenir de sa surprise, quand elle a vu Vincent-de-Paul marcher, faire le tour de l'infirmerie et répéter, avec l'accent d'une conviction profonde et sympathique, qu'elle est réellement guérie. Elle s'élance dans ses bras et la tient étroitement embrassée. Il venait de se passer un de ces faits extraordinaires, instantanés, que la science humaine n'explique pas, ou qu'elle n'explique que par des hypothèses inacceptables. La garde-malade était attachée à d'autres offices dans la maison et n'était à l'infirmerie que pour permettre à l'infirmière d'entendre la messe. Elle était tourmentée de scrupules, de peines de cons-

cience et de perplexités fatigantes. A peine eut-elle
entendu Vincent-de-Paul dire : « Je suis guérie, » qu'elle
sentit disparaître et s'évanouir toutes ses anxiétés,
comme si une main mystérieuse et invisible les avait
arrachées de son âme. Elle se trouva établie dans un
calme et elle éprouva un bonheur qu'elle ne savait
exprimer qu'en disant qu'il lui semblait être dans le
ciel. Cet état de bonheur dura plusieurs jours. Si elle
avait hésité à croire à la vérité et à la réalité de la
guérison de Vincent-de-Paul, la révolution qui s'opéra
soudainement dans ses idées lui aurait paru être un
avertissement et un appel à sa foi. Aussi n'a-t-elle
jamais douté qu'il n'y eût là l'effet d'une cause invisible, aussi capable d'agir dans le domaine des âmes que
dans le domaine des corps.

Pendant que tout ceci se passait, la messe s'était
achevée. Les Directrices et les Pénitentes commençaient
à circuler dans la maison. Il est difficile de rendre leur
étonnement quand elles virent Vincent-de-Paul debout,
quand elles la virent qui les saluait, les embrassait et
répétait : « La sainte Vierge m'a guérie. » Personne
n'en pouvait croire ses yeux ni ses oreilles, on se regardait avec stupeur, on ne trouvait pas de paroles. Et
cependant il était réel, il était évident que Vincent-de-
Paul était là debout et guérie. La malade de tout à
l'heure jouissait véritablement d'une bonne santé ; on
ne remarquait qu'un peu de faiblesse et d'hésitation
dans sa marche, suite très naturelle de la longue im-
mobilité à laquelle la maladie l'avait réduite. Dans la
crainte de la voir tomber, on lui offrit le bras, mais
elle ne l'accepta pas ; elle allait et venait en présence

des personnes réunies autour d'elle, et n'éprouvait plus
ni mal de côté, ni douleur de tête, ni irritation d'entrailles. Il n'y avait plus de plaie, elle avait recouvré l'appétit, les teintes noires ou livides de sa peau avaient
disparu. Tous les organes reprenaient leurs fonctions
normales; elle sentait que la vie était revenue en elle,
qu'elle était comme « restaurée à neuf ».

Après les premiers moments, qui furent absorbés
par l'émotion de ses compagnes, par des questions
vives et multipliées, par des exclamations pieuses qui
se croisaient dans tous les sens et partaient de tous les
côtés à la fois, l'heureuse Vincent-de-Paul descendit
à la chapelle de la communauté pour y remercier
Dieu et la bonne Vierge de la grâce qu'elle venait de
recevoir. Elle y porta deux vases destinés à l'autel,
elle fit le Chemin de la Croix avec toute la communauté
et elle assista encore aux offices du soir. Dans la journée elle parcourut le jardin et elle visita tous les ateliers. Quand la nuit fut venue, elle dormit jusqu'au lendemain d'un sommeil profond, bienfaisant, réparateur,
chose qui ne lui était pas arrivée depuis deux ans.

Le lendemain, lundi, 9 septembre, elle se leva en
même temps que la communauté, elle se rendit à la
prière, et elle assista à la sainte messe à genoux,
comme si jamais elle n'avait été malade. Elle se pro-
mena sans fatigue dans toute la maison, montant et
descendant les escaliers dont elle est sillonnée, prenant
avec plaisir les aliments qu'on lui offrait et se sentant
plus de force et plus de santé que la veille. Huit jours
avant sa guérison, elle disait à une des Directrices,
chargée auparavant de la surveillance de l'infirmerie

et remplacée par une autre depuis deux mois : « Mademoiselle, vous m'avez abandonnée, mais je reviendrai, s'il plaît à Dieu, vous rejoindre sous peu à l'atelier. » L'événement a justifié cette parole.

En conséquence du vœu qu'elle avait fait, Vincent-de-Paul, ayant obtenu le consentement de Mme la Supérieure, partit le 16 septembre pour Notre-Dame de Rocamadour, afin de témoigner à l'auguste et miséricordieuse Vierge Marie la profonde reconnaissance dont elle était pénétrée pour la grâce singulière qui lui avait été accordée. On craignait que ce voyage n'occasionnât quelque accident de santé; mais Vincent-de-Paul, animée d'une foi ardente et d'une confiance inaltérable, intimement convaincue d'ailleurs qu'elle se trouvait placée sous la protection toute-puissante de la sainte Vierge, dissipa bientôt toutes les appréhensions. Elle descendit à pied la côte longue et pénible qui de l'Hospitalet conduit au village, elle monta le grand escalier qui conduit aux sanctuaires, et se rendit à la chapelle de la Sainte-Vierge pour lui offrir l'hommage de sa gratitude. Mgr Bardou, Évêque de Cahors, était au Château, dans la maison habitée par les missionnaires diocésains, placée, comme on sait, au-dessus du rocher qui domine les sanctuaires. L'ascension est pénible à travers les sentiers de la montagne, et plus encore par l'escalier creusé dans le roc; deux fois Vincent-de-Paul gravit la hauteur et deux fois elle fut présentée à Mgr l'Évêque, pour lui rendre compte de ce qui était arrivé. Ces divers trajets furent exécutés sans qu'il en résultât une autre fatigue que celle qu'éprouverait une personne en bonne santé, qui aurait plusieurs fois dans la même journée monté et descendu les divers escaliers de Rocamadour.

Depuis ce voyage, Vincent-de-Paul continue de travailler dans la communauté; l'état de santé où elle s'est trouvée le 8 septembre n'a subi aucun changement, et les deux plaies dont il a été longuement parlé demeurent subitement et radicalement guéries. La seconde de ces plaies, située à la région inférieure du dos, a été vue par l'infirmière, le 9 septembre, le lendemain de la guérison. C'était une cicatrice parfaitement fermée, d'un rouge vif et lisse au toucher. La première, plus affreuse, plus profonde, était dans le même état de guérison complète, selon le témoignage de la malade elle-même, qui s'en était rendu compte. On ne crut pas devoir se contenter d'une affirmation qui eût pu paraître à quelques-uns intéressée et contestable. Il fallut donc que la pauvre Fille, malgré son extrême répugnance, permit à Mme la Supérieure de constater la réalité des faits et d'en rendre compte aux commissaires enquêteurs. Cette constatation fut faite le 14 octobre, trente-six jours après la guérison. C'était une cicatrice sèche, rouge, polie, luisante, en tout semblable à la cicatrice de l'autre plaie. Tel est le fait récemment accompli dans la Miséricorde de Cahors. Tous les détails qu'on vient de lire ont été recueillis avec soin par les enquêteurs nommés par Mgr l'Évêque et consignés par écrit sur un procès-verbal que lesdits enquêteurs ont signé de leur main et remis à Mgr l'Évêque. Monseigneur ne porta pas de jugement et se contenta de faire déposer le procès-verbal aux archives de l'Évêché. C'est là que nous l'avons trouvé.

On ne fit aucun bruit autour de ce fait, et on ne chercha pas à le répandre au-dehors. La ville cependant le connut et s'en occupa longtemps. Il eut pour effet immédiat de ranimer la piété, l'esprit chrétien, la fidélité au règlement, l'assiduité au travail parmi les Filles de la Miséricorde. Il ranima également l'esprit de foi en ville et partout où il fut connu. Il eut encore pour résultat d'entourer la Miséricorde d'une auréole de sainteté, qui augmenta l'estime que depuis longtemps on avait d'elle, à cause de la régularité et de la piété déjà connues des Filles de Mlle de Lamourous et de celles de Mme Fournié. Il donna enfin raison, dans la pensée de tous, à cette confiance sans bornes que ces deux Fondatrices ont sans cesse montrée en la Providence et en son intervention évidente en tout ce qui touche à l'établissement, à l'accroissement et à la durée des deux maisons de Bordeaux et de Cahors.

L'avis écrit des médecins ne fut pas demandé. Le médecin de la maison était alors absent, et quand il rentra après la guérison de la malade, il ne put pas de longtemps visiter l'établissement, à cause d'un accident, d'une chute, qui l'obligea à garder longtemps sa chambre. Son suppléant n'avait vu la malade qu'en passant. Aucun des deux, du reste, n'avait vu les plaies de la pauvre Fille, qui, par un sentiment de pudeur facile à comprendre, n'avait jamais voulu consentir à la visite des médecins. On n'avait pas insisté, parce qu'on croyait la mort imminente, et cette épreuve imposée à la malade inutile.

Du reste, mis au courant des circonstances de la

guérison, ils déclarèrent l'un et l'autre verbalement que c'était là une chose vraiment extraordinaire... et qu'il était difficile de n'y pas voir l'intervention divine.

Ce fait extraordinaire ne fut pas isolé. Une personne très grave, qui vit encore et qui s'occupait alors de la Miséricorde, nous dit : « Le miracle était alors quotidien dans cette maison. » Il en était de même à Bordeaux du vivant de Mlle de Lamourous. On se contentait de s'en réjouir à l'intérieur de la communauté, et, par discrétion et par humilité, on n'en disait rien aux personnes du dehors. Ces secrets cependant finissaient par être connus, et ils attiraient à la Miséricorde respect et sympathie.

CHAPITRE XIII

Quand le récit a été interrompu, à la fin du chapitre IX, nous étions à la fin de l'année 1844; Mlles Anna et Marie-des-Anges étaient rentrées à Bordeaux, après avoir passé à Cahors l'une deux ans, l'autre quinze mois. Plusieurs Surveillantes ou Filles de confiance de Bordeaux étaient à Cahors, Euphrasie, Foi, Agathine, Mathurine et autres. Il y avait eu également échange de Pénitentes entre les deux maisons. Entre elles existe une correspondance active. Les lettres sont dictées par la pure et sainte charité chrétienne, la charité des temps apostoliques qui arrachait cette exclamation aux païens : « Voyez comme ils s'aiment! » La plupart de ces lettres ont été jetées au panier; celles qui nous restent nous font connaître le personnel de la Miséricorde de cette époque et nous le font aimer.

Mme Fournié à Mlle Anna, à Bordeaux, Marguerite de son vrai nom : « Ce matin, ma chère Anna, j'ai vu un beau bouquet sur le couvert d'une de nos Directrices.

Je demande quelle est la fête de ce jour : c'est sainte
Marguerite. Je suis toute confuse de ne l'avoir pas su
pour fêter la Marguerite présente et aussi celle que la
Providence nous a ravie. Voilà le triste sort des pauvres Supérieures, qui, pour satisfaire à leurs devoirs
et répondre à Pierre et à Paul, n'ont pas le temps de jeter
les yeux sur un almanach pour connaître le saint du
jour. Je vous fais mes excuses de cette faute, mon cœur
n'y est pour rien ; et comme vous avez deux fêtes, il
saura se dédommager à la Sainte-Anne...

« Nos Filles m'ont demandé la permission de vous
exprimer elles-mêmes leurs sentiments ; vous pensez
bien que toute liberté leur a été donnée. Je suis à Espère,
chez ma sœur Pagès. M. le Supérieur du grand séminaire doit dîner ici avec nous demain ; il nous appor-
tera de Cahors le fameux courrier qui vous est destiné.

« Il fait lire, à la lecture spirituelle, la *Vie de la
Bonne Mère Mlle de Lamourous* ; je le tiens d'un des
abbés du séminaire ; et ils sont tous dans l'admiration
de toutes les merveilles que l'illustre Fondatrice a
opérées avec le secours de la grâce. Vous devez bien
vous réjouir de ce triomphe, n'est-ce pas, chère Anna ?
Votre joie, croyez-moi, je la partage avec toute la
maison.

« Tous les exemplaires que j'avais reçus de la *Vie
de la Bonne Mère*, j'ai dû les donner à M. Séguier, à
M. de Lauriston, à notre père Sénizergues, à d'autres.
M. Delfour m'a arraché le dernier des mains. Envoyez-
en encore une vingtaine.

« Que de compliments j'ai à vous transmettre de
MM. de Laroussilhe, Delfour et Saurel, des Messieurs

du séminaire, de Mme Boisse, de M. et de Mme Pagès! Tous conservent le meilleur souvenir de la chère sœur Anna. Nos Filles vous écrivent et me dispensent de parler d'elles. Envoyez-nous trois mille aiguilles pour coudre des pantalons. »

1844. Fête du Saint-Sacrement. — « Merci de vos deux lettres. (La même à la même.) C'est pour moi un vrai bonheur de pouvoir vous lire. Nos chères Filles me chargent de vous présenter leurs respects et de vous exprimer leur vive reconnaissance des jolis couplets que vous leur avez adressés pour le Bon Père.

« Dimanche, nous devions avoir notre fête du Saint Sacrement. MM. de la Roussilhe, Delfour et Saurel devaient la présider. Toute la cour de la classe de Marie avait été disposée à cet effet. Pour encourager le zèle de notre jeune Séraphin et de Mlle Rosalie Fournié, qui lui prête son concours, je leur avais procuré de jolis objets pour le reposoir. Elles avaient utilisé le tout avec beaucoup de goût. Le local les avait favorisées : il était réellement très beau, ce reposoir! Mais au moment où la procession entrait dans la cour, le vent souffla avec violence et renversa les chandeliers; en un instant tout fut en flammes, sans qu'il fût possible d'apporter aucun remède. J'étais retenue sur mon lit par une forte migraine; ne me fiant pas à la prudence de notre jeunesse, je voulus descendre. Dieu ne me permit pas de voir ce désastreux spectacle : je tombai si maladroitement dans l'escalier que je suis encore réduite à garder la chambre.

« Nous avons bien brûlé pour cinq cents francs d'objets.... Dieu en a retiré sa gloire. Nos Filles ont été si contristées de cette perte et si contrariées de la privation de leur belle procession, que chacune s'est mise à faire son examen, pour savoir en quoi elles avaient pu exciter contre elles la colère de Dieu. C'est notre infidélité, disent-elles, qui a attiré ce châtiment sur la Miséricorde. Elles m'ont demandé de faire quelque pénitence pour apaiser la justice divine, et, s'étant réunies, elles ont décidé que, pendant neuf jours, sept d'entre elles, désignées d'avance, à tour de rôle, garderont le silence aux heures où il est permis de parler ; et que, sept par sept, il y en aurait, pendant neuf jours, à chaque repas, qui seraient au pain et à l'eau, après la soupe cependant. Comme cela ne peut pas leur faire du mal, j'ai tout autorisé. Les pauvres Filles, depuis quelque temps, se lèvent à quatre heures pour expédier plus vite l'ouvrage et donner satisfaction aux personnes qui nous l'apportent, et elles n'y réussissent pas, tant l'ouvrage afflue. « Ah ! disent-elles souvent, « si Mlle Anna était ici, comme elle jouirait de nous voir « au travail, et elle ne dirait plus que nous sommes des « fainéantes ! »

« Elles sont d'une ferveur charmante. Quoique je sois presque seule et retenue par mon accident dans ma chambre, l'ordre règne partout, et le travail se fait avec une rapidité admirable. »

4 août 1844. — « Marie-Joséphine, postulante de pauvre santé, quitte la Miséricorde pour rentrer au Carmel. A peine est-elle arrivée en ce saint lieu, qu'elle tombe malade. Quand on n'a plus d'espoir de guérison, elle est autorisée à faire ses vœux sur son lit de douleur : elle meurt contente et résignée.

« Agathe, une inconstante, arrive de la maison de Bordeaux et est reçue à Cahors. Demain, première communion de Pénitentes préparées par un chapelain de Rocamadour.

« Follette, Surveillante en chef de l'atelier de Jésus, ne cesse de parler de la maison de Bordeaux, et de la Bonne Mère, et de Mlle Anna, et de toutes les Directrices, et surtout de ses compagnes de l'atelier Sainte-Thérèse. Elle aime tout le monde, mais elle envoie ses amitiés tout particulièrement à Euphrasie et à Angélique. »

12 août. — Cahors à Bordeaux. « Merci de nous avoir envoyé Foi. Elle fait à merveille. La petite Héliodore, malade depuis dix-huit mois, est à l'extrémité. Mme Fournié passe la nuit à côté de son lit et refuse d'aller se reposer. »

19 août. — M. le curé de Limogne part pour Bordeaux à l'effet d'obtenir pour sa paroisse des Frères de l'Instruction chrétienne. Il prend les commissions et les lettres de la Miséricorde de Cahors pour celle de Bordeaux.

15 septembre. — Mme de Fontenac veut établir une Miséricorde à Agen. Que Dieu lui vienne en aide ! Des demoiselles de Saint-Flour veulent également en fonder une dans leur ville. Elles expriment le désir de passer quelque temps à la Miséricorde de Cahors ;

mais Mme Fournié leur dit : « Ne faites pas cela : la Miséricorde de Cahors n'est qu'une pâle image de celle de Bordeaux ; allez à celle-ci, qui est la vraie maison, type et modèle des autres. »

22 septembre. — Prière à Bordeaux d'accepter une pauvre Fille, qui était Surveillante à Cahors, mais est trop lâche pour être maintenue dans ses fonctions, et en même temps trop orgueilleuse pour descendre dans les rangs, dans la même maison. Elle n'a ni tête ni cœur, mais après tout c'est une âme rachetée de Dieu comme les autres. C'est Josépha. Si la Miséricorde lui est fermée, elle est perdue ; Bordeaux ne voudra pas qu'elle se perde. Agathe la remplace à l'atelier de Jésus comme Surveillante ; Foi ira à l'atelier de Marie, comme plus apte à diriger les travaux qui s'y font.

5 octobre. — « Julie est arrivée ce matin, conduite par une sœur de l'Hospice. Elle a une bien piètre mine. Bordeaux nous a fixées sur son compte. Elle y est restée un certain temps, on se tiendra pour averti ici. Elle sera à Jésus, et les Surveillantes la tiendront de près, sans qu'il y paraisse. Espérons que nous lui ferons quelque bien. Il paraît qu'elle a la manie d'écrire, de dire du mal de toutes les maisons qui lui ouvrent leurs portes et de toutes les personnes qu'elle connaît. Très bien ! on fera en sorte ici qu'elle ne fatigue pas ses yeux à lire son courrier. » Josépha se conduit bien à Bordeaux, on est très heureux de l'apprendre à Cahors. Paulinette, sa sœur, restée ici, est très raisonnable.

21 décembre. — On vient de célébrer les fêtes des classes : Jésus, le *Règlement*; Marie, le *Naufrage*. Grand entrain, on a beaucoup ri. Les Filles s'en sont bien tirées et ont bien fait valoir leurs rôles, Paulinette et Juliette surtout. Tout le monde s'est montré bien content. Au premier rang de l'assistance de choix étaient MM. de Laroussilhe, Delfour, Saurel, Lasserre. Les Filles ont chanté de tout cœur les couplets de la Bonne Mère du Ciel.

En réponse à une supplique qui lui avait été adressée, le Saint-Père déclare privilégié le maître-autel de la chapelle.

10 janvier 1845. — Mme Agar, la mère de Mme Fournié, vient de mourir, la veille de la Noël. Elle a reçu tous les sacrements; priez pour elle. M. Dulac, beau-frère, est mort quelques jours après, le jour de l'Épiphanie. Encore des peines et des tristesses pour la chère Bonne Mère! Elle vend sa maison de la Préfecture à son autre beau-frère, M. Pagès, pour la somme de cinquante mille francs, meubles non compris. Elle vend au séminaire l'argenterie et les meubles meublants, pour une somme de quatre à cinq mille francs. Elle garde le linge, dont la Miséricorde a besoin.

Les grandes consoles de bois sculpté et doré, avec table de marbre gris varié de blanc, qui servent de crédence à droite et à gauche du maître-autel de la chapelle du grand séminaire, proviennent des salons de Mme Fournié.

La Supérieure du Refuge de Castres passe quelques jours à Cahors : la Bonne Mère l'engage à visiter Bordeaux.

Qu'il est difficile de conduire ces Filles et de les fixer au bien! Que facilement elles vous échappent quand vous pensiez qu'il n'y avait plus rien à craindre pour elles! On n'est vraiment tranquille sur leur compte que lorsqu'elles sont parties pour un monde meilleur.

Tout a été fait pour fixer l'inconstance d'Agatha, et Agatha n'est pas fixée!

8 février 1845. — « Le successeur de M. Marion, professeur au grand séminaire, prêche la retraite à nos Filles. Il a du zèle et du talent; j'ai la confiance qu'il leur fera grand bien. Mgr Bardou viendra nous dire la messe le jour de la clôture. Il y aura sept premières communions solennelles et dix-huit confirmations. Voilà bien des grâces pour un jour. Follette et Marie envoient leurs compliments aux Directrices et à leurs compagnes de Bordeaux. Saint-Paul a du zèle et de la bonne volonté, mais qu'il est difficile de la maintenir dans les limites de ses attributions! Mlle Anna et Mlle Marie-des-Anges ont si profondément imprimé l'esprit de la Bonne Mère du ciel à la maison de Cahors, qu'il serait difficile à Saint-Paul de lui en donner un autre à l'heure qu'il est. »

15 juin. — Saint-Michel a pris l'habit à Cahors à la fin du mois de mai. Foi fait une visite à Bordeaux et revient à Cahors. Plusieurs Directrices et plusieurs Surveillantes sont malades. La Bonne Mère, toujours la plus occupée, est encore la plus ingambe et la plus vaillante. Il lui faudrait un personnel plus nombreux, et elle n'a jamais pu avoir que le strict nécessaire, et s'il faut un peu de repos à celle-ci ou à celle-là, toutes les autres doivent être surchargées et se fatiguent, ou la direction et la surveillance restent en souffrance, et le bien ne se fait pas. C'est là, depuis le commencement, et ce sera jusqu'à la fin le grand tourment de la Bonne Mère. En ce moment il lui reste sur pied quatre Surveillantes : Delphine et Marie-de-Mai à Jésus, Foi et Charité à Marie. Si une fait défaut, elle ne saurait la remplacer en prenant parmi les Filles : aucune n'est prête à remplir cet emploi : ce serait s'exposer à cueillir les fruits avant leur maturité !

7 juillet. — M. Sénizergues écrit à la Bonne Mère de Bordeaux que Saint-Paul ne saurait plus longtemps demeurer à Cahors et qu'il serait désirable qu'on lui donnât un emploi à Bordeaux. Saint-Paul est rappelée à Bordeaux par lettre d'obédience. Mᵐᵉ Fournié, qui n'avait pas été avertie, trouve la décision trop brusque et l'exécution trop rapide : elle propose un ajournement de quelques mois. Saint-Paul, qui ignore tout ce qui se passe, est envoyée en commission à Bordeaux, afin qu'on la retienne sans dire pourquoi et qu'il y ait ainsi moins d'émoi à Cahors; mais Bordeaux dévoile la situation à Saint-Paul et la laisse repartir pour Cahors. Mᵐᵉ Fournié éprouve de ces faits une grosse peine. Saint-Paul se demande ce qu'elle doit faire.

Enfin les Supérieurs majeurs interviennent. M. Sénizergues, Supérieur délégué, et Mᵍʳ Bardou, Supérieur canonique majeur, décident que la première solution sera maintenue. Saint-Paul part définitivement, le 7 septembre, pour Bordeaux.

Peu de temps après, Mlle Rosalie Fournié, sœur de Saint-Paul, qui se rendait utile à la Miséricorde, mais qui ne pouvait pas entrer en religion, à cause de la faiblesse de sa santé, n'ayant réussi à se faire admettre ni à la Miséricorde de Montcuq, ni à la Visitation de Saint-Céré, ni à la Miséricorde de Cahors, loue un appartement dans la rue du Portail-Alban, où elle a vécu jusqu'au mois d'avril 1882.

Au même mois de juillet 1845, Prudence écrit à Mlle Anna :

« Mademoiselle, permettez à votre infirmière d'autrefois de vous exprimer les sentiments dont son cœur est pénétré, pour toutes les bontés dont vous l'avez comblée quand vous étiez à Cahors. Si j'étais petit oiseau, j'aurais mon nid près de votre demeure, et comme j'aurais plaisir de vous voir à tout moment ! Mais mon corps est trop lourd ; ce n'est qu'en esprit que je puis venir auprès de vous, et croyez que j'y suis souvent. Tenez, si Bonne Mère d'ici venait à succomber à ses occupations excessives, je viendrais demander à Bonne Mère de là-bas et à vous de me prendre parmi vos Filles, et que je serais heureuse de faire nuit et jour votre volonté en tout !

« Je vous envoie de la pâte de coing que j'ai préparée moi-même ; je voudrais avoir quelque chose de mieux à vous offrir, mais je n'ai plus rien.

« Veuillez présenter mes respects à toutes ces Demoiselles, mais en particulier à Mlle Séraphin et à Mlle Marie-des-Anges, que je connais davantage et que j'aime bien, à Euphrasie, à Angélique, ma Surveillante quand elle était ici, à mes chères sœurs de Sainte-Thérèse.

« Marie-de-Maï ne veut pas être oubliée ; elle pense tout comme moi. Agréez nos respects.

« PRUDENCE.   « MARIE. »

10 septembre. — Une lettre de Bordeaux annonce à Cahors le prochain retour de Mlle Anna, de Mlle Marie-des-Anges, de Foi et d'Euphrasie, pour le moment toutes à Bordeaux. Quelle jubilation pour la maison de Cahors ! Quelle fortune inattendue ! Tout le monde se demande quelle fête on fera à ces enfants prodigues, pour leur témoigner suffisamment la joie que donne leur retour à toute la communauté de Cahors... On ira à leur rencontre... Et Mme Fournié, prenant la plume, écrit à la Bonne Mère de Bordeaux pour la remercier, avec effusion, des précieux secours qu'elle lui envoie... Elle était dans la disette, elle sera dans l'abondance ! et ses Filles, mieux soignées, vont devenir régulières et pieuses comme des anges ! Écrivant ensuite à Mlle Anna, elle prend, sans s'en douter, le ton lyrique, seul capable d'exprimer son enthousiasme. « Mademoiselle Anna, Mademoiselle Marie-des-Anges, c'est d'Espère que je vous écris, d'Espère où est venue me joindre la bonne nouvelle de votre retour parmi nous. Venez, Sœur Anna ; venez, Sœur Marie, respirer le bon air de nos montagnes... Les raisins du Quercy sont bons, ils sont mûrs et veulent être cueillis, venez... »

Toutes les personnes annoncées arrivent à Cahors, mais Mlle Anna, fatiguée, ne venait que pour voir ses compagnes de Cahors, se reposer, se distraire, respirer l'*air des montagnes*, manger les *raisins du Quercy* et repartir pour Bordeaux. Elle resta deux mois à Cahors, et Mme Fournié la ramena chez elle, à Bordeaux, après la fête de Noël.

Fin décembre. — Une indulgence plénière est attachée à la visite de la chapelle, par un rescrit arrivé de Rome.

Thérésia est à l'agonie; Mère Marie-Thérèse passe la nuit auprès d'elle. Une pauvre Fille dont le père barbare et grossier s'est fait le bourreau, est envoyée à Bordeaux, une de Bordeaux viendra prendre sa place à Cahors. Mlle Marie-des-Anges, Séraphin, Euphrasie, Mathurine, Delphine et Follette envoient leurs compliments à Mlle Anna rentrée à Bordeaux et aux autres Directrices.

20 janvier 1846. — Mlle Clotilde Atgié-Latour, née à Soturac le 12 janvier 1820, vient d'entrer à la Miséricorde de Cahors, comme postulante. Elle est en ce moment à Rocamadour avec Mme Fournié. Elle ira faire son noviciat à Bordeaux, où elle recevra le nom de demoiselle Stanislas, qui sera plus tard très populaire à Cahors. Mlle Marie-des-Anges l'accompagnera à Bordeaux, et en revenant ramènera Agatha, devenue très raisonnable.

Mlle Jeanne Varizol, née à Sarlat le 24 novembre 1820, va prendre l'habit à Cahors sous le nom de demoiselle Gonzague.

13 février 1846. — Mlle Marie-des-Anges, ayant accompagné Mlle Latour à Bordeaux, est rentrée sans accident; elle se repose des fatigues de la voiture. Agatha est rentrée avec elle : son air ne dit rien de bon. La retraite des Filles va s'ouvrir, préchée par M. le Supérieur du séminaire. Agatha ira se confesser; la cause de sa chute est quelque chose d'horrible et qui ne peut pas s'écrire : comment Dieu supporte-t-il de pareils crimes !

18 mars. — « La retraite s'est bien passée; il y a eu première communion. La sourde était du nombre des premières communiantes. Elle ne se possédait pas de joie; c'est une âme sans doute fort agréable à Dieu. Agatha, malgré tout ce que nous faisons pour la gagner, a toujours de tristes apparences. M. de Mosbourg annonce cinq cents francs : ils seront les bienvenus. L'ouvrage cependant ne nous fait pas défaut, mais que la disette est grande cette année ! »

A Mlle Anna : « Les Messieurs du séminaire, M. de Laroussilhe, M. Delfour, vous offrent leurs sentiments respectueux; M. et Mme Pagès ne veulent pas être oubliés, pas plus que votre excellente amie, Mme Boisse : vous avez la première place dans son cœur. Mathurine, Euphrasie, Marie-de-Mai et Follette me chargent de vous offrir leurs respects. Follette veut que j'ajoute que, cette fois, elle est convertie tout de bon. »

5 mai. — La Bonne Mère à M. Touvre, à Saint-Lazare, à Paris. « Vous ne nous écrivez plus : avez-vous donc oublié votre Miséricorde de Cahors? M. Laurent, votre confrère, nous rend de nombreux services. Nous avons encore cent trente Filles, malgré les vides que la faux de la mort fait dans leurs rangs. C'est M. Laurent qui vient voir nos malades : il en a, depuis le premier jour de l'an, expédié huit pour l'éternité, et il est après la neuvième, une pauvre enfant de Carcassonne qui a à peine vingt ans. Quelle édification ces Filles nous donnent par la joie qu'elles montrent de partir pour le ciel ! Bien des fois leur pauvre Bonne Mère se sent humiliée, ayant de bonnes raisons de craindre qu'elle sera, à ce terrible moment, moins bien partagée que ses Filles.

« Nos bonnes Directrices Mlle Ginioux, Mlle Séraphin, Mlle Marie-des-Anges, me chargent de vous offrir leur respect. Nous avons encore Mlles Marie-de-Jésus, Gonzague, Saint-Michel et la bonne Sœur Stanislas, qui n'ont pas l'avantage de vous connaître.

« Ah ! que souvent mon esprit est près de vous et que je voudrais pouvoir le suivre pour avoir vos sages conseils sur une foule de points ! Mais ma lourdeur me retient ici. J'ai souvent eu la pensée de venir à Paris pour y quêter du pain pour mes Filles ; mais on m'assure que les temps ne sont pas favorables, et je ne sais me décider à partir.

« Écrivez-nous donc et ne nous laissez pas des six mois dans l'attente de vos lettres. »

27 septembre. — A la retraite ecclésiastique, Monseigneur a lui-même fait la quête pour la Miséricorde parmi les prêtres. Elle a produit six cents francs. Plusieurs membres du Conseil général sont venus visiter l'établissement ; ils ont paru y trouver de l'intérêt et ils se sont montrés étonnés du bien qui s'y fait. Ils restent très disposés à nous continuer tous les ans la subvention de quatre ou cinq mille francs qu'ils nous accordent, depuis quelque temps, sur les fonds du département, pour nous aider à continuer notre œuvre.

19 décembre. — Mlle Marie-de-Jésus se meurt. Elle s'en va de la poitrine à l'âge de vingt-trois ans : c'est une perte regrettable pour nous, un gain pour elle, le ciel !

Septembre 1848. — Une Postulante s'annonce, qui promet une Supérieure, Mlle Marie-Jeanne-Valérie Testas de Folmont, née aux Albencats, paroisse de Latour, commune de Bélaye, en 1824, de M. Joseph de Folmont et de dame Pauline Soulacroux, la plus jeune sœur de Mme de Gérard, de Sarlat, et de Mme de Flaujac, de Cahors. Nos Filles s'occupent peu de ce qui se passe dans le monde, et la Règle qui le défend est si bien gardée sur ce point, que nous voilà depuis sept mois en République et qu'elles ignorent sous quel régime nous vivons, n'ayant pas du tout entendu parler des événements de février.

Rien n'a été changé à la Miséricorde ; le travail n'a pas été interrompu un instant, et l'ouvrage n'a jamais fait défaut.

9 avril 1850. — Le R. P. Nampon, Jésuite, a donné aux Filles une mémorable retraite. Il y a eu première communion, le dimanche du Bon Pasteur. Les Filles sont toujours édifiantes.

Mlle de Folmont (Sœur Marie-de-la-Croix) et Mlle Zoé Delprat, née à Lacapelle-Marival le 14 janvier 1827 (Sœur Marie-de-Jésus seconde), sont parties pour Bordeaux, afin d'être mieux formées, au noviciat, et revenir à Cahors, après un an de séjour. Nous gardons à Cahors Mlle Antoinette-Alza Grangié, née à Luzech le 17 mai 1825, Directrice depuis 1849, sous le nom de Marie-des-Anges seconde.

19 janvier 1851. — Les classes étaient trop nombreuses ; pour remédier à cet inconvénient grave, l'atelier de Saint-Joseph vient d'être organisé.

Prudence arrive de noces, et Mme Fournié aussi ; elles ont assisté au mariage très brillant de M. Alphonse Agar, de Pradines, avec une parente de M. Dulac, de Lacapelle-Cabanac.

Depuis quelque temps la disette est grande à la Miséricorde. La dette est déjà considérable ; Mme Fournié a été entraînée à de grosses dépenses, au delà de tout ce qu'elle avait prévu, par la nécessité de loger les Pénitentes, qui venaient à elle toujours plus nombreuses et que son cœur de mère ne lui permettait pas de repousser.

Le prix du blé allait croissant, et elle le payait jusqu'à quarante-trois francs l'hectolitre[1]. Les comptes courants, en sus de la dette proprement dite, s'élevaient, chez M. Cangardel, à la somme de vingt-cinq mille francs. Il fallait pourtant s'arrêter. M. Pagès avait fait une retraite au grand séminaire ; il s'était

_____

1. Lettre du 20 septembre 1853.

confessé et il avait communié, avec des sentiments
d'une admirable piété. Il laissa ses biens à sa sœur ou
à ses neveux, la famille Miquel de Touzac; il fonda
deux bourses au petit séminaire et deux bourses au
grand séminaire, qui existent encore. Mme Pagès, devenue veuve, était, à l'époque où nous sommes, la
providence visible de la Miséricorde. Elle envoyait des
charretées de grains, du blé, du maïs, des pommes de
terre; mais qu'était-ce que tout cela pour tant de bouches? Mme Pagès mourut à la Miséricorde. Elle avait
tenu toute sa vie sa maison d'Espère comme elle avait
vu sa mère tenir celle des Bouyssés, quand elle était
encore enfant. Elle aussi faisait la prière avec ses domestiques. Par testament, elle laissa douze cents francs
pour l'entretien de la lampe du sanctuaire, à Espère,
et vingt-quatre mille francs pour la reconstruction de
l'église.

Mme Fournié était donc à bout de ressources et chargée de dettes; elle avait cent cinquante Filles sur les
bras. Cette situation était vraiment pénible. La Bonne
Mère avait une grande force d'âme; elle souffrait depuis trente ans de continuelles épreuves, parfois très
dures, et elle n'avait jamais laissé voir ni faiblesse ni
manque de confiance; mais elle a entrevu à l'horizon
la déconfiture et l'expropriation; elle a senti un frisson
parcourir son corps et elle a résolu, sans trop savoir ce
qu'elle allait leur demander, de réunir les principaux
membres du clergé de la ville.

Quand ils furent réunis, elle leur dit sans phrases :
« Je ne puis pas tenir plus longtemps. Si mes créanciers
prennent peur, ils vont tout faire vendre; je me verrai

obligée d'ouvrir les portes de ma maison et de jeter à la rue les cent cinquante Filles qu'elle abrite. Que dois-je faire ? » Les éventualités regardées comme possibles par Mme Fournié parurent bien graves à la noble assemblée. On garda le silence d'abord ; visiblement, chacun cherchait en son esprit une réponse à la question embarrassante qui venait d'être posée.

M. Sénizergues, vicaire général, et M. Bardou, chanoine, émirent l'avis qu'il fallait alléger la charge, comme font les matelots quand sévit la tempête et que les vagues menacent d'engloutir le navire. « Renvoyez, Madame, lui dirent-ils, vos Filles les plus mauvaises et les bouches inutiles ; gardez celles qui vous donnent de la consolation et les bonnes ouvrières. — Hélas ! non ! répondit la Bonne Mère ; s'il faut faire un partage, je prierai les meilleures de mes Filles et les bonnes ouvrières de sortir et d'aller chercher des moyens d'existence au dehors, et je garderai les débiles et les mauvaises, dont les besoins sont plus grands. »

M. de Laroussilhe, ancien curé de la Cathédrale, chanoine, prit la parole : « Madame, dit-il, ayez de la patience ; la Providence vous a été bonne jusqu'ici, pourquoi vous abandonnerait-elle brusquement ? Bien des personnes de Cahors ont été fières, par le passé, d'être les instruments de cette bonne Providence, pour soutenir votre œuvre et la développer ; elles n'ont pas retiré leur sympathie : pourquoi retireraient-elles leur concours ? Donnez-moi quelques jours seulement, je parcourrai la ville, et je viendrai vous dire quel accueil m'a été fait. Vous prononcerez ensuite. » On se sépara. Le jour même, M. de Laroussilhe demanda à Mgr l'Évê-

que la permission de faire une quête parmi le clergé
d'abord, et chez les familles les plus chrétiennes de la
ville ensuite. Il ramassa plusieurs milliers de francs :
l'orage fut conjuré pour le moment, et Mme Fournié comprit qu'il ne fallait jamais manquer de confiance en la
divine Providence. Il convenait cependant de l'aider par
une stricte économie, et on résolut de réduire la dépense à l'absolu nécessaire. Plusieurs Filles se transportèrent à la cuisine et firent entendre des plaintes
amères à Pauline, la maîtresse de céans. Celle-ci crut
devoir avertir la Bonne Mère du mécontentement des
Filles. Par deux fois la pauvre Mère Marie-Thérèse se
mit à pleurer : « Je n'ai ni pain ni argent, dit-elle;
comment ces malheureuses peuvent-elles être si difficiles ! »

A la suite de ces circonstances particulièrement pénibles, elle se décida à réunir la communauté pour lui
révéler la vérité tout entière. « Mes enfants, leur dit-
elle, tant que j'ai eu du bon pain à vous donner et une
nourriture suffisante, je vous priais de rester ici pour
le bien de vos âmes. Tout ce que j'avais, je l'ai employé
pour vous donner un asile vaste et commode et faire
face à tous les besoins jusqu'à ce jour. Je me sentais la
force de tout tenter pour vaincre l'épreuve, mais c'est
moi qui suis vaincue. Je me vois dans un tel état de
ruine que je n'ose plus vous imposer d'endurer une pareille misère. Je n'ai plus suffisamment de pain à vous
donner ; je suis réduite à manger avec vous des pommes de terre, et encore sont-elles pour la plupart profondément gâtées. Donc que celles qui ne veulent pas
partager avec moi ces jours de détresse s'en aillent :

les portes sont ouvertes à toutes celles qui voudront partir. »

Ces pauvres Filles se regardèrent émues et étonnées. Elles ne soupçonnaient pas qu'elles fussent la cause de tant d'angoisses et de tant de privations de la part de la Bonne Mère. Elles répondirent toutes, les larmes aux yeux, qu'elles voulaient rester, qu'elles partageraient le peu qu'il y aurait, si peu que ce fût; enfin, qu'elles supporteraient la souffrance et sans se plaindre tant qu'il y aurait à souffrir[1].

On mangeait à midi comme à l'ordinaire; le pain ne fit jamais défaut pour ce repas. Le repas du soir était très léger : peu de pain, un peu ce qu'on trouvait ou ce qui arrivait à la porte, de la part de personnes compatissantes. Les petites renoncèrent au goûter (repas de quatre heures); le matin, au déjeuner, on n'avait que des pommes de terre. Les pommes de terre, hélas! étaient si mauvaises, sur la fin surtout, que l'odeur se répandait de la cave dans les corridors, si infecte que les Filles, en descendant des dortoirs le matin, se sentaient le besoin de fermer le nez avec leurs mouchoirs pour ne pas en être incommodées.

Les voyant si courageuses, la Bonne Mère leur dit : « Mes enfants, ayez patience; j'irai mendier autant qu'il le faudra pour vous donner du pain, et je vous en donnerai, dussé-je vendre ma chemise. » Elle ne mangeait pas une bouchée de plus que la dernière des Filles, et elle déjeunait avec des pommes de terre plus ou moins saines, comme tout le monde, mais non sous les

1. Témoignage de M. l'abbé Labouïsse.

yeux de la communauté. Une cuisinière témoin du fait eut pitié d'elle et lui dit un jour : « Bonne Mère, ne mangez donc pas ça, ça vous fera du mal. — Eh, ma pauvre, répondit-elle, ne le mangez-vous pas, vous autres[1] ? »

Un fait semblable avait eu lieu à Bordeaux un an et demi après la fondation de l'œuvre. Il n'y avait encore qu'une réunion de trente Pénitentes ; Mlle de Lamourous, se sentant indisposée ou malade, passa quelques semaines à sa campagne, *à son ermitage* du Pian, laissant l'atelier à la garde de Mme Adélaïde. Mais celle-ci manqua d'autorité, il y eut parmi les Filles des scènes de désordre, des scènes de violence qui eurent de l'écho en ville. On causa, on discuta la moralité et la viabilité de l'entreprise... Le résultat immédiat de cet événement fut la diminution de l'ouvrage et la diminution des offrandes. Mlle de Lamourous, à son retour, trouva la caisse plus que vide et les protecteurs de l'œuvre bien émus.

Le bureau d'administration fut réuni. Le premier avis fut qu'il fallait renvoyer la moitié des Filles pour nourrir plus facilement l'autre moitié ; mais après discussion il fut convenu que pendant un mois d'expérience et d'essai on les garderait toutes, en réduisant la dépense au strict nécessaire.

Ce soir-là, Mlle de Lamourous rentra à la Miséricorde plus tard que d'habitude ; les Filles étaient dans l'angoisse, comprenant bien que l'atmosphère était lourde et que quelque orage se préparait. Quand Mademoiselle

1. Témoignage de Choisie-de-Marie.

14.

arriva, il y eut une explosion de joie; elles avouèrent leurs craintes et demandèrent à leur Directrice de les rassurer. « Pauvres enfants, leur dit-elle, vous avez été tout à l'heure sur le point d'être renvoyées la moitié d'entre vous, et je n'ai pu vous garder qu'à la condition que vous deviendriez plus raisonnables et que vous vous prêteriez à toutes les économies. » Ce fut une explosion de cris indescriptible. « M'auriez-vous chassée, moi, Mademoiselle ? — Et moi ? — Et moi ? — Non, mes enfants, je n'aurais eu le courage de chasser aucune de vous, mais vous auriez tiré au sort, pour savoir lesquelles de vous devraient sortir. — Au sort ! s'écriait l'une d'elles; je n'aurais jamais pu m'y résoudre : j'ai toujours été malheureuse, j'aurais certainement porté le mauvais numéro. — Et moi, disait une seconde, j'ai commencé ma confession générale avec tant de courage! je l'aurais laissée là ? — Et moi, disait une troisième, je n'aurais connu la Miséricorde que pour me voir privée de ses bienfaits? » Et, toutes en chœur, elles ajoutaient : « Du pain et de l'eau, du pain et de l'eau, pourvu que ce soit à la Miséricorde ! » Mlle de Lamourous les rassura : « Soyez plus convenables, leur dit-elle, et le bon Dieu aura pitié de vous et il vous enverra les ressources nécessaires pour que vous puissiez toutes rester ici. » De fait, l'épreuve ne fut pas longue, l'ouvrage revint en abondance, les offrandes aussi; on augmenta le nombre des Pénitentes, et on ne songea plus à les jeter à la rue[1].

---

1. *Vie de Mlle de Lamourous.*

CHAPITRE XIV

La disette que supporta la Miséricorde et la crainte qu'elle suscita d'épreuves capables de compromettre même l'existence de l'établissement, fit comprendre à M⁽ᵐᵉ⁾ Fournié combien son œuvre était encore mal assurée contre les épreuves de l'avenir, quand elle ne serait plus là pour les combattre d'un zèle courageux et infatigable. Elle avait toujours eu la pensée d'affilier sa maison à celle de M⁽ˡˡᵉ⁾ de Lamourous, elle en sentit mieux la nécessité et l'urgence.

La Miséricorde de Bordeaux est, en effet, solidement établie sur la grande notoriété et l'immense popularité de M⁽ˡˡᵉ⁾ de Lamourous, non moins que sur le dévouement et la sympathie qu'un grand nombre de familles chrétiennes montrent pour l'œuvre, et enfin sur l'espérance fondée de ressources toujours suffisantes que ne refusera jamais une ville riche et populeuse comme Bordeaux. Les Directrices y sont nombreuses, toujours bien formées et gardiennes fidèles de l'esprit de la Fondatrice.

Cahors, par son affiliation, devient fort de la force même de la maison de Bordeaux ; on n'a plus à redouter pour lui ni la ruine matérielle ni la ruine morale, car Bordeaux, en cas de nécessité extrême, enverrait des Directrices pour remettre en vigueur les bonnes traditions, et, quoique chaque maison doive avoir ses ressources et se suffire, il enverrait encore des fonds pour prévenir une ruine et une expropriation devenue inévitable et certaine. Aucun sacrifice ne parut trop pénible à Mme Fournié pour assurer à sa fondation cette sécurité et ces inappréciables avantages. Elle était toute disposée à renoncer à son autorité souveraine et à son indépendance et à se ranger sous l'autorité et l'obédience des Supérieurs de Bordeaux. Elle écrivit à Bordeaux dans ce but à plusieurs reprises, demandant l'affiliation avec instances.

En novembre 1854, la Bonne Mère de Bordeaux, ou mieux Mlle Stanislas de Bordeaux, Assistante et plus tard troisième Supérieure générale, vint passer un mois à Cahors pour tout voir de ses propres yeux et se rendre compte des ressources de cette maison, soit au point de vue moral, soit au point de vue temporel. Mme Fournié, avec son humilité habituelle, s'effaça, s'annihila, et se montra prête à renoncer à son autorité pour obéir, comme la dernière des Directrices. L'impression dut être bonne : la déléguée s'exprima comme si l'affiliation était déjà faite, en principe. Mme Fournié, qui désirait vivement ce résultat, le considéra comme acquis. Elle se hâta de faire connaître cet heureux événement à M. Touvre, dans une lettre sans date, mais qui ne peut être que de cette époque. C'est de bonne volonté, dit-elle, qu'elle s'est soumise aux Supérieurs de Bordeaux. Mais elle était dans l'erreur, elle avait pris ses désirs pour un fait accompli. Car le conseil de la congrégation de Bordeaux, effrayé par les dettes, refusa d'effectuer l'affiliation, pour le moment du moins, se réservant de voir quelle tournure prendraient les événements.

Mᵐᵉ Fournié, pour ne rien compromettre, ne demanda pas des réponses claires; la question resta indécise, et personne ne pouvait dire si l'affiliation avait eu lieu ou n'avait pas eu lieu.

En 1855, le 11 juin, Mˡˡᵉ Sophie Pons, de Reilhac, sur le point de prendre l'habit, à Cahors, fit demander à Bordeaux si l'union des deux maisons était réelle. Il fut répondu : Non, parce que Mᵐᵉ Fournié n'avait pas paru avoir toute la prudence et la docilité nécessaires. Il faut comprendre que cette réponse était confidentielle et que Mᵐᵉ Fournié ne la connut jamais. Pauvre chère dame ! pas assez prudente, elle la prudence incarnée ! pas assez docile, elle qui n'a jamais dit : « Je veux; » mais toujours : « Comme vous voudrez, » et cela depuis le commencement, ne faisant jamais sa volonté, mais toujours celle de ses Supérieurs ou de ses Directeurs ! La réponse se comprend cependant avec la réserve suivante : Nous savons qu'elle avait été amenée à des dépenses excessives et qu'elle avait des dettes. C'est en ce point unique qu'elle avait manqué de prudence humaine, par excès de confiance en la divine

Providence. Elle avait toujours consulté Bordeaux, et Bordeaux, sans s'opposer, n'ayant pas d'ailleurs qualité pour cela, avait dit quelquefois : « Prenez garde. » En ce point unique, elle avait manqué de docilité. Ne voulant pas fermer la porte de sa maison aux Filles qui demandaient à entrer, il fallait qu'elle fit de la place pour elles, puisqu'elle n'en avait pas à leur donner. Elle n'avait pas manqué, à proprement parler, à la docilité qui se contente de l'obéissance aux ordres, mais bien à la perfection de la docilité, qui demande non seulement l'obéissance aux ordres, mais encore l'obéissance aux simples avis, désirs ou conseils.

A la même question faite par M. de Blaviel, vicaire général, en 1859, le 16 octobre, il fut répondu : « Lorsque cette respectable dame (Mᵐᵉ Fournié) demanda l'union de sa maison avec la nôtre, il fut décidé, en conseil, que nous lui prêterions seulement secours, voulant voir la marche que prendrait cet établissement, avant de contracter aucun engagement définitif avec la Fondatrice. Cette question ne fut pas poussée plus loin pour le moment. »

En 1853, Mˢʳ Bardou en avait soulevé une autre, qui donna lieu à une longue et assez vive correspondance et n'eut pas un meilleur résultat. Le 20 septembre, Mᵐᵉ Fournié écrivit à la Bonne Mère de Bordeaux, Mˡˡᵉ L. de Labordère : « Permettez que je vous fasse part de la situation critique et embarrassante où je me trouve, par suite de la détermination que Monseigneur vient de prendre à l'égard de notre maison, dans une visite qu'il nous a faite il y a quatre jours. Il m'a dit, en termes formels, qu'il fallait songer à se faire reconnaître par le gouvernement. Ce n'est pas la première fois qu'il m'a fait cette proposition ; j'en avais toujours éludé la réponse, en lui disant que la Bonne Mère du ciel (Mlle de Lamourous) ne l'avait pas voulu de son vivant, et que je croyais que vous éprouveriez la même répugnance et que je ne pouvais rien faire qui fût contraire à vos usages. Mais pour cette fois il le veut absolument, et je sais, par des personnes qui l'approchent, que sa résolution est irrévocable.

« Le désir de conserver l'œuvre et les désagréments qu'ont éprouvés des communautés du diocèse, tant pour la transmission des biens que pour le recouvrement de certains legs, l'ont déterminé à exiger que toutes les communautés qui dépendent de lui travaillent à se donner une existence légale. Toutes ont obéi et ont réussi à obtenir cette reconnaissance légale, nous seules exceptées.

« Vous voyez, chère Bonne Mère, par cet exposé, dans quelle pénible alternative je me trouve : ou d'aller contre votre manière de voir, ou de désobéir à mon Évêque, qui m'a dit : « Si la Bonne Mère de Bordeaux
« apporte de bonnes raisons contre ma détermina-
« tion, il faudra bien que je me rende ; mais jusque-
« là, il est de mon devoir d'exiger ce que je regarde
« comme nécessaire pour conserver à mon diocèse
« une œuvre qui fait beaucoup de bien, qui a toute
« mon affection et que je ne voudrais pas voir périr.
« Ma conviction est que, vu la manière de juger des
« tribunaux de Cahors et d'Agen, qui sont tout à fait
« hostiles aux communautés, à votre décès, malgré
« toutes les précautions prises, votre famille aura gain

« de cause, que vos Sœurs et vos Filles se trouveront
« sans asile, après avoir consumé leur jeunesse dans
« votre maison à de pénibles travaux. Vous ne pouvez
« pas, en sûreté de conscience et sans imprudence cou-
« pable, les exposer à une situation à ce point déplo-
« rable. Vous êtes déjà d'un âge avancé, parfois ma-
« lade, et vous ne vivrez pas toujours, car la vie n'est
« promise à personne. Je vous donne huit jours de
« réflexion : ne tardez pas davantage à me faire par-
« venir votre réponse. »

« Ainsi a parlé Monseigneur. J'ai la confiance, Bonne
Mère, que si, après avoir fait mes observations à Monseigneur, je me vois obligée d'obtempérer à ses ordres,
vous ne m'en voudrez pas, et que rien ne sera changé
dans les rapports qui existent entre nous, et que
vous continuerez de nous donner les charitables soins
que jusqu'ici vous n'avez pas cessé de nous prodiguer. »

La Bonne Mère de Bordeaux répondit : « Notre Fondatrice n'a pas voulu être reconnue par le gouvernement : je ne puis pas agir et je n'agirai pas autrement
qu'elle ; mais si Cahors veut se faire reconnaître et
suivre une autre marche, il le peut, je n'y mets pas
d'obstacle, et je ne lui retirerai pas pour cela mon
affection. »

Cette réponse parut vague : la Bonne Mère de Cahors
demandait à Bordeaux et voulait recevoir de Bordeaux
plus que de l'affection, elle voulait l'affiliation. Par
prudence, elle supplia Monseigneur de ne pas exiger
pour le moment une mesure qui pourrait compromet-

tre ses plans et qui, tout en donnant de bons résultats d'un côté, pourrait, d'un autre, en produire de regrettables et de mortels pour l'œuvre. Monseigneur dut céder, mais non sans un sourd mécontentement.

Six ans plus tard, cette question n'avait pas fait un pas. En 1859, le 16 octobre, M. de Blaviel, ayant à écrire à la Bonne Mère de Bordeaux, s'exprime ainsi au sujet de la reconnaissance par le gouvernement : « Vous m'avez fait l'honneur de me dire que Mme Fournié reste libre, que vous n'entendez pas imposer d'obligation ni faire acte de Supérieure générale. Or nous avons craint que ces expressions dussent s'entendre que vous laissiez la maison de Cahors livrée à elle-même et que vous rompiez le lien qui de fait a toujours existé entre vous et elle. Cependant cette union nous paraît si précieuse, si nécessaire, que nous ne pensons pas qu'on doive ni qu'on puisse mettre en comparaison les avantages de la reconnaissance légale. Mme Fournié est bien décidée à renoncer à la reconnaissance du gouvernement et à subir toutes les conséquences du refus d'agir pour l'obtenir, plutôt que de mettre en péril l'union si désirée de sa maison avec la vôtre. Avant donc de parler à Monseigneur de cette liberté que vous laissez à Mme Fournié, nous avons voulu bien savoir comment vous l'entendez, et si dans votre esprit la reconnaissance par le gouvernement de la maison de Cahors peut se concilier avec l'union demandée de cette maison et de la vôtre. Je vous prie donc, Madame la Supérieure, de nous faire au plus tôt sur ce point une réponse catégorique. Nous l'attendrons avec une véritable impatience. »

La réponse de Bordeaux arriva trois jours après, datée du 19 octobre 1859. Il y est dit : « L'union n'étant pas encore faite, je n'ai pas le droit d'imposer ma volonté à Mme Fournié... Voici en toute simplicité quelques-uns des motifs qui ont empêché notre Vénérable Fondatrice de demander ou d'accepter cette reconnaissance légale. Le premier est que nous ne recevons que des personnes de bonne volonté, et la Règle est analogue à cette disposition fondamentale. Il serait à craindre que, dépendant de l'autorité civile, nous n'eussions tout à refondre dans le sens administratif, comme il est arrivé dans plusieurs autres refuges, et que par suite nous ne fussions obligées de prendre des filles internées de force, qui ne feraient pas le bien et qui nuiraient au contraire, par leur désastreuse influence, à celles qui ne sont entrées librement que pour revenir à Dieu.

« Il est encore vraisemblable que nous aurions des visites administratives de l'établissement, dangereuses pour le bien moral de nos pauvres Filles.

« Un second motif est que, notre maison étant pauvre, nos Filles savent qu'elles n'ont d'autres ressources que leur travail et les aumônes que la Providence daigne leur envoyer. Cet état de choses réveille et entretient en elles l'esprit de foi et contribue puissamment à les rendre humbles, dociles et laborieuses. Il nous est ainsi beaucoup plus facile de les gouverner et de les accoutumer à la régularité et au travail, tandis que l'indiscipline et la paresse ont, pour la plupart, précédé et suivi leurs égarements.

« Je tiens confidentiellement de plusieurs Supérieures

de refuge qu'elles ont de grandes difficultés pour ramener leurs pauvres Filles à de bons sentiments, et elles m'ont demandé des notes sur les moyens qui nous donnent chez nous d'admirables résultats...

« Je reviens donc, Monsieur l'abbé, à l'excellente Mme Fournié. Elle reste libre d'agir selon qu'il lui paraîtra être pour le mieux ; je suis toujours disposée à conserver avec elle les rapports de charité qui depuis longtemps nous unissent ; mais si elle se faisait reconnaître, il est probable que nous ne pourrions pas les conserver de la même manière. »

A la suite de cette lettre, qui ne manque pas de clarté, Mgr Bardou renonça à insister davantage pour la reconnaissance légale.

Son frère M. Bardou, chanoine, Supérieur de la maison depuis la mort de M. Sénizergues (1854), donna sa démission.

Mme Fournié pria Monseigneur de désigner pour occuper cette charge M. Derrupé, vicaire général.

Pendant que ces questions se débattaient, la Miséricorde de Cahors se préparait à faire un grand pas dans l'amélioration successive, le développement et l'établissement définitif de ses édifices conventuels. La seconde chapelle était de tout point préférable à la première, mais elle n'avait rien que de provisoire. Elle manquait d'ampleur, d'air, de caractère architectural et de caractère religieux. C'était une maison de médiocres dimensions et de plus médiocre apparence, appropriée pour les besoins du culte. C'était le strict nécessaire, rien de plus. Comme l'établissement était prospère et promettait de vivre, il devenait indispensable de construire une véritable église, grande et belle, digne de sa destination, où les cérémonies du culte pussent être faites avec la régularité et la pompe qui font leur beauté! Il la fallait telle que l'esprit des Filles fût frappé par ses formes architecturales, la hardiesse de ses dimensions, la beauté artistique de ses lignes, l'élégance et la richesse de son mobilier. C'est par les sens que la vérité va à l'âme des enfants du peuple, beaucoup mieux que par les discours ou le raisonnement.

M. Labouïsse, aumônier des prisons, se fit l'interprète du sentiment public; il dit à sa tante : « Votre chapelle n'est pas suffisante ni digne d'un établissement tel qu'est le vôtre; il est nécessaire d'en construire une de bonne apparence et de belles dimensions. Il n'y a pas à utiliser de vieilles constructions : vous avez de l'espace; il faut la mettre dans votre parc, isolée de toute construction provisoire, bien visible et dans l'axe de la place. — Hélas! répondit Mme Fournié, je suis accablée de dettes, et vous venez me demander de les augmenter encore? Voulez-vous exaspérer mes créanciers et mes fournisseurs? Voulez-vous soulever contre moi la ville et le diocèse et livrer la pauvre Miséricorde à la risée publique? » M. Labouïsse n'osa pas insister et se retira.

Il revint peu de jours après : il avait consulté ses commettants, il avait des réponses à toutes les objections et il se sentait fort contre toute autre tentative de résistance. « Il ne s'agit pas, dit-il, d'augmenter les dettes; il ne vous coûtera pas un centime, ma tante, le projet que nous avons formé : une grande quête couvrira tous les frais. — Mais nous vivons d'aumônes, répliquait Mᵐᵉ Fournié; la quête dont vous parlez tarira pour longtemps la source des dons qui nous font vivre. » A cela M. Labouïsse répondit : « Non! ceux de la ville ou du diocèse qui donneront pour la chapelle ne diminueront en rien leurs aumônes annuelles : nous n'accepterons leur offrande qu'à cette condition. Puis la quête se fera au loin, dans des villes ou des pays où la Miséricorde de Cahors est inconnue et d'où ne lui viennent pas les aumônes annuelles. » Mᵐᵉ Fournié dut céder, et elle consentit à signer la circulaire dont la teneur suit :

SOUSCRIPTION POUR LA CONSTRUCTION D'UNE ÉGLISE
DANS L'ÉTABLISSEMENT DE MADAME FOURNIÉ, A CAHORS

L'extension que prend journellement l'œuvre de la Miséricorde, que j'ai fondée, à Cahors, et le nombre de Filles que je recueille devenant de plus en plus considérable, je me vois dans la nécessité absolue de bâtir une église et de convertir la chapelle actuelle en atelier. D'ailleurs cette chapelle, située dans l'intérieur de notre maison et établie sous un dortoir, n'a été autorisée que provisoirement.

Or, je dois le dire, ce n'est pas avec mes propres ressources que je puis atteindre ce double résultat. J'ai consacré pour la prospérité de mon entreprise tout ce que je possédais; aucun sacrifice ne m'a coûté. Aujourd'hui, dénuée de toute ressource, je suis obligée de réclamer le secours de la charité et de faire un appel au généreux concours des amis de l'Œuvre.

Monseigneur de Cahors vient de m'autoriser à ouvrir une souscription. Sa Grandeur a bien voulu désigner M. l'abbé Labouïsse, chanoine honoraire de la Cathédrale, pour la présenter à domicile.

AGAR, veuve FOURNIÉ, Supérieure de la Miséricorde.

Mme Fournié possédait si fort l'estime, l'affection et l'admiration de tous, que, quelque peu populaires que soient les quêtes, personne ne songea à condamner celle-ci. M. Labouïsse distribua aux dames de la haute société les quartiers de la ville à parcourir; il se présenta lui-même devant Mgr l'Évêque et les membres du clergé. Il parcourut ensuite le diocèse et, sortant du diocèse, il alla tendre la main dans plusieurs grandes villes, où il fut tantôt bien et tantôt mal reçu. Il arriva enfin à Paris, et il alla tout droit au comte Laurent de Mosbourg pour être par lui recommandé aux riches familles et aux âmes charitables de la capitale. Il ne s'arrêta que lorsqu'une maladie, qui eût pu devenir grave, l'obligea à rentrer à Cahors. Il avait dans les mains la somme nécessaire pour le gros œuvre de l'église projetée. C'était en 1856-1857.

On creusa les fondements sans retard, et la bénédiction de la première pierre eut lieu le 8 mars 1858. Pour aller plus rapidement et plus économiquement, on demanda au colonel Pelet, commandant de la place de Cahors, de vouloir bien autoriser les soldats à prêter leur concours aux travaux. L'autorisation fut accordée, et on vit un grand nombre de soldats occupés, au grand déplaisir des ouvriers de la ville, qui auraient voulu faire durer l'ouvrage et le garder pour eux, occupés à élever une église pour les repentantes de la Miséricorde, jusqu'à ce que le tambour battit aux champs pour la guerre d'Italie.

A la fin de 1858, l'église était construite et couverte. Elle n'avait ni ses voûtes, ni son pavé, ni ses autels; on fit une halte pour reprendre des forces.

Puis une dame de Paris donna quatre mille francs pour aider à terminer l'édifice; d'autres suivirent de loin cet exemple. La voûte et tous les travaux d'intérieur étaient terminés en 1863.

Au mois de juillet 1862, Mme Fournié avait écrit à Bordeaux : « Envoyez Mlle Anna pour surveiller les travaux de la chapelle qui va être terminée. » Mlle Anna vint en effet à Cahors; Mme Fournié remercie la Bonne Mère de Bordeaux, dans une lettre du 6 novembre, d'avoir écouté sa demande. « Les vitraux, ajoute-t-elle, ont été promis par diverses personnes. Ce serait, au chœur, au milieu, le Bon Pasteur; à droite et à gauche, saint Augustin, saint Paul, la Madeleine, la Samaritaine; dans les chapelles, la sainte Vierge et saint Joseph; dans la nef, des grisailles. »

Fin juillet, on répond de Bordeaux : « Nous approuvons la pose des vitraux, puisqu'ils proviennent de dons, ainsi que les sujets indiqués. Quant au caveau, rien ne presse, et, si vous le faites, il faut le couvrir d'une simple pierre, comme il convient à la pauvreté de notre Institut. »

Le 23 septembre, Mlle Anna écrit de Cahors à la Bonne Mère de Bordeaux : « Le caveau est nécessaire. J'ai pris mes renseignements auprès de Mlle Marie-de-la-Croix, et surtout auprès de Mlle Stanislas, qui, mieux que toute autre, connaît l'opinion publique, à cause de ses nombreuses relations avec le dehors. « Je plaindrais, « m'a-t-elle dit, celles qui seraient à Cahors à la mort de « Mme Fournié, s'il n'existait pas de caveau pour rece- « voir sa dépouille mortelle. Les parents ne compren- « draient pas qu'une personne comme Mme Fournié,

« Fondatrice de la Miséricorde et jouissant de tant de
« considération, en fût privée. Ils seraient très mécon-
« tents, et beaucoup, en ville et au dehors, penseraient
« comme eux. » M. E. Dufour a demandé à Stanislas où
en est la question du caveau, ajoutant d'un air mécon-
tent : « On se laisse arrêter à la moindre difficulté. »
M. Pagès arrive de son côté et se déclare prêt à supporter tous les frais de la construction.

« La voûte se termine ; elle s'élève majestueusement,
très belle dans son ensemble. Les vitraux sont com-
mandés et doivent être en place, d'après les compromis, le 15 décembre. Dix sont à sujets ; M. Guyot
donne trois cents francs.

« Les Filles sont ici comme à Bordeaux : il y en a
de bonnes, d'autres sont de bien tristes sujets. L'ensemble va bien. »

On répondit de Bordeaux, le 27 septembre : « Qu'on
bâtisse le caveau : le Bon Père y consent, vu le grand
désir de la famille et la générosité de ceux de ses membres qui veulent en supporter tous les frais. »

Ce n'était que justice. Mme Fournié a employé cent
mille francs du sien pour faire la maison, et, ce qui
vaut plus encore, elle y a consacré quarante ans d'un
travail assidu de jour et de nuit, usant de toutes ses
aptitudes, de toute son influence, de toute la considé-
tion qu'elle avait acquise, pour la conduire à l'état de
prospérité où elle se trouve. C'est dans cette maison
qu'elle doit avoir sa dernière demeure, son repos
définitif.

Mlle Anna écrit encore le 5 octobre : « La voûte se

finit... Les Filles sont négligées... Les occupations du dehors absorbent tous les moments de notre Bonne Mère... Le remède est difficile à trouver. » Il faut lire entre les lignes : Mme Fournié a déjà soixante-treize ans : il serait temps sans doute qu'elle déposât entre des mains plus jeunes son autorité de Supérieure.

En mars 1863, l'église est terminée. En attendant que Mgr Bonamie puisse la consacrer solennellement, en présence de la Bonne Mère de Bordeaux, elle va recevoir une première bénédiction qui l'ouvrira au culte.

Les Filles, depuis plusieurs jours, ne se possèdent pas de joie et de bonheur et attendent avec impatience l'heureux moment qui les mettra en possession de leur nouvelle église. Le 25 mars, fête de l'Annouciation, fut ce jour si désiré.

A sept heures du matin, M. de Blaviel, vicaire général, a commencé la cérémonie, qui a duré une demi-heure. Pendant tout ce temps, personne ne pouvait entrer dans l'église : les Filles étaient au dehors sur deux rangs, dans le plus grand ordre, occupant tout l'espace qui sépare l'ancienne chapelle de la nouvelle.

Après la bénédiction, ces Messieurs sont allés prendre le Saint Sacrement dans l'ancien sanctuaire pour le porter dans le nouveau. Tous ceux du dehors l'ont accompagné et sont entrés dans l'église à sa suite. M. de Blaviel est monté en chaire et a rappelé d'une voix fort émue que Cahors doit cet édifice à la foi de la Bonne Mère, au zèle de M. l'abbé Labouïsse, à la générosité du clergé et des meilleures âmes de la ville et à la piété de plusieurs du dehors. Il a ajouté des choses charmantes et il a enfin célébré le saint sacrifice de la messe, et les abbés ont entonné un solennel et magnifique *Te Deum*. La cérémonie a été terminée à neuf heures.

A dix heures, la messe est chantée par M. le chanoine Labouïsse, avec le concours d'un grand nombre d'abbés du séminaire. Le soir, les vêpres sont admirablement chantées par les séminaristes, et à quatre heures, M. Houssin, économe du grand séminaire, monte en chaire et donne un sermon si beau et si touchant qu'il arrache des larmes à l'auditoire. Il compare la Miséricorde au second temple de Jérusalem, et il fait sur ce thème les applications et les rapprochements les plus ingénieux, les plus justes, les plus intéressants. Il y a eu ensuite la bénédiction du Saint Sacrement et le chant du *Magnificat*, auquel les Filles ont mis tout leur cœur. En sortant, Directrices et Filles se répétaient à l'envi les unes aux autres : « Ah ! si la Bonne Mère de Bordeaux était ici, qu'elle serait contente ! »

Depuis vingt ans (1843), la seconde chapelle, la première n'ayant duré que quatre ans, la seconde chapelle était le cœur du couvent, le centre de sa vie, la source de tous les biens surnaturels où les âmes puisent la force de persévérer dans la pénitence, le sacrifice et le travail. Là résidait Notre-Seigneur Jésus-Christ, à côté de ses fidèles servantes ; là était offert le saint sacrifice tous les matins ; là se célébraient les fêtes religieuses ; là avaient lieu les retraites annuelles, les instructions hebdomadaires, les bénédictions du Saint Sacrement, les réunions du soir, les prises d'habit, les renouvellements des vœux annuels. Là les Filles nouvellement entrées étaient admises à leur première communion dans la maison, et les plus ferventes parmi les anciennes aux communions hebdomadaires ou mensuelles. Là enfin venaient s'édifier, à la vue de ce spectacle étonnant, un groupe de fidèles, amis de l'établissement, habitués à assister à ses offices, à prendre part à ses fêtes. Mais toutes choses n'ont qu'un temps, et en ce bas monde rien ne vit que pour mourir.

La pauvre seconde chapelle fut bien louée, bien fêtée quand elle sortit comme par enchantement des basses salles de la maison Lacoste-Lacroux; elle fut entourée d'affection, d'assiduités et de respect tant qu'on n'eut pas mieux qu'elle; mais dès qu'on eut mieux, on remarqua qu'elle avait tous les défauts, et toute affection lui fut retirée. Dans ses murs désormais on va causer et rire et se livrer aux travaux les plus vulgaires. D'elle on ne peut même pas dire qu'elle a laissé un regret.

Quand le calme eut succédé aux émotions de cette fête, la bénédiction de la nouvelle église, on se souvint qu'elle n'était que le prélude d'une fête plus belle et plus solennelle encore, la consécration par Mgr Bonamie, archevêque de Chalcédoine. On écrivit donc à Bordeaux :

« Venez, Bonne Mère; venez, Bon Père, tout est prêt pour la grande fête de la Consécration.

« Mme Pagès, toujours bonne et pleine d'attentions, veut vous envoyer sa voiture à Valence. La priver de cette satisfaction serait lui faire la plus grande peine, mais il faut l'avertir à temps, pour que tout soit prêt à l'heure. Sa voiture est fort douce et fort commode, ses chevaux très tranquilles ; nous sommes heureux ici de penser que le Bon Père et vous, Bonne Mère, serez ainsi moins fatigués du voyage. »

Un mois après, les Supérieurs de Bordeaux étaient à Cahors.

CHAPITRE XV

L'église de la Miséricorde de Cahors était terminée, fort belle et fort grande, et les dettes de la maison n'étaient pas considérablement augmentées; les constructions étaient spacieuses, et les jardins fort étendus; le nombre des Filles atteignait cent cinquante; elles avaient très bonne tenue et très bon esprit; l'établissement était populaire et aimé de la ville de Cahors et du diocèse; déjà une dizaine de Directrices ou de Postulantes, jeunes et zélées, ne demandaient que des emplois et mettaient partout un ordre et un entrain admirables; et Mme Fournié persistait à offrir tout cet ensemble à la maison de Bordeaux, sans autre charge que de continuer à faire le bien à Cahors, comme il se faisait depuis vingt ans et plus. Les Supérieurs furent moins épouvantés de l'avenir et se montrèrent moins opposés à l'union des deux maisons.

« Vous n'avez pas réglé l'affaire importante qui nous occupe, écrivit Mme Fournié à la Bonne Mère de Bordeaux ; ôtez-moi donc cette épine du cœur. La vie n'est promise à personne, et je suis déjà dans l'âge. Que je me sentirais tranquille et que je mourrais contente, si je savais qu'après ma mort mes Sœurs et mes Filles trouveront en vous et en vos Sœurs une Mère et d'autres Sœurs, des guides, des soutiens, et recevront de vous les secours nécessaires, selon les occurrences. »

Le 21 novembre 1862, M. Derrupé donna à Mme Fournié partant pour Bordeaux, où elle allait faire sa retraite annuelle, une lettre pour la Bonne Mère où on lisait : « Activez, je vous en prie, la réunion des deux maisons. Mme Fournié en comprend plus que jamais la nécessité et les avantages. Je vous prie donc, Bonne Mère, de seconder ses désirs et de conjurer de ma part le Bon Père de n'y mettre aucun obstacle. »

La Bonne Mère de Bordeaux répondit : « Je vous remercie de l'intérêt que vous portez à nos pauvres maisons de Miséricorde et du soin que vous voulez bien donner en particulier à celle de Cahors, qui, sur votre demande et sur celle de la Bonne Mère (de Cahors), va bientôt être unie définitivement à celle de Bordeaux. Croyez, Monsieur, que le Bon Père Caillet voit comme moi cette union avec plaisir et qu'il est tout disposé à la favoriser de son mieux. J'espère que tout pourra se conclure lors de la consécration de l'église. »

De suite on s'occupa à Bordeaux des conditions de cette union. On se procura les constitutions des Filles de Marie d'Agen, où sont définies les relations de la maison mère avec les maisons secondaires et celles des maisons secondaires avec la maison mère. Ces constitutions furent envoyées à M. Caillet, alors à Paris, pour qu'il en fit un extrait à l'usage de la Miséricorde de Bordeaux et de ses maisons secondaires. Un projet de contrat et de règlement fut proposé par lui, et la rédaction fut plusieurs fois modifiée et complétée, sur les observations de la Supérieure. Elle fut enfin acceptée et communiquée, soit à l'Archevêché de Bordeaux, soit à l'Évêché de Cahors. Tout était prêt à la fin de mars 1863.

Après Pâques, la Bonne Mère de Bordeaux vint à Cahors; M. Caillet y vint de Paris. La chapelle fut consacrée par Mᵍʳ Bonamie, le siège étant vacant par la mort de Mᵍʳ Bardou.

Sans perdre de temps, on s'occupa ensuite de l'union des maisons de Bordeaux et de Cahors.

Le projet rédigé par M. Caillet se compose de dix-neuf ou même de vingt articles. Il n'a pas pour but uniquement de déterminer la nature des liens et les relations qui existeront désormais entre Bordeaux et Cahors, mais généralement entre Bordeaux, maison mère, et les maisons secondaires affiliées. Cahors d'abord et ensuite toute autre maison fondée par Bordeaux ou affiliée à Bordeaux, après avoir reçu, comme Cahors, une existence indépendante.

La maison mère garde et impose sa Règle, et les maisons secondaires l'acceptent dans son texte et dans son esprit. C'est la Règle donnée par Mˡˡᵉ de Lamourous à ses Filles, et qu'elle n'arrêta définitivement qu'après en avoir constaté les bons résultats par un grand nombre d'années d'expérience.

La Supérieure de Bordeaux prend le nom de Supérieure générale et a juridiction sur les maisons affiliées. Elle a le droit de nommer et de révoquer les Supérieures locales, et même les autres dignitaires, si elle le croit nécessaire. Elle admet les nouvelles Directrices et prononce les exclusions, s'il y a lieu. Il n'existe qu'un seul noviciat, qui est à la maison mère. La Supérieure générale fait annuellement la visite des maisons particulières, par elle ou par ses délégués.

Les Supérieures locales gouvernent leurs maisons en toute liberté, dans la limite des règlements et selon les règlements. Elles doivent rendre compte à la Supérieure générale, et, en cas de difficulté grave, avoir recours à elle.

Les maisons secondaires, en droit, doivent se suffire pour leurs dépenses et ne peuvent ni acheter, ni vendre, ni construire sans l'autorisation de la maison mère. Celle-ci, quoique n'y étant pas tenue par contrat, viendrait sans doute en aide à ses filles en cas de détresse : c'est pourquoi elle doit, comme tutrice, veiller à ce qu'elles ne s'engagent pas imprudemment dans des dépenses qu'elles seraient incapables de solder.

La Supérieure et l'Assistante des maisons affiliées sont appelées à prendre part à l'élection de la Supérieure générale. Les Supérieures locales peuvent également être appelées à Bordeaux, dans des circonstances exceptionnellement graves, et elles ont voix délibérative au Conseil.

Une retraite générale a lieu tous les ans à Bordeaux,

à laquelle doivent assister les Supérieures et, autant que possible, même les Directrices des maisons secondaires.

Ces dispositions furent approuvées par M. Derrupé et M. de Blaviel, vicaires capitulaires après la mort de Mgr Bardou ; par Mme Fournié, Fondatrice Supérieure de l'établissement de Cahors ; par Mlle Laure de Labordère, Supérieure de la maison de Bordeaux, désormais Supérieure générale ; et par le P. Caillet, Supérieur délégué de la même maison de Bordeaux, réunis dans la maison de Cahors, et l'union des deux établissements se fit sur ces bases.

Les signatures furent apposées sur le double exemplaire du contrat, le 24 avril 1863.

Ce contrat fut approuvé à Bordeaux par S. E. le cardinal Donnet, archevêque de Bordeaux, le 18 mai suivant, en ces termes :

Examen fait des vingt articles..., vu les signatures de MM. les Vicaires Capitulaires du diocèse de Cahors, des Supérieures... Appréciant l'esprit de sagesse qui caractérise les susdits articles...

Avons ordonné et ordonnons ce qui suit :

ARTICLE PREMIER. — La Miséricorde de Bordeaux est, par ces présentes, établie et constituée maison mère...

ARTICLE 2. — Les relations qui existeront entre la maison mère et les maisons affiliées sont celles qui résultent de l'ensemble des susdits vingt articles.

ARTICLE 3. — Est adoptée et prononcée par Nous l'affiliation de la Miséricorde de Cahors à celle de Bordeaux.

✝ FERDINAND, cardinal Donnet.

Par mandement de Son Éminence,

FONTENEAU,
Chanoine, secrétaire général.

Par suite de cet acte d'affiliation de Cahors à Bordeaux, Mme Fournié, de Supérieure indépendante, devient simple Supérieure locale. Elle ne peut plus rien entreprendre sans y être préalablement autorisée. Elle doit recevoir la direction de la Supérieure générale, subir ses visites et lui rendre compte soit de l'état moral de sa maison, soit de sa situation financière. On aura des égards pour la Bonne Mère Marie-Thérèse, à cause de son titre de Fondatrice et de la grande considération dont elle jouit; mais, en droit, elle a aliéné son indépendance et son autorité.

Il fut convenu, en exécution de l'article 10, stipulant l'unité de noviciat pour toutes les maisons, et par accord hors texte, que les Directrices de la maison de Cahors qui n'auraient pas fait leur noviciat à Bordeaux se rendraient dans cette maison pour combler cette lacune. Deux d'entre elles, deux sœurs, qui se trouvaient dans ce cas, refusèrent de se soumettre à ces conditions, et Mme Fournié préféra les sacrifier que de remettre en question l'accord et les grands avantages qu'elle en attendait. Elles rentrèrent dans le monde.

Une fois les deux maisons réunies, Bordeaux comprit-il que la réconnaissance du gouvernement apportait des avantages sans imposer des modifications graves à ses Statuts, ou bien Mgr Grimardias reprit-il la campagne de Mgr Bardou et la mena-t-il plus vigoureusement? Nous ne saurions le dire; mais ce qui est certain, c'est que le gouvernement reconnut cette fois la Miséricorde de Cahors comme établissement d'utilité publique.

Cette reconnaissance avait été préparée par Mgr Bardou, en 1854. Le gouvernement avait été pressenti, et il avait répondu qu'il reconnaîtrait la Miséricorde, mais à deux conditions : la première, que cette maison serait autonome et qu'elle ne dépendrait d'aucune autre ; la seconde, qu'elle adopterait des Statuts déjà approuvés par le gouvernement à l'occasion de la reconnaissance antérieure de quelque autre maison similaire ; et pour ne pas laisser à Cahors l'embarras du choix, il avait désigné lui-même les Statuts du Refuge de Caen, approuvés depuis 1811, et il avait porté la complaisance jusqu'à en fournir lui-même une copie authentique.

En 1869, on n'eut qu'à reprendre et à continuer les démarches et les opérations commencées en 1854.

Jusqu'à ces derniers temps, on employait indifféremment les mots *Règle* ou *Statuts* pour désigner l'ensemble des obligations et règlements proposés par les Fondateurs ou les Supérieurs, auxquels se soumettent par vœu les divers membres d'une association religieuse. Aujourd'hui le gouvernement entend par *Statuts* l'exposé en quelques lignes du but de la Congrégation ou de la fin qu'elle se propose et des moyens qu'elle emploie pour l'obtenir ; des ressources dont dispose l'établissement et des moyens de subsistance qu'ont les membres de l'association ; enfin des conditions dans lesquelles doit se faire la liquidation en cas de dissolution totale ou partielle.

La Règle va beaucoup plus loin : elle détermine l'emploi du temps, et aux fins extérieures de l'association, qui seules intéressent le gouvernement, elle ajoute d'autres fins, la sanctification progressive des âmes et les moyens de l'obtenir, la pratique de la perfection chrétienne, telle que Notre-Seigneur Jésus-Christ l'a enseignée aux hommes et que la comprend l'Église catholique.

Pour se faire approuver, Cahors dut adopter les Statuts du Refuge de Caen, qui se réduisent aux dispositions suivantes :

1° Le but de l'œuvre est de ramener aux bonnes mœurs, aux vertus chrétiennes, à l'amour d'une vie laborieuse, les personnes du sexe qui s'en seraient écartées ; de donner un asile à celles dont l'innocence se trouverait gravement exposée.

2° Les Sœurs recevront charitablement autant de repenties que les moyens de la maison le permettront.

3° La maison est gouvernée par une Supérieure, une Assistante et des conseillères.

4° Les Sœurs conservent la propriété des biens qui leur appartiennent, et peuvent en disposer conformément au code Napoléon et à l'article 10 du décret du 18 février 1809.

5° Les Sœurs qui sortent de la maison ne peuvent rien exiger pour services rendus ; elles emportent leurs vêtements, le linge à leur usage et les meubles qu'elles ont apportés, s'ils existent encore.

6° Les Sœurs du Refuge sont soumises, en tout ce qui concerne le spirituel, à l'Évêque du diocèse, et en ce qui concerne le civil, aux magistrats de la ville.

L'adoption de ces Statuts, qui sont, à peu de chose près, les mêmes dans toutes les maisons similaires, n'empêcha pas la Miséricorde de Cahors de garder la

Régle de Mlle de Lamourous en ce qui touche au personnel, au recrutement des Directrices, à la formation morale et religieuse des Sœurs et des Filles, aux méthodes pratiques de gouvernement intérieur.

Entre Bordeaux et Cahors, il y a affiliation, et non fusion absolue. Cahors garde sa personnalité morale et doit se suffire au temporel, s'appuyant sur Bordeaux surtout pour le recrutement et la formation du personnel, le nerf de la discipline et l'aide de toute nature que peut donner le fort au faible, en cas de besoins ou de dangers exceptionnels.

C'est dans ces conditions que la Miséricorde de Cahors fut reconnue et acquit son existence légale et sa personnalité civile, qui la rend apte à recevoir, à acquérir, à aliéner, à ester en justice.

Le décret est sous la date du 11 janvier 1869.

La maison de Cahors n'est pas la seule qui se soit appuyée sur celle de Bordeaux pour vivre et prospérer. Celles de Laval et de Libourne sont dans le même cas.

Miséricorde de Laval. — Le P. Étienne Chânon, habitant Bordeaux, avait vu de près et admiré la Miséricorde de cette ville. Ayant été transféré à Laval, il voulut doter sa nouvelle résidence d'un établissement semblable, dont il attendait le plus grand bien. Une demoiselle pieuse, Mlle Rondeau, parut capable de faire la fondation. On demanda donc à Mlle de Lamourous d'envoyer des Directrices, pour donner les premières indications, faire connaître les méthodes à employer et imprimer enfin à l'œuvre son mouvement normal. Mais Mlle de Lamourous n'avait jamais trop de Directrices sous la main, et elle ne se privait pas facilement de leurs services. « Que Mlle Rondeau vienne ici, dit-elle, elle nous verra à l'œuvre, nous lui donnerons tous nos secrets, et elle reviendra à Laval très capable de faire la fondation sans nous, avec les aides qu'elle saura se trouver. »

La proposition parut raisonnable. Mlle Rondeau était à Bordeaux en 1818 ; elle y prit l'habit des Sœurs de la Miséricorde, elle repartit pour Laval, et elle fonda sa maison sur le modèle de la Miséricorde de Bordeaux. Mlle de Lamourous lui envoya de temps en temps des Directrices de Bordeaux pour lui venir en aide dans les difficultés, comme Mlle de Labordère le fit plus tard pour Cahors.

Cette maison prospéra et grandit rapidement, rivalisa presque avec Bordeaux et abrita jusqu'à quatre cents Pénitentes du vivant même de la Fondatrice. Il n'y a jamais eu entre les deux maisons d'affiliation proprement dite : elles sont sœurs, mais indépendantes.

Miséricorde de Libourne. — Mlle de Lamourous, depuis un an, n'était plus de ce monde, quand Mlle Yon jeta les fondements d'une nouvelle Miséricorde à Libourne, le 9 février 1837. Bordeaux aida de son expérience et de son personnel la maison de Libourne à se développer et à se constituer solidement, et la regarda comme une de ses filles. Mlle Yon vécut jusqu'au 16 septembre 1863. Son œuvre lui survécut, et elle existe encore, abritant de soixante-dix à cent Pénitentes. Cette maison est affiliée à Bordeaux, comme Cahors.

Dans plusieurs autres villes, d'autres Miséricordes

furent fondées, et plusieurs fois les Supérieures de Bordeaux furent appelées à aider les Fondatrices de leurs conseils; mais les seules maisons qui soient proprement affiliées à Bordeaux sont Libourne et Cahors.

Il en existe une troisième, le Pian; mais le Pian est une annexe de la maison de Bordeaux, et non une de ses filles.

Le Pian. — Le Pian était la maison de campagne de Mlle de Lamourous, sa propriété personnelle, qu'elle avait reçue de son père pour sa part de patrimoine. Elle aimait beaucoup cette résidence, qu'elle appelait *son cher Ermitage.* Le Pian est encore le nom du village. Elle avait passé là le temps de la Terreur, et elle s'était attachée à ses habitants, qui lui avaient accordé de la confiance et de l'affection, et auxquels elle avait fait grand bien, les instruisant et leur donnant de bons conseils, comme si elle eût été leur mère, et eux ses enfants.

En mourant, elle laissa cette propriété à ses Filles comme un lieu où elles pourraient aller respirer l'air pur des champs, quand elles se sentiraient malades ou comme suffoquées par l'air trop épais de la ville.

On y plaça d'abord quatre Filles sérieuses et d'âge mûr, pour tenir la maison habitable, cultiver les jardins et les terres. Des volières et des étables sortirent bientôt du sol comme d'elles-mêmes. Il fallut accroître le nombre des Sœurs ou des Filles et augmenter les constructions; il fallut une chapelle. Des dons arrivaient de toutes parts pour augmenter ou embellir la maison de campagne de la Miséricorde. Bientôt enfin il fallut y mettre des Directrices et organiser la maison : la section prit le nom de classe de Marie-Thérèse.

On bâtit des maisons, des écuries et des étables, et enfin, comme l'eau était abondante, on établit un lavoir.

Ce lavoir, ce fut comme une mine non soupçonnée que le hasard faisait découvrir et qui allait être la fortune de la maison de Bordeaux.

La préfecture prit l'initiative de donner son linge à blanchir à la Miséricorde. Comme les lavoirs de la ville étaient incommodes pour les Filles et les eaux malpropres, un service de transports fut organisé entre Bordeaux et le Pian. Le linge fut blanchi et lavé au Pian. Bientôt les meilleures familles de Bordeaux suivirent l'exemple de la préfecture. Des lavoirs modèles ont été établis sous la direction de M. Périé, architecte, qui y a mis tout son cœur, avec des salles particulières pour le séchage, le lissage, la mise en ordre, le remisage, le pliage et l'emballage du linge.

Le Pian est une petite merveille, qui laisse les visiteurs dans l'admiration et le ravissement et où les Sœurs âgées ou convalescentes vivent tranquilles et contentes au milieu de leurs Filles, parmi les oiseaux de basse-cour de toute sorte, parmi les légumes et les fleurs, entourées de blanchisseuses, de laveuses, de lisseuses et de lingères qui chaque jour reçoivent de Bordeaux le linge à blanchir et réexpédient le linge blanchi, bien plié, rangé, empaqueté et étiqueté.

Sœur Saint-Paul, dont nous avons eu fréquemment à nous occuper dans divers chapitres de ce livre, après être restée vingt ans économe de la maison de Bordeaux, a été nommée Directrice principale ou Supérieure du Pian, où elle a vécu les douze dernières années de sa vie.

Elle y a rendu son âme à Dieu, le 12 novembre 1888.

CHAPITRE XVI

17 octobre 1851. — Vingt-cinq ans auparavant, M. Touvre avait demandé à la Bonne Mère de Bordeaux, pour Mme Fournié, la communication de la Règle de Mlle de Lamourous. Cette faveur lui fut poliment refusée; mais depuis cette époque Mme Fournié a fait de si grandes choses qu'elle mérite récompense. Une copie exacte et complète des constitutions (ne les voit pas qui veut) lui arrivera avant la Toussaint, jour anniversaire de la naissance de la Bonne Mère Marie-Thérèse de Lamourous, qui a légué comme le gage le plus précieux de sa tendresse maternelle cet inappréciable trésor à ses chères Filles.

La Bonne Mère de Bordeaux annonce sa visite à Cahors. Toute la maison est dans la jubilation en apprenant cette heureuse nouvelle. Marie-de-Jésus II est à Lacapelle-Marival, chez ses parents, fatiguée ou malade.

7 février 1855. — On écrit de Bordeaux : « Envoyez Mlle Stanislas (Latour), fatiguée, se reposer ici; vous

recevrez à la place Mlle Marie-de-la-Croix (de Folmont).
Elle a un bon jugement et beaucoup de dévouement ;
elle vous sera d'un très grand secours. Marie-des-
Anges a été reprise de ses regorgements de sang d'une
façon effrayante ; elle ne pourra rien faire de plusieurs
mois. Gabrielle est presque tout à fait hors de service,
Saint-Michel souvent au lit, et avec cela quatre cent
quarante Filles ici, à Bordeaux, cinquante au Pian, et
plusieurs en ville, dont nous payons la pension et qui
nous donnent, pour leur nombre, plus de sollicitude
que celles du dedans.

« Vous avez vos croix, chère Bonne Mère, et nous les
nôtres, et chez nous, comme chez vous, toujours disette de Directrices et de Surveillantes. »

10 mars 1855. — Mlle Ginioux, sœur Philomène,
après s'être rendue utile pendant une douzaine d'années, était devenue infirme. Un de ses genoux était
extrêmement gonflé, et par son long séjour au lit son
corps avait été entamé. La garde-malade, ne pouvant
obtenir d'elle rien de raisonnable, avertit Mme Fournié ;
celle-ci vint auprès du lit de la malade et lui dit : « Il
vous faut dormir. — Mais je ne le puis pas. — Sup-
posez que vous le pouvez, faites comme moi, fermez
les yeux. » Elle obéit, s'endormit aussitôt et resta en-
dormie jusqu'au matin.

Quand elle éprouvait de vives douleurs, elle pliait son
corps en deux, et elle restait quelquefois longtemps
dans cette situation. Une grosseur se forma aux reins,
qui l'empêchait de se redresser. « Tâchez de vous
redresser, lui disait-on ; dans cet état vous seriez pour

toujours privée du bienfait de la communion. — Je ne puis pas, impossible. — Voyons, lui dit Mme Fournié, redressez-vous, il le faut. » Pauline et Prudence la tirèrent en sens inverse, l'une par la tête, l'autre par les pieds. Elle fut redressée comme par enchantement, et elle resta redressée. Comme Pauline se montrait fort étonnée de ce résultat : « Ma pauvre, lui dit Mme Fournié, avec l'obéissance on peut tout. »

Mlle Ginioux était fort obéissante. Un jour, elle ne pouvait pas se lever; Pauline lui dit : « Mme Fournié veut que vous vous leviez. » Elle se leva aussitôt.

Elle vient de mourir, âgée de quatre-vingts ans.

11 juin 1855. — Mlle Sophie Pons, de Reilhac (Lot), va prendre l'habit chez Mme Fournié, avec le nom de sœur Marie-du-Sacré-Cœur. Elle appartiendra à la maison de Bordeaux.

15 novembre. — Marie-Joseph part pour Bordeaux. Son état semble amélioré : aux Supérieurs de Bordeaux de décider du sort qui doit lui être fait. La sœur de Marie (peut-être Marie Lavalère), Mlle Emilie Albessard, et Mlle Justine de Laroussilhe sont Postulantes à Bordeaux, pour Cahors. La sœur de Marie a beaucoup de facilité pour s'instruire; elle est très adroite et elle a acquiescé avec un mâle courage à toutes les conditions qu'on lui a imposées.

8 août 1856. — Le Conseil général du Lot vient d'accorder à Mme Fournié, pour son œuvre, une subvention de quatre mille francs. (Bientôt la subvention annuelle sera de cinq mille. Quand elle sera supprimée, en 1890, les dames de la ville se cotiseront pour la parfaire, et, quand elles se sentiront fatiguées, les Chartreux la payeront à leur place.)

Les Filles, en ce moment, marchent moins bien, parce que les Directrices et les Surveillantes font défaut pour les aider puissamment. Elles ne peuvent pas aller seules. La Bonne Mère de Bordeaux, avertie de ce relâchement, écrit confidentiellement à celle de Cahors en ces termes :

« L'absence de Surveillantes amène des amitiés particulières entre les Filles, qui ont trop de facilité de parler ensemble. Les amitiés particulières amènent l'inobservation de la Règle, l'insubordination, la paresse. Il faut, dans ces cas, remettre une surveillance active et se montrer ferme, sévère même, toujours avec des sentiments maternels, même quand on se montre inexorable. Les Filles comprennent facilement que l'observation de la Règle leur est nécessaire pour bien vivre, et, quoique la sujétion leur soit pénible, elles s'y soumettent volontiers quand on l'exige et qu'on se montre ferme sans rudesse.

« Ainsi, à Libourne, Mlle Yon, occupée au parloir, au ménage, aux affaires, avait laissé ses Filles presque sans surveillance : il en résulta un désordre effrayant. Elle vint à Bordeaux me prier de l'aider à tout remettre dans l'ordre. Je dus m'y rendre, accompagnée de deux Directrices et de deux Surveillantes, que j'y ai laissées. Il fallut ouvrir les portes à quelques-unes pour l'exemple, et mettre en vigueur l'observation rigoureuse de la Règle. Depuis, Mlle Yon ne cesse de me dire, chaque fois qu'elle écrit, que tout est au mieux. Les Filles ne sont pas mauvaises d'habitude, mais il faut les aider à bien faire. »

13 août 1856. — A Cahors, ce serait bientôt comme à Libourne. Les Directrices malades n'ont pas pu bien remplir leurs fonctions. Deux Filles sont renvoyées pour l'exemple. De nouvelles Directrices sont demandées à Bordeaux.

15 août. — Mme Boisse vient de mourir. M. Martin, curé de la Cathédrale, est légataire nniversel. Mlle Laroche, de Flaujac, héritière naturelle, ne fait pas opposition; elle a accepté le testament par acte en date du 26 juillet dernier. Il est probable que M. Martin, connaissant le dévouement de Mme Boisse pour la Miséricorde, fera bénéficier cet établissement d'une partie notable de son héritage.

26 décembre 1856. — De nouvelles Directrices sont arrivées de Bordeaux; elles ont transformé la maison. Elles vont bien et font très bien. Chacune remplit ses devoirs et ses emplois avec une exactitude et un zèle vraiment édifiants. Les Filles les aiment beaucoup et les respectent de même; leur piété fait du bien à tout le personnel. On dirait qu'elles ont toujours été dans la maison, et elles paraissent s'y bien trouver.

A Bonne Mère de Bordeaux, Bonne Mère de Cahors : « Marie-du-Carmel a reçu votre commission. Mlle Marie-de-la-Croix a écrit la première, les autres écriront à leur tour. Mlle Saint-Vincent s'acquitte très bien du soin de la chapelle. La Miséricorde semble un nouveau monde où règne le calme et la paix. Il est vrai que nous sommes plus nombreuses et que la surveillance se fait infiniment mieux.

« Saint-François ne va pas mal ; elle est avec Marie-de-la-Croix et elle se ménage. Elle fait très bien tous les exercices du noviciat. Stanislas est debout, quoique encore non tout à fait guérie. Elle a une santé délicate, mais toujours du dévouement et de la bonne volonté. »

7 mars 1859. — Stanislas va mieux, Marie-de-la-Croix va bien, Saint-Vincent a un peu de faiblesse, Marie-du-Carmel et Saint-Jean vont très bien.

5 novembre 1859. — Une lettre secrète, pour ne pas dire anonyme, et pour le moins peu bienveillante, est adressée de Cahors à la Bonne Mère de Bordeaux. Dans cette lettre, Mme Fournié est accusée de laisser la Miséricorde trop ouverte, et notamment d'avoir quatre domestiques. La lettre était-elle signée de quelque Directrice de Bordeaux, récemment débarquée à Cahors, et qui, par excès de zèle, avant de comprendre ce qu'elle avait sous les yeux, s'était hâtée de crier au scandale et au secours? On ne saurait le dire. Toujours est-il que la Bonne Mère de Bordeaux se laissa émouvoir. Elle écrivit à Mme Fournié une lettre sévère, trop sévère même, et alla jusqu'à menacer de retirer tout le personnel qui dépendait d'elle, Directrices et Surveillantes, qui avaient été mises gracieusement à la disposition de la Bonne Mère de Cahors, quoique appartenant à la maison de Bordeaux.

Cette lettre dut être bien pénible à Mme Fournié. C'était une nouvelle croix, comme elle avait l'habitude de dire, à mettre avec les autres.

Elle resta calme, et elle écrivit sans retard une longue lettre très modérée, par laquelle elle se disculpait victorieusement. Puis elle communiqua la lettre qu'elle avait reçue à M. de Blaviel, probablement son confesseur.

M. de Blaviel prend aussitôt la plume et écrit à son tour à la Bonne Mère de Bordeaux en ces termes :

« Madame la Supérieure, je l'avoue, j'ai été surpris qu'on eût pu vous écrire des choses aussi peu exactes, et j'ai exigé que Mme Fournié m'autorisât à dire la vérité là-dessus, car mieux que personne je suis en état de la connaître, étant chaque jour dans la maison pour y célébrer la sainte messe ou y remplir des fonctions du saint ministère.

« 1° Quant aux domestiques, Mme Fournié faisait bâtir une église, et elle avait à faire transporter une grande quantité de matériaux. Il fallait, pour motif de commodité et d'économie, avoir une charrette et un cheval, et un homme pour le soigner et le conduire. Celui-ci et Toine font deux domestiques, et non quatre ; et encore, depuis la Saint-Michel, le cheval est vendu, son conducteur a reçu son congé, et il ne reste plus qu'un domestique.

« Il est vrai que, pendant tout le temps qu'a duré la construction de l'église, la Supérieure de l'Hospice a gracieusement offert la charrette et le mulet de l'établissement avec le muletier ; mais le muletier, avec son mulet, rentrait à l'Hospice quand il avait fait ses voyages, et ne peut pas être compté comme domestique de la Miséricorde. Je ne sais où chercher le quatrième.

2° Quant aux périls, aux dangers et occasions dont la maison serait pleine, certes on ne construit pas une église sans ouvriers, et les ouvriers sont des hommes ; mais il serait difficile de trouver des ateliers plus calmes, plus tranquilles, plus réglés que ceux qui ont été organisés pour cette construction. Sans doute Mme Fournié trouve sa force et sa consolation dans le bon témoignage de sa conscience ; elle est jusqu'à un certain point soutenue par l'immense considération dont elle jouit dans la ville et le diocèse, par les sympathies universelles dont elle est l'objet. Cela n'empêche pas qu'elle doit souffrir de voir ses actes dénaturés auprès de ses Supérieurs, surtout quand elle aurait besoin de trouver chez eux les encouragements les plus dévoués et le soutien le plus efficace... »

Mlle de Labordère répondit à M. de Blaviel : « J'apprends avec satisfaction que les choses dont j'avais eu connaissance, d'une manière indirecte, n'étaient pas exactes. J'en bénis le Seigneur, et je vous remercie de me l'avoir dit. »

Elle répondit à Mme Fournié : « Ma lettre était dictée par l'intérêt que je porte à vous et à votre chère maison. Je suis bien aise, Bonne Mère, d'avoir par vous-même les éclaircissements que vous me donnez. Je me réjouis que tout soit dans l'ordre. Quant à ce que je disais, chère Mère, du retrait des Directrices, vous aurez certainement compris que ce n'était que conditionnellement ; car je suis parfaitement disposée à vous venir en aide à l'avenir autant que par le passé. Depuis que j'ai reçu votre lettre, je prie et fais prier chaque jour, sans vous nommer, le Sacré Cœur, par l'entremise de la sainte Vierge et de saint Joseph, afin que le Seigneur daigne, dans sa bonté, vous consoler, vous fortifier et vous bénir. ainsi que votre maison. »

Cet incident n'eut pas d'autres suites et fut, après de loyales explications, oublié des deux côtés.

10 novembre 1859. — Stanislas, Saint-Jean et Saint-Vincent vont à Bordeaux pour la première retraite des Directrices. Restent à Cahors Gonzague pour Bonne-Providence et avec la jeunesse la série des Sœurs pour les trois classes.

26 juin 1861. — Mlle Marie-de-la-Croix se fixe à Cahors et prend la direction de l'atelier de Jésus. Mlle Marie Sourdès, de Figeac, est impatiente de prendre l'habit. Ce sera au mois d'août.

8 août 1861. — Stanislas, Marie-de-la-Croix, Saint-Vincent et Saint-Raphaël, à Cahors, fatiguées, ne peuvent rien faire ; de même, à Bordeaux, Marie-Joseph et Marie-du-Sacré-Cœur. Mlle Saint-André va venir, de Bordeaux, pour porter secours à Cahors. Elle a vingt-six ou vingt-sept ans, mais sa figure est trop jeune pour qu'elle puisse voyager seule. Il sera nécessaire de trouver une occasion ou d'envoyer une personne sérieuse la chercher à Bordeaux.

Plusieurs Postulantes, jeunes et intelligentes, au noviciat de Bordeaux, promettent beaucoup pour l'avenir. Au même noviciat est en ce moment Mlle Marie-de-Jésus (Mlle Sourdès), jeune novice, charmante... Elle se trouve si bien dans son nouveau costume, qu'on dirait qu'elle l'a toujours porté... Elle commence à comprendre qu'elle est *bien, bien petite novice* auprès des Filles, car elle n'entend rien à la surveillance qu'il est nécessaire d'exercer autour d'elles.

Juillet-novembre 1862. — M. Albessard, professeur de morale au grand séminaire, avait donné à Mme Fournié une vigne, dans des conditions assez mal définies, mais que Mme Fournié crut devoir être la dot de Mlle Saint-Denis, nièce de M. Albessard, Directrice à la Miséricorde. La Bonne Mère s'attacha à cette vigne et y fit des réparations utiles et coûteuses.

Il se trouva que M. Albessard n'avait fait don pur et simple de sa vigne ni à sa nièce Saint-Denis ni à la Miséricorde. Il fit connaître son intention de faire bénéficier de la moitié de la valeur de cet immeuble une seconde nièce, cousine de la première, Caroline, mariée avec le sieur Comte, employé à la préfecture de police de la Seine. De combien d'ennuis et de malaises cette vigne ne fut-elle pas la source! Mme Fournié ne refusait pas de rendre la vigne, mais elle exigeait le remboursement des dépenses utiles; le droit à la restitution des impenses n'était pas contesté, mais la restitution ne se faisait pas; M. Comte écrivait lettre sur lettre, d'un ton impatient, et menaçait des huissiers. Les Directrices n'aimaient pas cette vigne. Quand la Bonne Mère y allait pour se distraire pendant quelques heures

de ses incessantes préoccupations, il leur semblait que
c'était au détriment de la surveillance intérieure et des
soins continuels qu'il convient de donner aux Filles. Si
elle prenait des Filles avec elle pour les faire travailler sous ses yeux, c'était pour elles dangers et périls, et
occasion de jalousie pour celles qui restaient à l'atelier.
Bordeaux, instruit de cette situation, voyait avec déplaisir les soins donnés à la vigne ; il voulait qu'elle fût
aliénée ou abandonnée à des fermiers. Il accorda toutefois que Mme Fournié pût y aller avec quatre ou cinq
Filles, pour ramasser les fruits ou arracher les herbes,
mais à la condition qu'elles iraient seules à cette vigne
et en rentreraient seules. (Lisez que le domestique
Toine ne pourrait pas marcher avec elles.)

Enfin M. Albessard fit dire à Mme Fournié de remettre
les clefs à Mme Bessières, ce qui fut fait sans aucun retard (6 janvier 1863).

Sur la demande secrète des Directrices venues de
Bordeaux, la Bonne Mère de Cahors reçut encore des
ordres qui furent autant de petites croix à ajouter à la
collection des précédentes.

D'abord il fallut couper ou arracher tous les mûriers
du parc, sans doute parce que, depuis que la Miséricorde n'élevait plus des vers à soie, la feuille était
vendue aux sériciculteurs de la banlieue et qu'il fallait,
à la saison, ouvrir les portes du parc aux hommes qui
venaient la ramasser.

Ensuite il se trouvait que Mme Fournié devait cent
francs à une Fille qui les lui avait remis avec l'intention de ne pas les réclamer si elle mourait dans la
maison, mais seulement si elle était obligée de sortir

avant sa mort. Mme Fournié dut restituer ces cent francs pour mieux garder l'esprit de la Règle, et à cette occasion bien faire comprendre aux Filles qu'elle ne leur devait rien et qu'elles lui devaient tout.

Enfin vint le tour du pauvre Toine; depuis qu'il est dans la maison, il travaille le jardin, il taille les arbres, il fait les grosses besognes et les grosses commissions... homme mûr et qui depuis son enfance a toujours été simple et grave. N'importe, Mlle Anna écrit de Cahors à Bordeaux : « Le domestique a trop d'influence sur la Bonne Mère, il réussit à lui faire faire tout ce qu'il veut. » Et de Bordeaux on répond : « Il convient que Toine soit congédié. »

Mme Fournié, si humble qu'elle crut toujours que les autres avaient en toutes choses plus de raison qu'elle; si obéissante que sa volonté fut toujours de faire la volonté d'autrui, congédia Toine, le 28 mars 1863. Il était très dévoué à Mme Fournié, et il partit le cœur brisé.

Mlle Marie-de-la-Croix écrivit à Bordeaux : « Toine a été congédié et payé. » Le 1er juillet suivant, Mme Fournié écrivit elle-même : « Depuis qu'il est sorti de la maison, Toine n'est rentré qu'une seule fois, et ce dans le jardin, pour nous enseigner à faire nous-mêmes les semis qu'il faisait autrefois. C'est fini. »

3 mars 1863. — Mme Fournié, malade et retenue dans sa chambre depuis quatre mois, a pu cependant s'occuper des Filles activement et utilement. Elles sont en retraite, préparées auparavant par les exercices des quarante heures et les instructions données par les

Messieurs du séminaire. M. Derrupé a fait l'ouverture ;
M. Galan, chanoine, fait la suite. Comme il est le confesseur d'un grand nombre et qu'il tient bien à la Règle, il leur dit tout ce qu'il faut ; elles l'écoutent avec
plaisir, elles sont très recueillies et désireuses de bien
profiter de ces saints exercices.

Nos Sœurs sont sur pied, mais pas fortes. Le médecin ne veut ni jeûnes ni maigre pour Marie-de-la-
Croix, Stanislas, Saint-André, Saint-Raphaël.

L'ouvrage pour l'atelier Saint-Joseph arrive au jour
le jour. La maison de Paris nous tient encore les petits plis, mais elle est bien peu exacte à nous payer.
Comme nous avons un engagement pour longtemps, il
nous faut prendre patience.

1er juillet 1863. — Un différend se manifeste entre
l'architecte de l'église et le sculpteur. M. Pinochet, l'architecte, n'avait pas mis par écrit les conditions accep-
tées par le sculpteur avec assez de netteté. Le sculpteur demande deux fois plus qu'il ne lui est dû. Il finit
par accepter un arbitrage : M. Em. Dufour et M. de
Peyronnenq, l'un et l'autre avocats, sont les arbitres.

On s'occupe de la clôture, on continue d'acheter les
enclaves qui sont encore dans le parc.

10 février 1864. — Mme Fournié a fait le voyage de
Vichy pour inviter M. Brioude, ancien supérieur du
séminaire de Cahors, à venir prêcher la retraite aux
Filles ; il a accepté.

23 février 1866. — Mlles Marie-de-la-Croix (de

Bordeaux) et Saint-Raphaël ont la classe de Jésus; Mlles Marie-de-la-Croix (de Cahors) et Marie-du-Calvaire ont celle de Marie; Mlle Gonzague, celle de Saint-Joseph. Mme Fournié a pour elle l'infirmerie, la lingerie des Filles, la direction des Filles. Mlle Marie-du-Calvaire aide Mlle Marie-de-la-Croix (de Bordeaux) pour les lessives; Mlle Marie de la Croix (de Cahors) s'occupe de la lingerie du Séminaire et du jardin avec Mlle Saint-Jean; Mlle Gonzague a le soin de l'église et aide Mlle Stanislas à Bonne-Providence, quand le besoin s'en fait sentir.

8 mars 1866. — Jeannette, l'ancienne bonne de Mme Pagès, l'ancienne tourière du Carmel, que Mme Pagès prit un jour par la main pour la conduire à la Miséricorde, sans autre façon, Jeannette vient de mourir dans des sentiments de piété et de résignation, de joie céleste, dignes d'admiration et dignes d'envie.

Depuis quelques mois M. Derrupé, vicaire général, va tous les dimanches faire le catéchisme aux Filles, et il continuera pendant des années. Il trouve le moyen de mêler aux explications doctrinales des avis, des conseils, des conférences pieuses les plus instructives, les plus édifiantes et les plus utiles aux bonnes Filles.

Mai 1866. — La Bonne Mère de Bordeaux est venue à Cahors. La clôture est terminée; il a été convenu qu'un lavoir serait établi à l'intérieur de la clôture. On va en arrêter le plan.

La visite de la Bonne Mère a produit le meilleur résultat; les Filles sont plus souples et plus soumises.

Tous les ordres qu'elle a donnés en partant ont reçu ou auront bientôt reçu pleine exécution. Une pompe a été commandée pour le puisard ; les veaux seront vendus dans la semaine : il nous en coûte de nous défaire des vaches, c'était commode d'avoir leur lait.

Les quatre Filles privées de leurs emplois ont pris la chose du bon côté : elles sont charmantes.

La chambre des jardinières est prête et très belle. Mieux tenues, elles sont plus heureuses que l'an dernier, avec une liberté plus grande ; elles le reconnaissent elles-mêmes.

11 juillet 1866. — Mlle Marie-de-la-Croix (de Cahors) a mal au genou, elle ira faire une saison aux eaux de Barèges. Mlle Stanislas a des maux de tête ; Mlle Saint-Jean a mal au cœur ; Mlle Marie-du-Calvaire est faible : il ne reste pour les appels et les prières que Mlles Gonzague et Saint-Raphaël.

La Supérieure Fondatrice de la maison de Laval vient de mourir.

Mgr Grimardias, nouvel Évêque de Cahors, sacré à Clermont-Ferrand le 7 août, est arrivé le 9.

16 novembre 1866. — Mlle Stanislas part pour Bordeaux pour assister à la retraite des Directrices.

27 août 1871. — Mlle Laure de Labordère, Supérieure générale, avait cessé de vivre le 16 mars 1867 ; Mlle Stanislas, de Bordeaux, qui lui avait succédé, vient de mourir, le 27 août 1871 ; Mlle Saint-Ignace, depuis deux ans Directrice à Cahors, prendra sa place.

A Cahors, on remarque que les charpentes qui abritent les dortoirs des Filles sont disloquées et ne tiennent plus debout que par miracle. L'architecte appelé donne des ordres pour les consolider d'urgence, les remanier et les refaire à neuf en partie.

7 novembre 1872. — Mme Fournié, âgée de quatre-vingt-trois ans, écrit à la nouvelle Supérieure de Bordeaux, sa Supérieure générale, pour lui faire connaître l'état de la maison de Cahors. Suivent quelques extraits de sa lettre, très longue et entièrement écrite de sa main.

« Bien bonne et bien vénérée Mère, depuis longtemps je soupire après le moment d'avoir la consolation de vous écrire moi-même. Jusqu'à ce jour, mes forces ne me l'ont pas permis. Je m'étais proposé même d'être moi-même ma lettre et de me donner le bonheur de faire pour la dernière fois ma visite à la Miséricorde de Bordeaux. On me fait un devoir de conscience d'y renoncer, au moins pour cet hiver.

« J'espère qu'au printemps nous aurons votre visite, si ardemment désirée de toute la maison, ici. J'aurais tant besoin de vous parler à cœur ouvert : vous le comprenez, vous qui portez un fardeau comme le mien ! Que je vous parle cependant par lettre, en attendant mieux, de notre chère maison.

« J'aurais voulu Mlle Marie-de-la-Croix, d'ici (Mlle de Folmont), pour Assistante. M. Derrupé, notre Supérieur, croit qu'il vaut mieux attendre que Dieu ait disposé de ma personne, afin qu'elle ne soit pas usée avant l'heure.

« J'aurais besoin de Saint-François, ne serait-ce que pendant cette année, pour la cuisine.

« Stanislas resterait chargée de Bonne-Providence, des affaires du dehors, des étrangers et de ma correspondance, quand je ne pourrais pas convenablement employer Marie-de-Jésus (Sourdès), encore fort jeune.

« Marie-du-Calvaire tousse toujours, et son mal s'aggrave, malgré les soins que je lui fais donner. Saint-Denis a toujours sa maladie de cœur et froid au bras et à la jambe gauches. Elle pourrait aider Stanislas au parloir. Les portières seraient moins libres de faire leurs quatre volontés.

« Saint-Vincent va mieux, après les soins que lui a prodigués notre bon voisin le docteur A... Elle s'entend très bien avec Marie-Agathe.

« Saint-Bernard et Marie-du-Calvaire vont vous arriver pour la retraite...

« Excusez mon griffonnage, depuis un an je n'en avais pas écrit autant. »

On lit dans une seconde feuille de quatre pages comme la première : « J'ai un pied dans la tombe et l'autre près d'y descendre. Mon Assistante est tantôt trop sévère, tantôt pas assez : il faudrait de l'égalité, de la justice et de la fermeté tempérée de mansuétude à l'égard de toutes, pour éviter d'exciter leur susceptibilité... »

21 novembre 1872. — M. Derrupé reçoit les confidences de quelques Directrices, qui trouvent qu'il serait temps que la Bonne Mère cédât son autorité à une Supérieure plus jeune ; il écrit à la Supérieure de Bordeaux : « Mme Fournié n'a que de bonnes intentions, et elle mérite toute sorte de ménagements ; mais, vu son âge, elle peut se tromper quelquefois, et elle ne devrait plus s'imposer un travail au-dessus de ses forces. Il lui faudrait peut-être une Assistante chargée de la surveillance générale, surtout si elle devait lui succéder, Mme Fournié ne gardant plus qu'une supériorité de nom.

« Venez à Cahors vous-même, Bonne Mère, vous verrez bien mieux si Mme Fournié se trompe, et ce qui convient, et ce qui est possible. Vous pourriez peut-être l'amener par insinuation à accepter de bon gré le rôle qui désormais semble lui convenir. »

Comme on voit, aux termes hésitants de cette communication, que M. Derrupé n'écrit qu'une lettre de complaisance et de commande ! Sont-elles donc pressées, ces chères Directrices, de voir s'ouvrir à Cahors une nouvelle ère sous une Supérieure nouvelle !

Mme Fournié gardera encore sa charge pendant trois ans, et celle qui doit lui succéder comme Supérieure n'est pas à Cahors.

CHAPITRE XVII

Avant que cette *Vie de Mme Fournié* soit à sa dernière
ligne et qu'il ne reste plus au lecteur qu'à fermer ce
livre, il lui sera peut-être agréable d'avoir une vue
d'ensemble des locaux occupés par la Miséricorde, des
maisons, des salles habitées par ces Directrices, ces
Surveillantes, ces vaillantes Filles qui pendant le cours
de ce récit ont captivé notre attention et acquis toute
notre estime et notre sympathie. Allons ensemble faire
une visite à l'établissement.

Nous sommes au milieu de la place de la Grande-
Chartreuse. La maison à l'angle nord-ouest de la place,
à deux étages, précédée d'une cour grillée de fer, per-
cée d'un arc voûté, sous lequel passe la rue qui va au
séminaire, brillante de blancheur et de jeunesse, cette
maison est la première Miséricorde, la maison du père
Laroche ou la maison Ducros. Elle a été aliénée pour
la somme de vingt mille francs quand fut construit le
cloître ou le grand corps de logis, qui est aujourd'hui
le couvent. C'est Mme Mercier, sœur de Mlle Stanislas,

qui l'a achetée. Puisqu'elle ne fait plus partie de la Miséricorde, saluons-la par respect, au souvenir de ce qu'elle a été, et passons.

Nous voilà en face du grand portail : on veut bien l'ouvrir pour nous laisser entrer : nous voilà dans la cour; il se referme sur nous. Cette cour porte le nom de *cour de la Chapelle*. Elle est à peu près carrée et fermée : derrière nous, par les murs qui soutiennent la terrasse suspendue au moyen de laquelle, à la hauteur du premier étage, les maisons Lacoste et Boisse sont mises en communication, et sous laquelle nous sommes passés pour entrer; devant nous, à l'ouest, par la façade de l'église et les cinq ou six degrés par lesquels on y accède; au nord et au sud, c'est-à-dire à notre droite et à notre gauche, par des murs de clôture très élevés. Au nord est la maison Lacoste et ses dépendances; au midi, la maison Boisse et les nouvelles constructions.

Une porte voisine de l'escalier de l'église nous permet de pénétrer dans une seconde cour au nord-ouest de la première, fermée par quatre murs de clôture toujours très élevés, dans lesquels sont pratiquées des portes soigneusement fermées. Cette cour s'appelle la *petite cour de la Chapelle*. Tournons le dos à l'église et entrons par une porte qui s'ouvre complaisamment pour nous laisser passer dans une troisième cour, la *cour de l'atelier de Marie*. Elle est au nord de la première et à l'est de la seconde. Un bassin élevé d'un mètre au-dessus de terre, alimenté par le château d'eau de la ville, sert de petit lavoir pour l'atelier; l'atelier lui-même est au nord-est de cette cour. C'est l'ancienne chapelle de

17.

1844 à 1863. Si ce local était exigu comme chapelle, il est vaste comme salle d'ouvrage, propre et bien éclairé. Le plafond frappe surtout par sa régularité, son exécution de bon goût, son air de solidité à toute épreuve que lui donnent ces larges poutres, équarries à arête vive, absolument parallèles, horizontales et droites, reliées par des ais robustes, nombreux et rapprochés.

L'atelier est rempli de jeunes ouvrières, qui confectionnent toutes sortes d'ouvrages de lingerie à la machine et à la main. Le régime de la maison leur est bon : leurs figures sont ouvertes, et les vives couleurs qui les illuminent dénotent une santé prospère.

Un escalier à droite nous conduit à l'étage, d'abord à la petite chambre de Prudence, et de là à la chambre de Mme Fournié, cette chambre qu'elle aimait, au centre de tous les services d'alors, ayant sa fenêtre ouverte sur la rue au-dessus de la cour de la maison Laroche-Ducros où étaient alors les parloirs, et à proximité soit de la lingerie, soit du noviciat, soit de l'infirmerie. Cette chambre est telle qu'elle était du vivant de la Bonne Mère. Voici sa table de travail, ses chaises, sa cheminée, le fauteuil sur lequel elle a passé les dernières années de sa vie. Elle y est elle-même ; voilà appendu au mur son grand portrait à l'huile, ce portrait qu'elle envoya si brusquement à la cave, mais qui n'y alla pas. Il est remarquable par la dignité de l'expression, l'accentuation et la virilité des traits et ces rides larges et profondes qui font oublier le corps et appellent l'attention sur l'âme qui l'anime et le domine. A la suite, appendus au même mur, sont trois autres grands portraits à l'huile : celui de Mlle de Lamourous, d'une expression d'indicible bonté; celui de Mlle Laure de Labordère, figure large et ouverte, front carré et développé où brille l'intelligence; celui de Bonne Mère Saint-Ignace, quatrième Supérieure générale, élue à la fin du mois d'août 1871, décédée le 29 juillet 1895, heureux mélange d'esprit et de gaieté, de bonté et de fermeté.

Sortant de cette chambre, qui est comme un sanctuaire pour la communauté, et nous dirigeant plus au nord, nous nous trouvons dans des corridors qui mènent à l'ancienne infirmerie, à la petite cuisine de cette infirmerie au bout du corridor, au noviciat, aujourd'hui un dortoir au-dessus des ateliers et de l'ancienne chapelle, à la lingerie des Filles, à une seconde lingerie, à l'ouest, au-dessus du réfectoire de l'atelier de Saint-Joseph. Entre les deux lingeries, un escalier nous permet de descendre dans une quatrième cour, au nord de la petite cour de la Chapelle et de la cour de la classe de Marie : c'est la *cour de l'atelier de Saint-Joseph*. Encore un bassin servant de petit lavoir pour l'atelier, et plus loin, au sud-est de la cour, l'atelier lui-même. Ici les ouvrières font la matelasserie et tous les articles de literie. On ne voit pas de fileuses comme autrefois, on ne tricote guère; on ne fait plus les chapeaux de tresse ou chapeaux de paille du commencement.

A l'est de cette cour est l'ancien réfectoire de la classe de Marie, aujourd'hui simple débarras; à l'ouest est le réfectoire actuel de la classe de Saint-Joseph, sous la seconde lingerie.

Au nord-est est l'écurie, et au-dessus le grenier à foin; au nord-nord-ouest, le four; entre les deux, un grand portail donnant dans la rue du côté du séminaire.

Dans l'écurie se prélasse une ânesse dont l'office est de faire tous les petits charrois de la maison, d'aller chercher les provisions au marché, ou le linge à blanchir dans les quartiers, et de le rapporter à domicile quand il est blanchi.

Entrons dans le fournil. Le four est chauffé deux fois par semaine ; là sont tous les accessoires nécessaires pour la fabrication du pain, pétrins, blutoirs, etc. Un escalier mène à l'étage.

Au-dessus du four est une chambre où une Fille d'âge respectable s'occupe sans cesse à la confection du pain eucharistique. Avec complaisance, elle nous montre ses compas pour les grandes hosties, ses emporte-pièce pour les petites ; ses fers anciens, argentés à l'intérieur, et son grand fer nouveau à l'intérieur doré, rond et non carré, oblong, trois fois plus grand que les anciens, fourni par le P. Thomas, capucin, qui en a donné le modèle. Il est lourd ; il prend à volonté la position verticale ou la position horizontale et roule sur rails pour entrer dans sa boîte-étuve ou en sortir. La boîte-étuve est en fer, au centre d'un foyer bâti de briques ; elle est chauffée à forte température, et le moule à hosties est chauffé lui-même par rayonnement, sans être jamais en contact ni avec les charbons ni avec la flamme. Le P. Thomas a fait graver dans ce moule, au milieu d'un grand nombre d'empreintes de petites formules, trois grandes formules, dont deux portent le Christ en croix selon l'antique tradition, et celle du milieu un grand cœur enflammé. Cette innovation a causé quelque surprise et quelque émoi dans la ville et dans la banlieue. C'est une invitation discrête et sans phrases à la dévotion encore timide et discutée au Cœur Eucharistique. Cette dévotion a de hauts et puissants défenseurs. Aux premières récriminations a succédé le silence; qui se méfie n'ose pas condamner, et la formule au Sacré Cœur passe sans protestation entre deux autres au Christ en croix.

A côté du petit four est le grand coffre à farine, que Mme Fournié appelait le moulin. Quand la farine manquait : « Allez balayer votre moulin, disait-elle; » et il en sortait de quoi faire une fournée de pain.

Plus loin, à l'est, au-dessus du grand portail, est le grenier à blé, moins rempli que ne le voudrait la Sœur économe, non tout à fait vide cependant, grâce à la divine Providence. A l'angle sud-est de ce grenier est une grande cage en araignée de fer, garnie de nids à l'intérieur, où habitent une douzaine de gros pigeons de volière, tellement familiers qu'on peut s'approcher d'eux sans qu'ils sortent par les portes ouvertes sur la cour, et même sans qu'ils donnent le moindre signe de surprise ou d'épouvante. Ils sont là comme l'emblème vivant de la candeur et de l'innocence.

Dans la cour et dans une niche vitrée, entre le réfectoire de Saint-Joseph et le four, est une Vierge Mère, que Mme Fournié y fit mettre de son vivant, avec l'inscription qu'on lit au-dessus de la niche :

ELLES M'ONT CHOISIE POUR GARDIENNE

Revenant vers le midi, nous traversons de nouveau la petite cour de la Chapelle, et nous nous retrouvons dans la cour d'entrée à notre point de départ. Immédiatement au midi du grand portail, sous la terrasse supérieure, est un débarras : le *parloir des Charrettes*. Plus bas nous prenons une petite porte et un petit corridor entre le cabinet de la Bonne Mère à droite et la chapelle de Saint-Antoine-de-Padoue à gauche. Nous voilà en avant de la petite porte d'entrée et de la loge des portières. Un petit parloir est à côté, puis un second, et enfin la *salle de Bonne-Providence*. C'est la salle où est reçu tout ce qui vient du dehors et que la Providence envoie, offrandes diverses, et surtout commandes d'ouvrage à confectionner.

Une porte à l'est de cette salle donne accès dans un corridor long et étroit qui, de la loge des portières, longeant la rue extérieure et passant sous la maison Boisse, aboutit au pavillon des Directrices (constructions nouvelles). Un escalier conduit à l'étage où se trouvent plusieurs chambres et une porte ouverte sur la terrasse qui de là remonte à la maison Lacoste en passant sur le portail d'entrée. Dans une des chambres dont nous venons de parler, sise au-dessus des parloirs, nous avons l'agréable surprise de trouver sœur Gonzague, Mlle Jeanne Varizol, de Sarlat (Dordogne). Elle était déjà Directrice à Cahors en 1846, âgée alors de vingt-six ans. Aujourd'hui plus qu'octogénaire, elle a encore sa santé ferme et ses facultés intactes. Avec quelle joie elle parle des commencements et des développements de l'œuvre! Elle fut, nous dit-elle, la sixième des Directrices par ordre d'entrée dans la maison.

Redescendant par un nouvel escalier, nous nous trouvons dans une cinquième cour, la plus grande, la plus belle, entourée de cloîtres, ou mieux d'une galerie ou d'un portique en pierre de taille de bel appareil, au midi et à l'ouest. C'est la *cour de Jésus*, ou *de l'atelier de Jésus*. Elle est fermée à l'est par la maison Boisse, au midi et à l'ouest par les constructions nouvelles, au nord par la chapelle et un grand mur de clôture.

A l'est, dans la maison Boisse, au niveau de la cour, est le réfectoire de la classe de Marie, et au-dessus un séchoir pour le tabac. Montons quelques marches pour atteindre le niveau de la galerie et entrons dans le pavillon du sud-est. C'est la partie neuve qui commence : les parquets sont propres, les plafonds élevés, les ouvertures hautes et larges.

Ces beaux bâtiments datent de 1892. M. Belvèze, archiprêtre, curé de la Cathédrale, en bénit la première pierre, assisté de M. l'abbé Michelet, aumônier de la maison.

A l'ouverture des travaux, une messe fut célébrée, à laquelle assistèrent les entrepreneurs, tous les ouvriers et la communauté, afin de demander à Dieu, par l'intercession de la sainte Vierge et de saint Joseph, qu'aucun accident ne vint les attrister ou les interrompre.

Sous la première pierre est scellé un étui renfermant un procès-verbal dont la teneur suit :

Sous le Pontificat de Léon XIII, l'an MDCCCLXXXXII, le XXVIII avril, Mgr Pierre-Alfred Grimardias étant Évêque de Cahors, protecteur et Supérieur de l'établissement ; Mme Saint-Ignace-Claire Supérieure générale, à Bordeaux ; Mme Marie-du-Sacré-Cœur (Sophie Pons) Supérieure locale à Cahors, la première pierre de la Miséricorde fut posée à l'angle du pavillon de l'ouest, et bénite par M. Belvèze, archiprêtre, assisté de M. l'abbé Michelet, aumônier.

Étaient présentes : Mmes Sophie Pons, Supérieure locale ;

Gonzague, Saint-Vincent, Marie-du-Carmel, Saint-Léon, Marie-Euphrasie, Sainte-Eulalie, Sainte-Adélaïde, Jean-de-la-Croix, Directrices;

MM. Toulouse père et fils, architectes, directeurs des travaux; Couture, maçon; Lestaudie, charpentier; Marmiesse, serrurier; Salinié, plâtrier; Caminade, peintre; Massié, zingueur; Marty, Brugalières, Cubaynes, chaudronniers, tous entrepreneurs, chargés des travaux, sous la protection spéciale du Sacré Cœur de Jésus; de Marie immaculée, mère de miséricorde; de saint Joseph, supérieur, gardien et pourvoyeur de la sainte Famille et de la Miséricorde.

(Suivent les signatures.)

Revenons au pavillon de l'est. La première salle est le réfectoire des Directrices, vaste, bien aéré, bien éclairé. Tout le pavillon appartient aux Directrices; elles ont leurs chambres-dortoirs au premier étage, et au second leur lingerie, un grenier pour les provisions de ménage, la fruiterie.

Allant vers l'ouest, nous entrons dans la grande aile du midi. C'est d'abord le réfectoire de l'atelier de Jésus, puis une petite lingerie, et plus à l'ouest l'atelier de Jésus, très grand et très éclairé par des fenêtres qui regardent le midi. Là sont les adroites ouvrières pour exécuter les beaux ouvrages; des couturières, des lingères, des lisseuses, des lessiveuses, absentes en grand nombre pour le moment, occupées dans les sous-sols ou bien dans les jardins où le linge récemment blanchi se sèche au soleil.

Au-dessus, entre les deux pavillons, au premier étage, est le grand dortoir, le dortoir de l'atelier de Jésus, et au-dessus du dortoir, un vaste séchoir pour le tabac à

LA MISÉRICORDE DE CAHORS.
Surveillantes.   Filles.

... CÔTÉ DES JARDINS (OUEST).

... travail.   Directrices.

la saison, ou beaucoup mieux pour le linge récemment lavé, quand le temps est pluvieux.

A la suite de l'atelier de Jésus, dans le pavillon du sud-ouest, commencent les services de l'infirmerie des Filles. D'abord la cuisine, puis le réfectoire des infirmes et des convalescentes, et enfin, à l'extrémité, au soleil du midi et de l'ouest, le petit atelier des infirmes et des convalescentes. Elles sont quatre, à coudre ou à tricoter, plutôt pour n'être pas oisives que pour travailler.

Tournant vers le nord, nous rencontrons un grand escalier qui descend aux sous-sols et monte aux étages. Dans les sous-sols, largement éclairés, sont la grande cuisine, les appareils pour les lessives, le grand lavoir et la lingerie des étrangers. Aux deux étages du pavillon sont deux dortoirs pour la classe de Marie.

Au delà de l'escalier, dans l'aile de l'ouest, en retour vers la chapelle, est d'abord l'infirmerie des Filles, où sont un grand nombre de lits et une dizaine de malades, le plus grand nombre sur leurs chaises, trois ou quatre dans leurs lits. Celle du coin, à droite, dévorée par la fièvre, a été recommandée au B. Christophe des Frères Mineurs; elle va mieux depuis. Puisse-t-il aussi venir en aide à la suivante, amaigrie, à bout de forces, et qui, toute jeune encore, semble s'en aller de la poitrine; et à la troisième et à la bonne vieille de l'angle opposé, en diagonale, qui toussent, en proie à une bronchite chronique. A la suite est une seconde infirmerie, apte à servir de salle d'isolement dans le cas de maladies infectieuses.

Puis est la pharmacie; au delà de la pharmacie, un

escalier qui conduit à l'étage ; après l'escalier, les sacristies et la chambre des prédicateurs, enfin l'église.

Au haut du petit escalier qui mène à l'étage est la
chambre de la Bonne Mère. Nous la trouvons assise au
coin du feu, condamnée par le médecin à ne pas sortir,
à cause de la rigueur du temps. Les affections dont
elle a souffert, une bronchite, une gastralgie, s'en vont,
mais sont encore à la porte : puissent-elles s'en aller
au loin et ne pas revenir ! A côté, sur la pharmacie, la
chambre des prédicateurs et les sacristies, est l'infirmerie des Directrices, et enfin, au-dessus de l'infirmerie
des Filles, le dortoir de la classe de Saint-Joseph.

Là, au midi de la chapelle, prennent fin les constructions nouvelles. Les travaux furent rapidement exécutés. Dès le mois de mars 1893, il fut possible de prendre possession du grand dortoir. Les Filles étaient
dans l'admiration et dans l'enchantement. Leur cou-
che était posée sur le parquet, faute de mobilier, mais
l'air était si abondant et tout était si propre dans cette
vaste salle ! « Je me demande chaque matin, disait l'une
d'elles, si c'est bien moi qui ai respiré si bien à mon
aise toute la nuit ; et quand je vois que c'est bien moi,
je remercie la Providence toujours bonne pour nous. »

En juin, tout était terminé. Mgr Grimardias, unique
Supérieur de la maison depuis la mort de M. Derrupé,
voulut lui-même faire la bénédiction des nouvelles ailes
solennellement, et en présence de tout le clergé de la
ville et d'un grand nombre d'amis de la communauté.

Le dortoir était resté pour la fin de la cérémonie.
Les Filles attendaient là Sa Grandeur. Elles lui avaient
dressé un trône, et elles lui chantèrent, en guise de

compliment, des couplets de circonstance. Mgr l'Évêque se montra touché de ces démonstrations naïves et pieuses qui partaient du cœur. Il remercia ces Filles, il les encouragea de ses bonnes paroles et leur donna en se retirant ses paternelles bénédictions. Ce fut une de ces fêtes qui inondent les âmes de joie et laissent après elles de doux et impérissables souvenirs.

Entrons dans la chapelle : elle est vaste et mérite le nom d'église, plutôt que de chapelle. C'est une croix latine, de style roman, avec chœur et abside semi-circulaire. Les arcatures qui entourent le sanctuaire et les arceaux de la nef, sont soutenus par des colonnes de plein relief en pierre de taille. Elle a douze mètres de largeur, autant de hauteur de voûte sous clef, et trois fois autant de longueur.

Sept fenêtres entourent le sanctuaire, mais trois sont fermées : celle du milieu et les deux plus voisines de la sainte table. Les vitraux des quatre qui restent ouvertes sont *Saint Pierre* et *Saint Paul*, *Sainte Madeleine* et *Sainte Anne*. La *Sainte Vierge* et *Saint Joseph* sont aux fenêtres des chapelles, des grisailles aux six fenêtres de la nef, et, à la triple fenêtre du fond ou de façade, dans la baie du milieu, *Saint Michel terrassant le Dragon*, et dans les baies latérales l'*Ange Gabriel* et l'*Ange Raphaël*.

Au-dessus de la porte d'entrée est une vaste tribune à laquelle on aboutit par l'escalier du clocher, et d'où les Filles désignées pour le chant font entendre de très beaux morceaux de musique et de très beaux cantiques, les jours de fête.

Plusieurs tableaux couvrent les murs sous la tribune,

d'autres sont à l'entrée du chœur : la *Sainte-Vierge* du côté de l'Épître, *Saint Dominique recevant le Rosaire* du côté de l'Évangile, *Notre-Seigneur en croix* en face de la chaire.

Aux quatre angles que les chapelles forment avec la nef, quatre colonnes isolées portent quatre statues : près du chœur, le *Sacré Cœur* d'un côté, le *Bon Pasteur portant sur ses épaules la brebis égarée* de l'autre ; au haut de la nef, le *B. Jean-Gabriel Perboyre* du côté de l'Évangile, *Saint Antoine de Padoue* du côté de l'Épître.

Le maître-autel est de marbre. Entre l'autel et le mur du fond est un grand Christ, de grandeur naturelle, qui se dessine dans l'ombre d'une manière frappante au-dessus du tabernacle. Dans les chapelles sont les autels de la Sainte-Vierge et de Saint-Joseph, dominés par des statues soutenues par des consoles et adossées au mur.

La discrétion et la simplicité de l'ornementation, la régularité des lignes, le bon goût de l'ameublement, la propreté parfaite, frappent le visiteur qui entre dans ce sanctuaire, et portent à la piété.

Les statues que nous venons de rencontrer dans la chapelle ont, pour la plupart, une histoire. Le grand Christ du maître-autel, la statue de la Vierge Mère et celle de saint Joseph qui ornent les autels des chapelles furent donnés par Mlle Marie-de-la-Croix, de Folmont, en 1885, en reconnaissance du règlement d'affaires de famille qui la préoccupaient et qui se terminèrent à sa plus grande satisfaction.

La statue du Sacré Cœur est un don de reconnaissance et d'amitié que Bonne Mère Saint-Ignace fit à

Cahors, en 1882, en souvenir de son séjour dans cet établissement.

La statue de saint Antoine de Padoue fut achetée au moyen de nombreuses offrandes faites à cette fin par les amis de la maison, après que le R. P. Marie-Antoine, capucin, eut établi, avec l'autorisation de Mgr l'Évêque, l'œuvre du Pain des pauvres dans la chapelle du parloir. La petite satue de saint Antoine de Padoue qu'on voit dans cette chapelle est un don du P. Marie-Antoine lui-même, qui a prêché plusieurs *triduum* ici pour faire connaître la dévotion au Saint grand faiseur de miracles, qui accorde sa protection en retour d'une aumône.

La statue du B. Jean-Gabriel Perboyre a été achetée par les Filles elles-mêmes, voici en quelles circonstances. L'une d'elles avait vendu son patrimoine, et il lui restait une somme à toucher dont, depuis plusieurs années, elle ne pouvait rien obtenir malgré des démarches multipliées. Voyant qu'elle était en danger de tout perdre, intérêt et capital, elle chargea un de ses frères de régler au mieux et d'en finir, et elle intéressa saint Antoine de Padoue à sa cause en promettant pour les œuvres dix pour cent de la somme qui lui serait payée. Peu de temps après, le débiteur apporta mille francs, et elle versa immédiatement cent francs pour l'achat d'une statue du B. Jean-Gabriel Perboyre, destinée à faire face et pendant à celle de saint Antoine. La Bonne Mère fit remarquer à la pieuse Fille que la somme était insuffisante et qu'il faudrait attendre qu'une autre somme au moins égale vint s'ajouter à la première avant qu'il fût possible d'acheter la statue. Toute triste, la Fille rentra dans son atelier et raconta son histoire. Les Filles de l'atelier se fouillèrent; elles n'étaient pas riches, mais toutes ensemble elles firent la somme, et saint Antoine ne fut plus seul, le B. Jean-Gabriel Perboyre vint se mettre en face de lui (1898).

M. Labouïsse avait placé au sommet du fronton de la chapelle une statue de la Vierge, de terre cuite. Le temps l'a désagrégée; elle vient de tomber en pièces. La Bonne Mère et la communauté sont désolées. Elles ne veulent pas rester privées de cette protection, et leur état de pauvreté et de misère ne leur permet pas de faire la dépense nécessaire pour réparer le désastre. « J'ouvre une souscription, dit un jour M. l'archiprêtre, en offrant à la Bonne Mère un billet de cinquante francs. Mgr l'Évêque l'autorise, allez. » La Bonne Mère et son Assistante firent le tour de la ville... A la statue de terre succède une statue de fonte de fer de même forme et de grandeur égale.

Ajoutons que la cloche qu'on entend avec tant de plaisir, à diverses heures de la journée, fut donnée par la Supérieure et les Directrices de l'établissement et les ouvriers entrepreneurs des constructions nouvelles. Elle fut bénite ou, comme on dit, baptisée par Mgr A.-P. Grimardias en personne; parrain, M. Émile Toulouse, architecte; marraine, Mme Louise Mayzen, née de la Maison-Neuve, 24 décembre 1892.

Le parrain et la marraine offrirent à la communauté la statue du Bon Pasteur.

L'enclos, parc ou jardin, est comme un carré d'environ deux cents mètres de côté, qui, au nord-ouest, s'ouvre et est fermé par un cinquième côté irrégulier. Ce cinquième côté seul est adossé à une propriété étrangère. Les quatre autres sont entourés de rues publiques.

En avant de la muraille du nord, regardant le midi, sont établis, près du four, la basse-cour, avec ses volières; plus bas, à l'angle, la vacherie, avec grande porte s'ouvrant dans la rue; plus loin encore, des étables et des clapiers pour les lapins.

Longtemps on acheta l'eau. Comme il en fallait beaucoup, Mme Fournié voulut qu'on creusât un puits. C'était avant le château d'eau de la ville, qui n'a été inauguré que vers 1855. L'endroit désigné par elle était en avant de la chapelle d'alors, vers le sud-ouest. On creusait depuis longtemps, et l'eau n'apparaissait pas. Les ouvriers perdirent patience et allèrent trouver la Bonne Mère, disant : « Il n'y a pas d'eau. — Creusez toujours, répondit-elle, et ayez confiance. » Ils se remirent à l'ouvrage, et le lendemain ils eurent une eau abondante, qui n'a plus fait défaut depuis. Ce puits se trouve en ce moment sous le mur du nord de l'église.

Quant il fallut payer les travaux, les tiroirs étaient vides, comme du reste il arrivait souvent à la Miséricorde; mais au dernier moment un don de mille francs arriva, tout à fait inattendu, et le compte fut réglé.

M. Lacoste et Mme Boisse ne possédaient pas le jardin des Chartreux tout entier. Ils n'en possédaient que la partie la plus voisine de la place, ancien cloître des religieux. Quatre ou cinq autres propriétaires se partageaient la partie la plus occidentale. La Miséricorde a peu à peu racheté les terres, elle possède l'enclos des Chartreux tout entier.

La maison Ducros avait coûté douze mille francs, et les réparations au moins autant. La maison Lacoste-Lacroux avait été achetée vingt-cinq mille francs; l'appropriation avait également donné lieu à des dépenses considérables. La maison Boisse est achetée par acte quinze mille francs; le jardin Delpech, en 1854, coûte trois mille francs; le jardin Labiche, en 1866, encore trois mille; et enfin le jardin Célarié, en 1879, vingt-cinq mille francs[1].

De notes trouvées parmi les papiers de Mme Fournié il résulte que, en 1847, elle avait déjà payé quatre-vingt-treize mille huit cent trente francs. Elle avait employé pour cela le prix de sa maison de la rue de la Liberté, de vingt-cinq à trente mille francs; le prix de la grande maison de la Préfecture, cinquante mille francs; le produit de la vente des meubles, quatre mille francs, et de la vente de l'argenterie, douze cents francs; enfin elle avait ajouté six mille francs provenant de ses gains sur les transports, et trois à quatre mille francs dont on ne connaît pas la provenance.

A la même époque elle devait, en sus des sommes qu'elle avait payées, à M. Feuilhatier, quatorze mille francs; à M. Murat, médecin, dix mille francs; à M. Lacoste-Lacroux, six mille; à sœur Saint-Paul, cinq mille; à M. Marquès, quatre mille; à un domestique de sa sœur, Mme Pagès, deux mille; soit en tout quarante et un mille francs.

1. D'après les grosses des actes.

soin de la chapelle. La Miséricorde semble un nouveau monde où règne le calme et la paix. Il est vrai que nous sommes plus nombreuses et que la surveillance se fait infiniment mieux.

« Saint-François ne va pas mal ; elle est avec Marie-de-la-Croix et elle se ménage. Elle fait très bien tous les exercices du noviciat. Stanislas est debout, quoique encore non tout à fait guérie. Elle a une santé délicate, mais toujours du dévouement et de la bonne volonté. »

7 mars 1859. — Stanislas va mieux, Marie-de-la-Croix va bien, Saint-Vincent a un peu de faiblesse, Marie-du-Carmel et Saint-Jean vont très bien.

5 novembre 1859. — Une lettre secrète, pour ne pas dire anonyme, et pour le moins peu bienveillante, est adressée de Cahors à la Bonne Mère de Bordeaux. Dans cette lettre, Mme Fournié est accusée de laisser la Miséricorde trop ouverte, et notamment d'avoir quatre domestiques. La lettre était-elle signée de quelque Directrice de Bordeaux, récemment débarquée à Cahors, et qui, par excès de zèle, avant de comprendre ce qu'elle avait sous les yeux, s'était hâtée de crier au scandale et au secours? On ne saurait le dire. Toujours est-il que la Bonne Mère de Bordeaux se laissa émouvoir. Elle écrivit à Mme Fournié une lettre sévère, trop sévère même, et alla jusqu'à menacer de retirer tout le personnel qui dépendait d'elle, Directrices et Surveillantes, qui avaient été mises gracieusement à la disposition de la Bonne Mère de Cahors, quoique appartenant à la maison de Bordeaux.

Cette lettre dut être bien pénible à Mme Fournié. C'était une nouvelle croix, comme elle avait l'habitude de dire, à mettre avec les autres.

Elle resta calme, et elle écrivit sans retard une longue lettre très modérée, par laquelle elle se disculpait victorieusement. Puis elle communiqua la lettre qu'elle avait reçue à M. de Blaviel, probablement son confesseur.

M. de Blaviel prend aussitôt la plume et écrit à son tour à la Bonne Mère de Bordeaux en ces termes :

« Madame la Supérieure, je l'avoue, j'ai été surpris qu'on eût pu vous écrire des choses aussi peu exactes, et j'ai exigé que Mme Fournié m'autorisât à dire la vérité là-dessus, car mieux que personne je suis en état de la connaître, étant chaque jour dans la maison pour y célébrer la sainte messe ou y remplir des fonctions du saint ministère.

« 1° Quant aux domestiques, Mme Fournié faisait bâtir une église, et elle avait à faire transporter une grande quantité de matériaux. Il fallait, pour motif de commodité et d'économie, avoir une charrette et un cheval, et un homme pour le soigner et le conduire. Celui-ci et Toine font deux domestiques, et non quatre; et encore, depuis la Saint-Michel, le cheval est vendu, son conducteur a reçu son congé, et il ne reste plus qu'un domestique.

« Il est vrai que, pendant tout le temps qu'a duré la construction de l'église, la Supérieure de l'Hospice a gracieusement offert la charrette et le mulet de l'établissement avec le muletier; mais le muletier, avec son mulet, rentrait à l'Hospice quand il avait fait ses voyages, et ne peut pas être compté comme domestique de la Miséricorde. Je ne sais où chercher le quatrième.

2° Quant aux périls, aux dangers et occasions dont la maison serait pleine, certes on ne construit pas une église sans ouvriers, et les ouvriers sont des hommes; mais il serait difficile de trouver des ateliers plus calmes, plus tranquilles, plus réglés que ceux qui ont été organisés pour cette construction. Sans doute Mme Fournié trouve sa force et sa consolation dans le bon témoignage de sa conscience; elle est jusqu'à un certain point soutenue par l'immense considération dont elle jouit dans la ville et le diocèse, par les sympathies universelles dont elle est l'objet. Cela n'empêche pas qu'elle doit souffrir de voir ses actes dénaturés auprès de ses Supérieurs, surtout quand elle aurait besoin de trouver chez eux les encouragements les plus dévoués et le soutien le plus efficace... »

Mlle de Labordère répondit à M. de Blaviel : « J'apprends avec satisfaction que les choses dont j'avais eu connaissance, d'une manière indirecte, n'étaient pas exactes. J'en bénis le Seigneur, et je vous remercie de me l'avoir dit. »

Elle répondit à Mme Fournié : « Ma lettre était dictée par l'intérêt que je porte à vous et à votre chère maison. Je suis bien aise, Bonne Mère, d'avoir par vous-même les éclaircissements que vous me donnez. Je me réjouis que tout soit dans l'ordre. Quant à ce que je disais, chère Mère, du retrait des Directrices, vous aurez certainement compris que ce n'était que condi-

Nativité était entrée à la Miséricorde le 8 février 1840, trois mois après la fondation. Elle se trouva la plus âgée de la maison et la plus ancienne de l'établissement, après Prudence, quand Mme Fournié mourut. Elle regrettait de lui survivre; néanmoins elle continua de se dévouer et de donner le bon exemple à ses compagnes. Un jour elle s'évanouit au jardin. Quand elle eut repris ses sens, il fallut l'avertir que son état était grave : elle joignit les mains, leva les yeux au ciel et dit à la Bonne Mère, avec une angélique expression de bonheur : « Quelle bonne nouvelle vous m'annoncez ! Que je vous remercie! » Elle reçut les derniers sacrements avec une piété admirable, et elle s'éteignit dans le calme et la paix, le 12 août 1877 [1].

Prudence, après la mort de sa maîtresse, ne voulut pas tirer avantage du testament que l'on connaît, fait en sa faveur. Elle continua, pendant dix ans encore, de se rendre utile de son mieux, comme auparavant. Elle s'éteignit subitement d'une congestion pulmonaire, sur son fauteuil, à trois heures du soir, en buvant une potion que le médecin avait ordonnée, le 27 décembre 1885.

L'an d'après, 31 décembre 1886, mourut Marie-de-Mai, âgée de dix-neuf ans, avec un bonheur inexprimable. Son père et sa mère vinrent la voir : elle était mourante. Les voyant pleurer, elle leur dit : « Ne pleurez donc pas, vous pleureriez mon bonheur. Remerciez au contraire le bon Dieu pour moi de ce qu'il veut bien me prendre. »

1. Bonne Mère Marie-du-Sacré-Cœur.

Plusieurs, mortes depuis peu, ont laissé un vivant souvenir de leurs bons exemples : il faut en mentionner quelques-unes pour encourager les survivantes à suivre leurs traces.

Philomène mourut, après quelques jours de maladie, à l'âge de dix-sept ans, le 20 septembre 1890. « Je vais mourir, disait-elle, c'est une grande grâce que le bon Dieu me fait. Avec ma mauvaise nature, que serais-je devenue ? mais j'ai bien fait ma dernière retraite, j'ai confiance au bon Dieu, je meurs contente et ne regrette rien. »

Jéronime partait deux mois après, le 7 novembre. Entrée à l'âge de dix ans (30 septembre 1873), quand elle en eut vingt, elle refusa de sortir, disant : « Je ne veux pas quitter le certain pour l'incertain. » Se sentant mourir, elle voulut que sa place fût réservée pour sa jeune sœur qu'elle avait laissée à la maison. Elle voulut qu'on amenât autour de son lit quelques jeunes étourdies de ses compagnes pour les engager à ne jamais sortir de la Miséricorde. A deux heures, elle dit : « Je meurs contente, mais encore un peu, ce n'est pas l'heure. » Elle mourut à trois heures.

Francinette, entrée le 6 novembre 1846, priait saint Antoine de lui faire trouver les objets perdus, pour elle ou pour ses compagnes, et elle était toujours exaucée, disent ces dernières, qui l'envoyaient fréquemment auprès du saint. Elle est partie le 1er août 1893.

Marcelline, âgée de vingt ans, il y a quatre ans de cela, allait mourir ; plusieurs membres de sa famille étaient venus la voir : « Prie saint Joseph de te guérir, lui disaient-ils, il t'exaucera. — Non ! répondit-elle, je ne lui demande que de bien mourir. » Ils ajoutèrent : « Nous reviendrons bientôt te voir : de quoi aurais-tu plaisir ? que veux-tu que nous t'apportions ? — Je ne désire rien, dit-elle, qui soit en votre pouvoir, mais le ciel seulement, le ciel ! » Elle partit le 29 août 1897.

Retraite, entrée le 25 février 1845, fut toute sa vie d'un dévouement admirable ; elle est morte le 23 janvier 1898. Vers midi et demi, voyant que la Bonne Mère restait auprès d'elle pendant le dîner : « Allez-vous-en dîner, dit-elle, je vous attendrai. » Au retour, elle lui dit : Bonsoir, ma Bonne Mère ; » et quelques instants après elle expira, en paix et sans regret.

Et Georgina ? Georgina est morte le 12 janvier 1901, il y a trois mois. Elle était portière depuis cinquante ans. Depuis dix ans elle avait avec elle Louise : il y a toujours trois ou quatre Filles de confiance chargées de la porte, des commissions et du parloir. Georgina et Louise s'entendaient bien et s'aimaient bien. Comme Georgina était très âgée et Louise jeune encore, n'ayant que trente-sept ans, elles comprenaient bien qu'il faudrait se séparer, et bientôt. « Quand vous serez allée au ciel, disait Louise à son amie, je ne veux plus rester sur la terre, vous direz au bon Dieu de venir me prendre. — Je vous le promets, disait Georgina ; vous n'avez pas un caractère à vivre en paix avec d'autres portiè-res. » Depuis peu de temps Georgina était au ciel quand Louise se sentit prise d'une congestion pulmonaire. Le samedi, elle fit brûler un cierge à saint Antoine de Padoue pour mourir ce jour-là, un samedi, comme Georgina. On lui dit : « Attendez à lundi, fête de l'Annonciation de la sainte Vierge. — Non, répondit-elle, ce serait trop long. » Elle mourut le lendemain dimanche, le 24 mars, dix semaines après Georgina.

Il n'est pas rare, quand deux malades sont ensemble à l'infirmerie, de voir une singulière émulation s'élever entre elles : qui la première franchira le seuil du Paradis, qui des deux aura la malchance d'être au second rang.

C'est après la mort de la Fondatrice et sous l'administration de la Bonne Mère Marie-du-Sacré-Cœur que la maison Ducros a été revendue, qu'un emprunt de cent mille francs a été fait au Crédit foncier, que le couvent et le cloître ont été construits et que la maison et le jardin Célarié ont été achetés, pour rendre l'enclos indépendant de tout propriétaire autre que le couvent.

Aujourd'hui, 12 avril 1901, Mlle S. Pons, Bonne Mère Marie-du-Sacré-Cœur, est toujours Supérieure de la maison de la Miséricorde de Cahors.

Les Filles sont au nombre de cent cinquante-six, distribuées en trois classes ou ateliers.

A la tête de l'atelier de Jésus, nous sommes heureux de retrouver Mlle Saint-Vincent, Assistante en ce moment, la plus ancienne à Cahors, après Sœur Gonzague, étant venue ici en 1856, après avoir passé cinq ans à Libourne. Elle est née à Vannes (Morbihan), et s'appelait dans le monde Modeste-Marie-Jeanne le Blavec.

Au même atelier est encore Mlle Saint-Léon, née à Grazac (Haute-Loire), entrée à la Miséricorde le 24 juin 1876, envoyée à Cahors après son noviciat, en 1886. Elle s'appelait dans le monde Rosalie Gardès.

A la tête de l'atelier de Marie est Mlle Saint-Benoît, née Marie Peyran, à Salies (Basses-Pyrénées). Entrée le 4 mars 1878, elle a passé seize ans à Bordeaux et quatre ans à Libourne, avant d'arriver à Cahors.

Au même atelier est encore Mlle Saint-Michel, née Élisa Delbosc, à Lassouts (Aveyron), entrée le 4 novembre 1889, venue à Cahors après six ans de résidence à Bordeaux, le 28 octobre 1895.

A la tête de l'atelier de Saint-Joseph est Mlle Marie-Euphrasie, née Anaïs Rouquié, à Ornhiac (Lot). Entrée le 9 novembre 1879, elle a été envoyée à Cahors, à cause de sa santé, en 1884, alors encore novice, et elle y est restée depuis.

Au même atelier est Mlle Saint-Gabriel, née Marie Pégorié, à Sainte-Eulalie (Aveyron). Entrée le 24 octobre 1889, elle a été envoyée à Cahors, après quelques années de noviciat, le 18 octobre 1895.

A l'infirmerie est Mlle Sainte-Clotilde, née Eugénie Vallat, à Montluçon (Allier). Entrée le 3 juin 1884, elle est restée à Bordeaux jusqu'au 14 octobre 1896. Elle est depuis à Cahors.

Mlle Sainte-Adélaïde, née Marie Clauzel, à Cajerac (Aveyron), est chargée de surveiller la cuisine et les achats du marché. Entrée à Bordeaux, le 14 janvier 1844, elle est venue pour la seconde fois à Cahors en octobre 1900.

Outre leur charge principale, les Directrices exercent des charges secondaires, l'une surveillant la lingerie, une autre le jardin, une autre la sacristie, etc.

Les Surveillantes de la classe de Jésus sont Choisie-de-Marie, très ancienne à Cahors. Surveillante en chef, et Roserine ; la troisième, très ancienne aussi, venant de mourir.

Celles de la classe de Marie sont : Valentine, Purification, Émilienne, Libona ; et celles de la classe de Saint-Joseph, Antonia et Paulinette.

Il y a encore comme Surveillantes : au lavoir, classe de Jésus, Clémentine ; au jardin, classe de Saint-Joseph, Andréa ; au four, même atelier, Augustina ; au parloir, Justine ; à la cuisine, Pauline ; à l'infirmerie, Générosité ; à la vigne, Suzanne ; à la basse-cour et à l'étable des vaches, Mathilde.

A Bordeaux, Mère Saint-Ignace, née à Jégun, dans le Gers, en 1825, fut nommée Supérieure générale au commencement de septembre 1871. Elle était alors depuis deux ans Assistante à Cahors. Mme Fournié l'avait appréciée : une estime réciproque régna entre elles et rendit leurs rapports agréables et faciles. Elle apprit sa nomination étant à Cahors, et elle fut atterrée par cette nouvelle. Mme Fournié l'encouragea à accepter la croix de la Supériorité qui lui était imposée, et à la porter généreusement, appuyée sur le secours divin. Elle la porta, en effet, pendant vingt-quatre ans, fit le plus grand bien dans toutes les maisons, et mourut à Bordeaux le 29 juillet 1895.

Fatiguée par l'âge et la maladie, elle avait, depuis quelques années, pour secrétaire une jeune Sœur qui ne la quittait pas, la plus jeune des trois demoiselles Sourdès, de Figeac (Lot), qui sont entrées comme Directrices à la Miséricorde de Bordeaux. Elle porte en religion le nom de Marie-Sophie. Elle fut, à l'unanimité des votes, désignée pour succéder à Bonne Mère Saint-Ignace. Elle est la cinquième Supérieure générale.

Œuvre admirable que celle de la Miséricorde ! Œuvre de miséricorde de la part des hommes, qui ont ouvert cet asile au repentir ; œuvre de miséricorde de la part de Dieu, qui a dit de lui-même : « Je suis le Bon Pasteur, celui qui connaît ses brebis, qui court après les égarées et les ramène au bercail ; » de Dieu qui a pitié de ses créatures, parce qu'elles sont faibles et inclinées au mal dès leur naissance, et aime à pardonner, *Deus misericordiarum*.

Heureuses les Filles qui, entrées à la Miséricorde, savent comprendre ce bienfait de Dieu et n'en sortent plus !

D'elles il sera dit, comme de tous les petits qui servent Dieu : *Hi sunt quos habuimus aliquando in derisum... ecce quomodo computati sunt inter filios Dei, et inter sanctos sors illorum est.* « Ceux-ci, nous les prenions en pitié et nous les considérions comme les derniers d'entre les hommes : et voilà qu'ils sont comptés parmi les enfants de Dieu et que leur place est marquée dans l'assemblée des Saints. »

FIN

TABLE DES MATIÈRES

SOCIÉTÉ ANONYME D'IMPRIMERIE DE VILLEFRANCHE-DE-ROUERGUE
Jules Bardoux, Directeur.